新

型工业化的路径选择

——沈阳经济区生态经济发展研究

XINXING GONGYEHUA DE LUJING XUANZE

——SHENYANG JINGJIQU SHENGTAI JINGJI FAZHAN YANJIU

张旭　刘宁◎著

中国水利水电出版社

www.waterpub.com.cn

内 容 提 要

《新型工业化的路径选择：沈阳经济区生态经济发展研究》是一本从工业化发展模式的角度研究沈阳生产经济发展路线的书。本书通过分析传统工业发展模式，确立沈阳生态现状及生态经济发展趋势和生态经济管理的主要结构，认为循环经济和都市农业是沈阳生态经济发展的未来趋势。本书是在对沈阳经济区长期的跟踪调查中总结出来的研究成果，希望对沈阳地区的经济发展起到一定的指导作用。

图书在版编目(CIP)数据

新型工业化的路径选择：沈阳经济区生态经济发展研究 / 张旭，刘宁著. --北京：中国水利水电出版社，2014.6（2022.9重印）

ISBN 978-7-5170-2110-0

Ⅰ.①新… Ⅱ.①张…②刘… Ⅲ.①生态经济－区域经济发展－研究－沈阳市 Ⅳ.①F127.311

中国版本图书馆 CIP 数据核字(2014)第 123430 号

策划编辑：杨庆川　责任编辑：杨元泓　封面设计：马静静

书　　名	新型工业化的路径选择：沈阳经济区生态经济发展研究
作　　者	张 旭 刘 宁 著
出版发行	中国水利水电出版社
	（北京市海淀区玉渊潭南路 1 号 D 座 100038）
	网址：www.waterpub.com.cn
	E-mail:mchannel@263.net（万水）
	sales@mwr.gov.cn
	电话：(010)68545888(营销中心)、82562819（万水）
经　　售	北京科水图书销售有限公司
	电话：(010)63202643、68545874
	全国各地新华书店和相关出版物销售网点
排　　版	北京鑫海胜蓝数码科技有限公司
印　　刷	天津光之彩印刷有限公司
规　　格	170mm×240mm　16 开本　13.25 印张　237 千字
版　　次	2014年8月第1版　2022年9月第2次印刷
印　　数	3001-4001册
定　　价	42.00 元

前　言

　　自工业革命以来，发展经济与保护环境一直是一对尖锐的矛盾，如何寻求一条既能加快经济发展，又能有效保护生态环境的可持续发展之路，是当今世界各国面临的共同问题。而生态经济的出现为实现经济发展和环境保护的统一提供了有效的途径，生态经济区的建设，其实质就是以可持续发展理论为基础，运用生态经济学和系统工程的原理与方法，对全区域社会、经济和生态环境复合系统进行结构改善和功能强化；遵循生态规律和经济规律，在恢复和保持良好的生态环境、保护与合理利用各类自然资源的前提下，促进国民经济和社会健康、持续、稳定与协调发展。生态经济区建设的基本目的，是在恢复与保持良好的生态环境与合理利用全区域自然资源的前提下，协调好经济发展进程中生态和经济的时空关系；以信息化带动工业化，以高新技术促进传统产业升级，努力提高区域经济的总体竞争力，分类、分步实施各项经济与生态工程建设，并通过生态环境建设和产业结构调整，建立特有的生态产业与合理的经济结构，通过转变经济发展模式，完成或基本完成经济运行从"三高一低"（高投入、高消耗、高排放、低效益）的传统经济模式向"三低一高"（低投入、低消耗、低污染、高效益）的生态经济模式的转变，逐步实现生态、资源、经济、社会协调发展、可持续发展的良性循环。

　　沈阳经济区是以沈阳为中心，由沈阳、鞍山、抚顺、本溪、营口、阜新、辽阳、铁岭8市构成，是国家重要装备制造业基地和优化开发区域，是东北地区重要的工业城市群和辽宁省经济发展的核心区域。改革开放以来，该区经济和社会事业等各方面都取得了突飞猛进的发展，逐渐成为我国北方重要的和颇具潜力的经济增长极。特别是"十一五"以来，在辽宁省委、省政府的高度重视和区域内各地市委、市政府的正确领导下，沈阳经济区的发展建设取得了显著成果，经济和社会事业全面发展，重大基础设施建设项目不断增多，产业发展整合步伐加快，区域同城化和一体化建设快速推进，区域合作领域不断拓宽，沈阳经济区的战略地位进一步提高，影响力和竞争力日益增强，呈现出良好的发展态势，为今后发展奠定了坚实的基础。但因区域内长期沿用传统经济发展模式，粗放经营，导致生态环境恶化，污染加剧，部分城市资源枯竭问题严重，因此，转变发展方式，突破原有体制、机制和产业结构的制约，用生态经济，循环经济统领未来的区域发展，实现重大经济转型。是辽宁省委、省政府在全面振兴辽宁老工业基地的关键时期做出的一项重大战略决策。自 2005 年《辽宁中部城市群（沈阳经济区）合作协议》签订以来，本地区的区域合作不仅取得了长足的发展，而且也日益引起了国家和理论工作者的广泛关注。特别是 2010 年 4 月，国家发改委批准沈阳经济区列为国家新型工业化综合配套改革试验区以后，人们在对本地区经济发展给予充分肯定的基础上，更加关注的是沈阳经济区作为新型工业化改革试验区，如何在促进经济发展的同时维持良好的生态环境，实现生态—经济的协调发展。因为，如何把区域生态经济建设研究与新型工业化建设这一宏观社会背景有机地紧密结合起来，面向区域经济社会发展，建立一套适于区域生态经济建设的指标体系，用于指导和测评资源节约型，环境友好型社会建设，是非常值得深入研究的课题。而国家之所以批准在沈阳经济区进行新型工业化综合配套改革试验，目的就是使沈阳经济区在重点领域和关键环节的改革上，大胆探索、率先突破，走出一条具有中国特色的新型工业化和城镇化道路，带动东北等老工业基地全面振兴，为全国范围内建立新型工业化发展模式和加快发展方式转变发挥示范和带动作用。要求沈阳经济区通过推进新型工业化综合配套改革，着力发展新兴工业，提升传统工业，淘汰落后产能；着力发展低碳经济、循环经济，促进资源高效利用；着力发展产业集群，促进集约化，提高集中度，形成高产出、低能耗和少排放的生态经济发展模式。其主要任务是以区域发展、企业重组、科技研发、金融创新四个方面为重点，紧扣走新型工业化道路主题率先突破，为建设资源节约型和环境友好型社会提供支撑平台和配套措施.。

正是在这一大背景下，依据国务院《国家发展改革委关于设立沈阳经济区国家新型工业化综合配套改革试验区》的批示和《沈阳经济区环境保护与生态建设联席会议章程》,《沈阳经济区发展总体规划纲要》和《沈阳经济区发展规划》,《沈阳经济区环境保护与生态建设联席会章程》的相关内容，以及区域经济学、生态经济学等相关理论，本书从经济转型、生态型政府建设、区域生态产业发展、都市农业建设等方面对沈阳经济区生态经济发展路径与管理模式的建构展开专题研究，目的是在理论和实证两个层面上为推进沈阳经济区新型工业化提供理论支撑。因此,不论是从建设资源节约型和环境友好型社会的大的战略目标出发,还是从推动本地区经济持续、健康发展的角度看,本书的研究内容都是具有一定的理论价值和现实意义的。

　　本书由沈阳大学张旭、刘宁合力撰写完成,其间得到了沈阳市科技局领导同志的大力支持还有学界其他学者的帮助,这里一并表示感谢。由于时间和资料的限制,书中有一些结论和看法并不成熟,希望各位读者予以斧正。

张旭

2014 年 3 月 9 日

目　录

导论　超越传统发展模式

沈阳经济区以沈阳为中心，由沈阳、鞍山、抚顺、本溪、营口、阜新、辽阳、铁岭 8 市构成，是国家重要装备制造业基地和优化开发区域，是东北地区重要的工业城市群和辽宁省经济发展的核心区域。

自 2005 年《辽宁中部城市群(沈阳经济区)合作协议》签订以来，本地区的区域合作不仅取得了长足的发展，而且也日益引起了国家和理论工作者的广泛关注。特别是 2010 年 4 月，国家发改委批准沈阳经济区列为"国家新型工业化综合配套改革试验区"以后，人们在对本地区经济发展给予充分肯定的基础上，更加关注的是沈阳经济区作为新型工业化改革试验区，如何在促进经济发展的同时维持良好的生态环境，实现生态—经济的协调发展。因为，该经济区内因长期沿用传统经济发展模式，粗放经营，导致生态环境恶化，污染加剧，部分城市资源枯竭问题严重。因此，如何把区域生态经济建设研究与新型工业化建设这一宏观社会背景有机地紧密结合起来，面向区域经济社会发展，建立一套适于区域经济可持续发展的生态经济模式，建设资源节约型，环境友好型社会，是非常值得深入研究的课题。而国家之所以批准在沈阳经济区进行新型工业化综合配套改革试验，目的就是使沈阳经济区在重点领域和关键环节的改革上，大胆探索、率先突破，走出一条具有中国特色的新型工业化和城镇化道路，带动东北等老工业基地全面振兴，为全国范围内建立新型工业化发展模式和加快发展方式转变发挥示范和带动作用。这就要求沈阳经济区在未来的发展过程中，必须彻底抛弃传统的经济发展路径，着力发展以绿色经济为基础，以低碳经济、循环经济为骨干，资源高效利用，低能耗和少排放的生态经济发展模式。其主要任务则是超越传统工业发展模式，建设资源节约型和环境友好型的生态文明发展模式，以新型工业化建设迎接世界第三次工业革命的挑战。

新型工业化是我们国家在总结人类工业文明发展过程中的经验教训和中国改革开放中面临的新问题的基础上，对中国经济未来发展方向作出的理论定位和顶层设计。其基本内容是"坚持以信息化带动工业化，以工业化促进信息化，走出一条科技含量高、经济效益好、资源消耗低、环境污染少、人力资源优势得到充分发挥的新型工业化路子。"(中共十六大报告)在这一意义上,新型工业化道路是指以生态文明为指导理念,以可持续发展为原则,以低碳经济为特征,以资源节约型和环境友好型社会为发展目标的新的工业文明发展道路。它是在对国内外工业发展模式的经验教训的总结的基础上,扬弃传统工业化的发展模式,形成的具有中国特色的工业文明发展理论。新型工业化发展理论不论是在发展理念上,还是在发展原则、发展路径、发展模式和发展目标上都是与传统工业发展模式有着本质的差异的。

一、工业化发展理念不同

新型工业化道路是与西方国家曾经走过的工业化道路相对而言的,在一般意义上,我们将西方国家曾经走过的工业化道路称为传统工业化道路。今天我们倡导的新型工业化道路与传统工业化道路的首要区别就是工业发展理念的差异。

传统发展观又称工业文明的发展观,它是一种不可持续的发展观。这种发展观是从人类中心主义出发,以机械自然观为出发点来看待人与自然的关系,把自然界理解为可由人类任意支配和改造的对象,资源可以随意开发、环境没有任何价值是其核心思想。这种发展观在人与自然的关系上主张人类任何需求都是天然合理的,都是可以理所当然地向地球索取的,地球既是人类财富的源泉,也是人类废弃物的堆放场。在这种发展观指导下的经济发展模式是以工业化为核心,把经济增长建立在对自然资源的无限索取以及对生态环境进行破坏的基础上。它是建立在对不可再生资源的大规模开发和自然生态和环境容量提高的基础上的"黑色文明",这种发展观片面强调发展的速度和发展的数量,忽视了人口、经济与自然生态环境的相互关系,使人类经济行为和发展的方式越来越反自然,使其脱离了人类、社会与自然的协调发展和全面进步的轨道。人类中心主义,工具理性至上,资本逻辑是其显著特征,这种传统发展观在推动人类社会进步的同时,也带来了一系列日益严峻的全球性问题,突出表现在环境和资源等方面。

所谓人类中心主义即在考察人类与自然、人类与生态环境相互作用时,将人类的利益置于首要的核心的地位,将人类利益作为衡量人类处理自身与自然生态环境的关系的根本价值尺度。它是建立在主客二分,人与自然对立的西方哲学理念上的。它把人类赖以生存的自然界当做人类征服和改造的对象,自然界的一切都是为人类的生存发展提供服务的,人类向自然界索取任何东西都是天经地义的。近代以来,随着工业革命所带来的生产力的极大进步,人类中心主义发展到了极致。在这一思想的影响之下,人类把自然界看做人类要征服要战胜的对立物和异己的力量,提出了向自然开战的口号,并进一步把取到的成果看成是人类的进步的标志。在向自然开战的过程中,人类为自己的成就而陶醉,自以为已经成为自然的主人,自然作为人类的奴仆,只是为人类的生存发展提供原材料的场所。

随着近代科学技术的发展和进步,人类中心主义者相信科学和技术是解决世界上一切问题的钥匙,科技作为征服自然的有效手段、工具被人们推崇。他们从机械论出发,把世界理解为一架大机器,并认为通过科学和技术的进步人们一定能控制自然界。而工业革命创生的工业文明,也带来了生产力水平的显著提高和科学技术的飞速发展,人类的实践能力得到了空前的肯定。但由于人类理性能力的滥用,工具理性的泛滥,使得人类对自然界的改造利用建立在一种资本与工具相结合的"合理性"上。这种合理性主张,人类改造自然满足自身需要的所有行为都是合理的。一切都是资本的增值和工具性效应,哪怕是对自然结构与运动结构的重组都是"天经地义",包括破坏自然界演化的规律。如此一来,使得人与自然之间、人与人之间、人与社会之间的关系被置于资本逻辑和工具理性的关系上去理解,缺失了价值理性的道德伦理维度的引导和限制,许多严重的带有全球性的生态问题开始日益尖锐:生态环境日益恶化、臭氧层空洞频繁出现、全球气候变暖、土地沙漠化严重、有毒食品增多、动植物物种的消失和灭绝等。这些问题严重地威胁着人类在地球上的生存与发展。工业革命即使人类社会进入了一个飞速发展的阶段,同时也使人类未来发展面临严峻的挑战。随着工业化进程的不断深入,人口增长过快、粮食短缺、能源和资源枯竭、环境污染、生态失衡等全球问题日益突出,严重困扰着人们。在工业革命兴起的短短的200年内人与自然的矛盾达到无可调和的地步,直接威胁到人类的生存和可持续发展,成为制约社会进步的严重障碍。这些问题说到底就是在传统发展观指导下人类不正确地处理人类与自然的关系造成的。这成为人类社会发展中无法回避的工业文明困境。

从中国自身发展状况来看,改革开放以来,中国经济以年均近10%的高速度增长,用30年的时间走完了西方发达国家用了100多年才走完的工业发展过程,创造了当代世界经济发展中的"中国奇迹"。但是,与此同时,西方工业革命以来的工业化的弊端也在中国近期集中爆发,环境污染所导致的雾霾天气在中国大范围、长时间的肆虐,资源瓶颈对中国经济发展的制约,使我们面临着前所未有的压力。严峻的生态环境给我们敲响了警钟:靠拼资源、牺牲环境发展经济的传统工业化道路已经走不通了。在这种情况下,通过反思传统工业化道路的不合理的发展观念和发展模式,摒弃传统工业化以来人们所形成的人类中心主义的主观价值观和工具理性和资本逻辑所导致的"过度生产""过度消费""过度抛弃"的生产生活方式,用生态文明统领社会经济发展,走人与自然和谐相处,环境与社会协调发展的新型工业化道路,已经成为中国未来发展的必然选择。

所谓"生态文明就是人类在改造自然以造福自身的过程中为实现人与自然之间的和谐所做的全部努力和所取得的全部成果,它表征着人与自然相互关系的进步状态。生态文明既包含人类保护自然环境和生态安全的意识、法律、制度、政策,也包括维护生态平衡和可持续发展的科学技术、组织机构和实际行动。如果从原始文明、农业文明、工业文明这一视角来观察人类文明形态的演变发展,那么可以说,生态文明作为一种后工业文明,是人类社会一种新的文明形态,是人类迄今最高的文明形态。作为人类文明的一种高级形态,生态文明是人与自然关系的一种新颖状态,是人类文明在全球化和信息化条件下的转型和升华。"(俞可平"科学发展观与生态文明"《马克思主义与现实》2005 年第 4 期)生态文明发展观,是人类对自身活动特别是人与自然关系的长期理性反思的重大成果。生态文明以科学的思维方式合理地处理人与自然的关系,解决了什么是发展,采用什么理念指导发展,运用何种模式实现发展,以及如何评价发展等事关科学发展的重要问题。生态文明发展观作为人类新的文明观念,它的提出预示着人类的价值观、生产方式、生活方式等方面的重大变革,作为人类新的文明形态与文明发展理念、生态文明发展观既是人类未来发展道路和发展模式的路径选择,也是人类文明发展的必然结果。

生态文明作为一种新的理念,其不仅是未来新的经济社会发展模式和发展战略,而且,它将会促使人们在生产观、消费观、发展观方面发生深刻的革命性变革。生态文明强调在节约资源和保护环境的前提下,在人与自然和谐的条件下合理地改造自然,创造物质资料,它克服了传统生产观的狭隘和不足,是一个统观自然生态系统、人类物质生产、精神生产和人类的再生产的全面系统的生产观;生态文明要求人们走出把自然界当做可以任意索取的对象,认为大自然可以满足人们的无限欲望的人与自然对立的消费误区,反对过度消费,倡导绿色消费,强调人们应当在人与自然和谐发展的理性原则下去规范消费行为,倡导绿色消费;生态文明的发展观强调既要保障经济的适度增长又要做到经济与社会的协调发展,更要坚持经济、社会、自然相协调的可持续发展。

因此,以生态文明为基本理念的新型工业化建设,绝不是对传统工业文明的延续和改造,而是在全新的发展理念上所形成的新的工业文明形态——生态工业文明。按照生态文明发展观的要求,生态化是新型工业化的应有之义。新型工业化作为人类文明发展的新模式,就是"以信息化带动工业化,以工业化促进信息化;以生态化优化工业化,以工业化推动生态化,走出一条科技含量高、经济效益好、资源消耗低、环境污染少、人力资源优势得到充分发展的新型工业化路子。新工业文明不仅要大量推进信息化与工业化的融合,而且要大力推进生态化与工业化的融合。它不仅是实现工业化,建设高度发达工业文明的过程;而且是这种过程同信息化与生态化并行不悖且相互融合,从而推进工业文明向生态文明转型的跃迁过程。"(刘思华"建设生态文明,发展绿色经济,构建和谐社会"《生态文明与区域发展》总序中国财政经济出版社 2011 年 12 月版 15 页)因此,"新型工业化道路与生态文明是内在统一的。一方面,只有走新型工业化道路,我们才能建成一个真正的生态文明社会;另一方面,也只有以建设生态文明社会为目标,我国的工业化和现代化才能走上健康的发展道路。从这个意义上说,新型工业化就是以生态文明理念为指导的工业化,是生态文明时代的工业化。"(孙学光"探索生态文明的新型工业化道路"《中国国情国力》2008 年 10 期)

二、工业化发展原则和评价标准不同

　　传统的发展观是以经济增长为中心或仅仅追求经济增长的一种发展观,它将发展归结为经济增长,将最求"GDP"指标作为其基本原则,认为国内生产总值是衡量一个国家、一个地区经济发展水平的基本尺度。只要"GDP"指标上去了,一切问题就迎刃而解了。这种发展原则把经济增长等同于经济发展,并把经济增长率作为衡量经济发展的唯一指标。认为只要经济增长率提高了,社会财富就自然地增长了,社会经济就自然发展起来了。在实践过程主张中通过掠夺自然、牺牲生态环境来追求"效率"的提高,"现代化"的提速。把"高效率"和"现代化"(实际上是片面的工业现代化)作为其最重要的价值标准。这种发展观,把发展问题仅仅看成是一个经济增长问题,把资源、环境问题当成是经济发展的外在变量和可以忽略不计的因素。在这种发展观的指导之下,长期以来,人类一直以牺牲资源环境为代价来追求经济的增长,结果并没有给人们带来所期望的幸福,相反却导致了资源的枯竭,环境的破坏,生态的恶化,使人类未来发展面临着严峻的挑战。因此,作为新的工业文明表征的中国新型工业化建设,绝不能再以"GDP"指标为唯一发展原则,而应把控制人口、节约资源、保护环境和促进人与自然相和谐的可持续发展作为主要原则。正如中国政府在"21 世纪议程"中针对专题发展模式的弊端所指出的那样:"人类不得不重新审视自己的社会经济行为和走过的历程,认识到通过高消耗追求经济数量增长和'先污染后治理'的传统发展模式已不再适应当今和未来发展的要求,而必须努力寻求一条经济、社会、环境和资源相互协调的、既能满足当代人的需求而又不对满足后代人需求的能力构成危害的可持续发展的道路。"可持续发展不仅是一条发展道路,也是一种新的道德准则和经济社会发展原则。

改革开放后,我国开始建立并逐步完善社会主义市场经济体制,经济增长方式发生了很大变化,但工业化总体上仍未摆脱传统的粗放型的发展模式。长期以来,追求 GDP 增长速度一直是我国各地政府的主要经济发展目标,推动 GDP 增长的经济发展方式,已经成为中国地方经济发展的路径依赖和思维定式。在地方政府仍以 GDP 指标为其绩效考核的主要目标前提下,要求我们在转变经济发展方式的过程中,应首先破除"GDP"崇拜。因为一方面,GDP 指标仅反映着一国或一个地区国民经济产出总量或经济收入总量,却不能反映出这一产出总量或收入总量后面的环境破坏和资源消耗情况。经济增长必然伴随着成本的支出和资源消费。由于 GDP 指标中没有将环境、生态和资源耗损情况纳入其中,因此,其核算方法实际上不能全面、真实地反映国家和地区的经济发展实际水平,相反,可能还会导致很荒唐的结果。因为通过破坏环境和掠夺资源的方式也能增加 GDP。在这一意义上,用单一的 GDP 指标衡量中国经济发展水平,其所带来的负面效应是显而易见的。

另一方面,GDP 指标仅反映着国家和地区经济的"量"的增长,并不能反映经济发展中的"质"提高,特别是不能反映普通居民在经济发展中的福利状况改善和生活水平提高的状况。而在可持续发展的前提下,改善民生和生态质量问题是经济发展的出发点和落脚点,衡量经济社会发展程度与质量,不只是看 GDP 指标,而应看居民众收入水平、生活质量和环境质量,应以"绿色 GDP"作为未来新型工业化的评价标准和发展原则。我国要建设新型工业化,必须从可持续发展原则出发,在 GDP 的增长速度和改善生态环境之间寻求平衡点。在既满足当代人的需要,又不损害后代的发展能力的前提下,在资源和环境的承载能力范围内,寻求有节制的经济发展,真正将人类的当前利益与长远利益有机地结合起来,在改善人与自然的关系中,在保护自然、尊重自然,并与自然和谐相处的过程中来实现经济发展与社会进步。可持续发展作为新型工业化的基本原则,要求在新型工业化的建设中,必须:

第一,把人的全面发展放在重要战略地位。以可持续发展为原则的新型工业化建设要求以维护广大人民群众的根本利益、实现人的自由全面发展为出发点和落脚点,把人的生存和发展作为最高价值目标,统筹人与自然的和谐发展。生态文明发展观认为人是价值中心,但不是自然的主宰,人的全面发展必须促进人与自然和谐。可持续发展,前提是可持续。即在发展的同时,要保护好人类赖以生存的环境。这并不是要求我们消极地对待自然,面对自然无所作为,而是强调要摆脱生态环境危机,就必须超越传统工业文明的发展逻辑,摆脱先污染后治理的老路,走一条新型工业化发展道路。既要追求经济发展,又要求保护生态,强调要在保护生态环境的前提下发展,在发展的基础上改善生态环境,实现自然与社会的和谐发展。

第二,要把控制人口、节约资源、保护环境放到重要位置,使人口增长与社会生产力的发展相适应,使经济建设与资源、环境相协调,实现良性循环。新型工业化应建设充分考虑环境、资源和生态的承载能力,促进经济发展和人口、资源、环境相协调,坚持"代际公平""代内公平"等公平原则,统筹自然资源的永续利用和社会的永续发展。

第三,促进传统工业的生态化转型,构建新型工业化的物质基础。生产方式的生态化是新型工业化的物质基础,其生态产业是其核心产业。构建新型工业化的物质基础就是要通过调整产业结构,发展生态产业。将生态文明的理念渗透各传统产业,包括农业、工业和服务业中去。主要方式是:一是采用新技术进行生态化改造,形成产业的生态化,通过清洁生产和循环经济等实践模式尽量节约资源、减少污染。二是发展环保产业,为防治污染、改善生态环境、保护资源提供物质基础和技术保障的产业。三是推进科技创新生态化,建立生态化的技术体系。要发挥科学技术的生态功能,推进科技创新与突破,形成与自然相融合、符合人的发展需要的生态技术,建设促进生态文明建设与新型工业化协调发展的科技支撑体系。

第四,加强生态文明的制度建设,建设与新型工业化协调发展的制度体系。科学的考核机制和良好的社会监督体系是新型工业化的制度保障。近年来,我国制定和出台了一系列政策、法律、法规,但还不够完善。如机制体制尚不顺畅,尤其是环境资源管理协调机制不健全,尚未形成合力,因此,一是要完善考核体系,丰富科学指标。基于传统的 GDP 指标体系的缺陷和绩效考核已经成为考察地方政府政绩的主要手段,通过制定科学、完善的绩效考核体系,促进地方经济的结构调整和经济转型,推动经济社会可持续发展的制度建设,就成为重要的选择。新时期,我们应将"绿色 GDP"指数评估体系纳入政府和官员的政绩考核体系中去,替代传统的 GDP 体系。摒弃速度型发展战略思维,全面改善经济发展的结构和质量;以发展民生经济带动内需增长,加强社会事业和生态环境建设,注重社会善治,在转变经济发展方式的过程中,不断提高人民群众的幸福感和满意度。二是要建立经济决策风险评估制度。《国务院关于加强法治政府建设的意见》对有关经济社会发展和人民群众切身利益的重大政策、重大项目等决策事项必须进行风险评估提出了明确要求。指出:"凡是有关经济社会发展和人民群众切身利益的重大政策、重大项目等决策事项，都要进行合法性、合理性、可行性和可控性评估，重点是进行社会稳定、环境、经济等方面的风险评估。……要把风险评估结果作为决策的重要依据，未经风险评估的，一律不得作出决策。"三是应强化决策问责和事后追究制度建设。"在重大决策执行过程中，决策机关要跟踪决策的实施情况，通过多种途径了解利益相关方和社会公众对决策实施的意见和建议，全面评估决策执行效果，并根据评估结果决定是否对决策予以调整或者停止执行。对违反决策规定、出现重大决策失误、造成重大损失的，要按照谁决策、谁负责的原则严格追究责任。"（"国务院关于加强法治政府建设的意见"2010 年 10 月 10 日）

通过风险评估和问责制度建设，使地方政府转变发展思路，要求地方政府在规划地方发展时不再只是单单考核经济增长速度，还要强调民生，强调人与自然和谐发展。对地方政府的政绩评价要同时兼顾社会效益、经济效益和环境效益。

三、工业化发展路径不同

传统工业化走的是一条"先污染后治理"的发展路径，通过高强度的开采和消费资源，高强度地破坏生态环境，以牺牲资源和环境为代价来换取经济增长；走的是"资源→生产→消费→废弃物排放"的单向、不可逆的发展路径；其基本特征是高消耗、高排放、低利用。这种工业化道路是不可持续的发展道路，它不仅使经济持续发展难以为继，而且导致了资源短缺、环境恶化等一系列矛盾和问题的产生，直接威胁着人类的生存与发展。

国内外工业化发展的经验教训表明，"发展经济必须树立尊重自然、顺应自然、保护自然的生态文明理念。从长远看，受国内资源保障能力和环境容量制约及全球性能源安全和应对气候变化的影响，我国面临的资源环境约束日益强化。据统计，我国 GDP 占全世界 GDP 总量的 9％，左右，但能源消费却达到全世界能源消费总量的 19％。单位 GDP 能耗是世界平均水平的 2.5 倍。过去 20 年间，我国每年由于环境污染和生态破坏造成的经济损失相当于 GDP 的 7％～20％。"（辜胜阻等"转变经济发展方式的新方向与新动力"《经济纵横》2013 年 2 期 1 页）因此，要在资源环境瓶颈的严格约束下实现"持续增长"我们必须抛弃传统的以浪费和牺牲资源与环境为代价的粗放式的工业发展道路，走科技含量高、经济效益好、资源消耗低、环境污染少、人力资源优势得到充分发挥的新型工业化发展道路。实现工业化进程中经济发展、资源利用、环境保护和社会进步的互动共进、良性循环。"资源消耗低、环境污染小"是新型工业化的两大要点。在工业化进程中强调环

境保护和生态建设,是新型工业化区别于传统工业化的显著特征。这就要求在新型工业化建设过程中遵循以下原则:

首先,转变发展方式,放弃传统的通过高投入、高消耗、高污染来实现经济增长的粗放化、重型化、大型化生产的外延式发展路径,走低投入、低能耗、低污染的集约化、轻型化、柔性化生产的内涵式发展道路。新型工业化要求以信息化带动工业化。即以信息化带动工业化,以工业化促进信息化,推动工业技术和产业结构的升级,依靠科技进步推动经济增长方式转变,这为从根本上改变传统工业化模式下粗放型经济增长方式提供了可能。20世纪中期以后,以信息技术、生物技术、空间和海洋技术为核心的高新技术突飞猛进,使世界生产力的提升发生了革命性的变化。其中,信息技术是当代最有潜力的新的生产力,信息化是当今世界经济发展的主要趋势。由于信息技术本身所特有的集约性和广泛渗透性,国民经济信息化在实现经济增长方式转变中具有特殊地位和作用。信息产业是产业高度化的标志。以微电子为基础的信息产业的蓬勃发展,其产品质量指标按数量级提高,而成本却按数量级降低。因此,信息产业作为知识密集型的新型产业,以其独特的优势首先为工业发展注入活力,并成为新型工业化发展的推动力。由信息技术产业和信息服务产业两大部分构成的信息产业,横跨于二三产业两大部门,实现以信息产业为主导的产业结构高度化,是实现经济增长由粗放化向集约化转变的重要突破口和关键。用信息化带动工业化可使经济增长在质量、层次、效率和环境保护方面有显著的提高,利用信息技术改造传统产业,可以提高资源利用效率,减少自然资源的消耗,实现经济增长由粗放型向集约型的转变,是由传统工业化向新型工业化转变的重要途径。"据国家发展改革委员会主任马凯提供的资料,如果我国能源利用率达到发达国家水平,每年可减少二氧化硫排放 400 多万吨;固体废物综合利用率提高 1 个百分点,每年可减少 1 000 万吨废弃物的排放;粉煤灰综合利用率提高 20 个百分点,可减少排放 4 000 万吨。"(参见段小莉"从生态经济效益看我国的新型工业化道路"《科技信息(学术研究)》2007 年 21 期)

其次,大力发展清洁生产和循环经济是实现由传统工业化向新型工业化转变的基本路径。实行所谓清洁生产。据联合国环境署对清洁生产的定义是:"清洁生产是将整体预防的环境战略持续应用于生产过程、产品和服务中,以期增加生态效率和减少对人类和环境的风险。对生产过程,要求节约原材料和能源,淘汰有毒原材料,削减所有废物的数量和毒性。对产品,要求减少从原材料提供到产品最终处置的全生命周期的不利影响。对服务,要求将环境因素纳入设计和所提供的服务中。"(盛正国"发展绿色产业是实现新型工业化的必由之路"《企业经济》2008 年 1 期)

这就是说,清洁生产既要求对生产过程进行全面控制,又要求对产品的整个生命周期实行全面控制。对生产过程而言,清洁生产包括节约原材料与能源,尽可能不用有毒原材料并在生产过程中就减少它们的数量和毒性;对产品而言,则是从原材料获取到产品最终处置过程中,尽可能将对环境的影响减少到最低。从本质上来说,清洁生产就是对生产过程与产品采取整体预防的环境策略,减少或者消除它们对人类及环境的可能危害,同时充分满足人类需要,使社会经济效益最大化的一种生产模式。清洁生产改变了过去"先污染、后治理"的"末端治理"的传统生产方式,它通过产品设计、原料选择、工艺改革、生产过程管理和物料内部循环等环节的科学化、合理化,鼓励对环境无害化产品的需求和以环境无害化方法使用产品,注重从源头上防止环境污染和生态破坏。使排放的污染物达到最少,同时最大限度地减少原材料和能源的消耗,从而降低成本,兼顾了经济效益和生态效益。清洁生产方式不仅可以实现资源的可持续利用,而且可以最大限度地防止环境污染。清洁生产作为新型工业化道路的重要标志,其既符合可持续发展原则,又是生态文明发展观的具体体现。

循环经济,是以自然生态系统物质循环和能量流动规律为依据,重构经济系统,使经济系统和谐地纳入到自然生态系统的物质循环的过程中,建立起一种新的经济形态。它与传统经济的本质区别在于:传统经济是"资源—产品—废弃物"的单向直线过程,创造的财富越多,消耗的资源和产生的废弃物就越多,对环境资源的负面影响也就越大。循环经济是在可持续发展的思想指导下,以清洁生产为依托,对能源及其废弃物实行综合利用的生产活动过程。它要求把经济活动组成一个"资源—产品—再生资源"的反馈式流程;其特征是低开采,高利用,低排放。循环经济遵循以尽可能小的资源消耗和环境成本,获得尽可能大的经济和社会效益,从而使经济系统与自然生态系统的物质循环过程相互和谐,促进资源永续利用。因此,循环经济是对"大量生产、大量消费、大量废弃"的传统经济发展路径的根本变革。

在循环经济视域下,自然界不再像传统工业经济认为的那样,仅仅是人们经济活动的资源索取场所和垃圾堆放场,而是将其作为人类赖以生存的基础、与人类生活休戚相关的是需要科学维护和保持良性循环的经济生态系统;在科技创新时,不仅强调科学技术发展对自然资源的开发能力,而且更要发展对生态系统具有修复能力科学技术,使之成为有益于人与自然和谐的技术;在对待人自身的能力发展上,不仅要注重人对自然的改造能力的发展,而且更要强化人与自然和谐相处、节约资源和保护环境的能力,促进人的全面、可持续发展。

循环经济的基本特征是:①提高资源利用效率、减少生产过程的资源和能源消耗。这是提高经济效益的重要基础,也是污染排放减量化的前提。②延长和拓宽生产技术链,将污染尽可能地在生产企业内进行处理,减少生产过程的污染排放。③对生产和生活用过的废旧产品进行全面回收,可以重复利用的废弃物通过技术处理进行无限次的循环利用。这将最大限度地减少初次资源的开采,最大限度地利用不可再生资源,最大限度地减少造成污染的废弃物的排放。④对生产企业无法处理的废弃物集中回收、处理,扩大环保产业和资源再生产业的规模,扩大就业。这样一方面有利于降低工业经济活动对自然资源的需求、最大限度地减少对生态环境的影响。在这一意义上,循环经济改变了传统的对环境污染的被动治理方式,实现由"末端治理"向"前端治理"转变,可以避免对工业污染多次、重复治理,大大减少治理成本,达到经济效益与环境保护"双赢"。(参见段小莉"从生态经济效益看我国的新型工业化道路"《科技信息(学术研究)》2007年21期)坚持循环经济的发展道路,可以从根本上解决经济发展与环境保护之间的矛盾,走出一条生产发展、生活富裕、生态良好的新型工业化发展道路。

四、经济发展模式不同

工业化过程都是在一定的经济发展模式的指导下展开的。纵观工业革命以来人类的经济发展模式,大体上可分为三种模式:

第一,传统经济发展模式。它不考虑环境因素,一味强调对环境的征服,缺乏保护环境的意识,是一种"资源—产品—污染排放"的单向线性开放式经济过程。工业革命以来,人类社会一直沿用这种传统的经济发展模式,实际上是一种经济增长战略,把社会发展看成一种单纯的经济增长,其目标是国民生产总值或国民收入的增长。在这种经济体系中,对资源的开发是掠夺式的,对资源的利用时粗放的和一次性的,通过把资源持续不断地变成废物来实现经济的数量型增长,造成了许多自然资源的短缺与枯竭,并酿成了灾难性环境污染后果。

第二,"过程末端治理"模式。随着世界范围的资源短缺和生态恶化的加剧,一些完成工业化建设的西方发达国家开始注意环境问题,开始注重经济发展中的生态建设和保护,但其具体做法却是"先污染,后治理","边污染、边治理"。这种强调在生产过程的末端采取措施治理污染的模式,其结果是,治理的难度大,治理成本,不仅不能达到彻底解决环境污染和保护生态环境的目的,而且使生态恶化日益加剧,难以达到经济效益、社会效益和环境效益相协调的理想目标。它实际上是传统经济发展模式改良式的延续。

第三,生态经济模式。它要求遵循生态学规律,合理利用自然资源和环境容量,在物质不断循环利用的基础上发展经济,使经济系统和谐地纳入到自然生态系统的物质循环过程中,实现经济活动的生态化。其本质上是一种人与自然和谐的生态经济形态。生态经济发展模式与传统经济发展模式的根本区别在于,传统经济发展模式是从线性思维模式出发,在经济活动通过"高投入、高开采、低利用、高排放"的形式谋求经济增长的;而生态经济则是以系统思维方式为依据,强调经济生活内部是一个相互联系的有机系统,各种资源要素要以互联的方式进行物质交换,以最大限度地利用进入系统的物质和能量,从而能够形成"低投入、低开采、高利用、低排放"的结果。一般来讲,生态经济系统,通常包括四类经济行为主体:即资源开采者、资源处理者、资源消费者和废物处理者(循环利用者)。四者之间存在着反馈式网络状的相互联系,系统内的不同行为者之间的物质交换量远远大于出入系统的物质流,可以为优化经济系统各个组成部分之间关系提供整体性思路,为工业化以来的传统经济转向可持续发展的经济提供战略性的理论范式。从根本上消除长期以来环境和经济社会发展之间的尖锐冲突,为自然资源环境与经济社会发展的和谐关系提供了新思维、新思路。在这一意义上,生态经济是人类在反思以往的人与自然关系的问题的基础上,人类生态文明思想的科学运用,是一个具有现实意义和长远生命力的经济发展模式。

因此,发展生态经济已成为时代的要求。生态经济作为超越传统经济的发展模式,它既不是以牺牲生态环境为代价的经济增长模式,也不是以牺牲经济增长为代价的生态平衡模式,而是强调生态系统与经济系统相互适应、相互促进和相互协调的生态经济发展模式。生态经济发展模式,可将经济社会活动对自然资源的需求和生态环境的影响降低到最小程度,以最小的资源消耗、最小的环境代价实现经济的可持续增长,从根本上解决经济发展与环境保护之间的矛盾,走出一条生产发展、生活富裕、生态良好的新型工业化发展道路。今天,在中国大力发展生态经济尤其具有特殊意义。中国是一个发展中大国,人口与资源的矛盾十分突出。走什么样的发展道路不仅关系到子孙万代的前途命运,而且对全球的发展都将产生重大影响。全国政协常委、经济委员会副主任李毅中在 2013APEC 工商领导人中国论坛上指出:"中国当前的资源、环境难以支撑传统的经济发展模式。他介绍称,去年中国单位 GDP 能耗是世界水平的 2 倍,是发达国家的 4 倍,总耗能占全世界能源的 21.3%,却只创造了全世界 GDP 的 11.6%;同时,中国原油进口的依存度超过 56%,预计到 2020 年要超过 69%。铁矿石按含铁量计算一半需要进口,铝和铝材一半需要进口,铜和铜材 70% 需要进口。传统的经济发展模式已经走到了尽头。"他认为:"未来中国走新型工业化道路,不能再依赖资源能源,而是要靠创新驱动和改革开放。"要避免重蹈发达国家在现代化进程中有增长无发展的消极发展模式,就必须把发展生态经济作为21世纪的一项重大发展战略,建设生态经济的发展模式,将生态建设与经济发展相结合,实现经济效益、生态效益、社会效益的协调统一。

五、工业化的社会发展目标不同

工业化作为人类经济发展不可逾越的阶段,它既是衡量一个国家和地区经济发展阶段与发达水平的重要标志,也是后发国家摆脱落后状态、迅速提高生产力水平、实现现代化的必由之路。但是,从实践上看,根据追求目标的不同,可将工业化道路划分为两种类型:一种是主要依靠增加生产要素投入实现的外延扩张式的粗放型增长的传统工业发展模式,其目标在于单纯地追求和实现国民经济更快的增长速度和总量的扩张。一种是以追求经济发展质量全面提高为侧重点的新型工业化发展模式,其目标不仅包括单纯的经济增长,而且包括产业结构的优化和升级、经济运行质量和效益的提高,以及资源环境和经济社会的和谐发展,建设资源节约型、环境友好型社会。显然,作为实现现代化的不同的路径选择,传统工业化道路和新型工业化道路在发展目标上是存在着本质上的区别的。

传统的工业化发展观将经济目标作为社会发展终极追求,将经济增长率视为社会发展的唯一尺度,把获得最大利润作为最高目的,把资源、环境问题看成是经济发展的外生变量或外部环境。在经济利益的驱使下,无限制地改造、消费自然界,从而造成对环境的破坏。从某种意义上,传统发展观及其支配下的传统工业发展道路可以说是造成今天人类所面临的一系列危机和矛盾的最深根源,反思以经济增长为中心的传统工业化发展道路,实践证明,单纯以经济增长作为衡量社会发展的尺度和目标,是不全面、不科学的。改革开放以来我国的工业化发展取得了巨大成就,但经济增长的主要途径是靠拼原材料消耗和大批廉价劳动力。在基础薄弱、科学技术水平低、劳动者文化水平不高的条件下发展工业化,最初只能实行传统的、粗放型的工业化发展模式,片面追求发展的数量和速度,忽视了发展的质量和效益,工业化的快速发展在很大程度上以高投入、高消耗、高排放为支撑。30多年来,中国工业化的进程是以环境和资源的沉重付出为代价的。随着中国经济社会的快速发展,这些问题已逐渐成为制约我国工业化继续向前推进的瓶颈因素。

中国作为一个发展中国家,目前正处于工业化中期。我们党通过总结发达国家工业化进程中的经验教训,对工业化所带来的严重生态环境问题进行了深刻反思,清醒地认识到发展已不能再以牺牲环境为代价,在借鉴人类文明发展过程中形成的可持续发展理论、循环经济理论等优秀理论成果的基础上,在自己的发展理念中及时提出建设生态文明的新要求。党的十七大根据国际国内新形势的发展变化、提出了建设生态文明的新任务,要"建设生态文明,基本形成节约能源资源和保护生态环境的产业结构、增长方式、消费模式",强调"坚持节约资源和保护环境的基本国策,关系人民群众切身利益和中华民族生存发展"。明确了建设资源节约型、环境友好型社会是新型工业化道路的首要目标。

"自然界对于人类的生存来说具有两种价值:一是作为"人类家园"的价值——环境价值;一是作为人类的物质生产所必需的原料(资源)的价值——消费价值。这两种价值都是人类生存所必需的价值。传统的工业化发展道路只看到了自然界的消费价值,而忽视自然界的环境价值。"(薛萍"工业文明发展观与可持续发展观")而"两型社会"所追求的目标是强调生态、经济、社会的协调发展,是把社会当作一个复杂有机体看待,从社会的整体结构和功能出发,寻求总体的最佳发展,实现社会的全面进步。

从人类未来生存和发展的角度看,建设资源节约型和环境友好型社会,不仅是中国追求的目标,也是全人类的共同责任和努力方向。纵观发达国家的工业化发展历程,都出现过大量生产、大量消耗、大量废弃带来的严重环境问题,都同样经历过单位 GDP 能耗上升的阶段。近年来,节约资源逐渐成为一种世界潮流,成为各国人民的共识。从 20 世纪六七十年代开始,德、美、日等工业发达国家大力发展循环经济,以资源的高效利用和循环利用为核心,以尽可能少的资源消耗和尽可能小的环境代价实现最大的发展效益。1992 年,联合国环境发展大会正式提出了"环境友好"的概念。当今国际社会已将经济发展、社会进步和环境保护作为可持续发展的三大支柱。"我国在实现工业文明的过程中无缘享受发达国家在工业化过程中所拥有的廉价资源和环境容量,而是正以严峻的生态环境供养着世界 1/5 的人口向工业化迈进。因此,在新型工业化过程中,不能以触及生态环境底线为代价,必须坚持人与自然和谐的原则,构建和谐社会,建设生态文明,着力抓好加强能源资源节约和生态环境保护两项战略任务,力争以较少的资源和环境代价支撑和实现我国工业化的发展目标。"(孙学光"探索生态文明的新型工业化道路"《中国国情国力》2008 年第 10 期)建设资源节约型、环境友好型社会,是事关中华民族生存和长远发展的一项重大战略决策,是实现经济社会又好又快发展的内在要求,是实现全面建设小康社会宏伟目标和中华民族伟大复兴的必由之路。

六、走新型工业化道路,迎接第三次工业革命的挑战

18世纪以来,人类用200余年的时间,通过两次工业革命,建立了现代工业文明。两次工业革命虽然极大地解放了生产力,提高了劳动生产率,推动了社会经济进步,但同时也造成了资源的枯竭和生态环境的恶化,成为当今世界发展不可持续的根源。因此,通过科技创新,改变传统的生产方式,寻求一种既能节约资源,保护环境,又能推动经济持续发展的新的工业文明模式,成为20世纪下半叶以来世界各国,特别是发达国家努力追寻的目标。随着互联网、新能源、新材料、数字制造技术等高新技术在工业生产中的广泛普及和应用,一种变革传统生产方式和工业理念的工业革命,已经在世界范围内蓬勃发展起来了。这次工业革命,不论是从工业发展理念上还是技术特征上,都与前两次工业革命有着本质的不同。因此,它被称为"第三次工业革命"。它是以数字制造技术、互联网技术和再生性能源技术的重大创新与融合为代表,导致工业、产业乃至社会发生重大变革的新一轮产业革命。其中能源生产与使用革命是"第三次工业革命"的核心之一,这一工业革命的主要目的,就是使人类进入生态和谐、绿色低碳、可持续发展的全新的时代,以绿色、低碳为标志的生态经济模式是其发展目标。《第三次工业革命》一书的作者,杰里米·里夫金指出,"第三次工业革命"是由五大技术支柱构成。即"向可再生能源转型、分散式生产、使用氢和其他存储技术存储间歇式能源、利用互联网技术建立能源共享网络、将传统的运输工具转向插电式以及燃料电池动力车"。而其核心的经济目标是改变传统发展模式,向低碳或"后碳"时代迈进。他明确指出:"第二次工业革命已经走到尽头,我们即将步入一个"后碳"时代。人类能否可持续发展,能否避免灾难性气候变化,经济能否实现新的跨越式发展,第三次工业革命将是未来的希望。"(参见杰里米·里夫金《第三次工业革命》中信出版社2012年5月版)据此,"欧盟议会认为低碳经济不仅仅是战略性新兴产业,结合数字信息技术、新材料技术和未来互联网技术的低碳经济工业一定意义上代表着人类社会经济发展的未来,是第三次工业革命。欧盟议会希望欧洲各界达成共识、上下同心,联合世界各国共同迎接新工业革命浪潮的到来。为此,欧盟议会提议将:①逐步向可再生能源过渡;②逐步把世界各大洲的建筑物改造成可再生能源的小型发电站,就地生产、就地收集和就地消;③积极发展和部署储能技术,包括氢能的利用,各建筑物和基础设施都应成为储能设施;④利用物联网技术、智能电网技术把世界各大洲连接起来形成统一的电力输电互联网,成千上万可再生能源小型电站的富裕电能通过互联网配

送;⑤通过互动式电力输电互联网,逐步过渡到电动汽车和可以随时购买或出售绿色电能的燃料电池汽车作为第三次工业革命的五大基石。并认为第三次工业革命的关键是勾画出世界各地未来的低碳经济互联网蓝图,把统一、互联、创新和协调五大基石之间的同步发展,作为各国政府的优先选择和主题。"(参见科技部网站"欧盟议会认为低碳经济代表着第三次工业革命"2011.8.29)

在第三次工业革命方兴未艾的态势下,作为后发国家的中国,应审时度势,抓住机遇,乘势而上,通过走新型工业化道路,搭上第三次工业革命的快车,实现经济转型和可持续发展。从中国现实的经济发展状况看,总体上说我们还处于工业革命过程之中,但是,从世界经济发展趋势来看,以机械工业、电气工业、冶金工业等重化工业为主的传统工业革命已经过去了,而以新能源和信息技术为特征的新的工业革命正在向我们走来。在这一意义上,工业化还在持续,但已经不是传统意义上的工业化了,而是新型工业化了。因此,新型工业化道路的实质就是世界范围的第三次工业革命在中国工业特定发展状况下的全面展开和迅速发展过程。

从中国工业的具体发展状况看,为迎接第三次工业革命的浪潮,我们认为中国的新型工业化道路应该坚持以科技创新和自主开发为先导,以高新技术和"绿色技术"为支撑,以生态经济为指导,坚持信息化和工业化、工业化和生态化并举,走一条集约型、开放式、生态化的发展道路。

首先,新型工业化道路必须强化科技创新,努力发展高新技术,实现科技创新与工业化的有机融合。新型工业化道路成功与否的首要环节在于科技创新的速度与能力,因为,只有大力发展高新技术和高新技术产业,才能为资源高效利用、循环利用和加强生态保护提供技术保障。因此,应将高新技术产业作为我国新型工业化建设的龙头,建设一批引领国民经济发展趋势、占领科技制高点的高新技术产业群。要大力开发节能降耗、保护环境的技术产业,充分发挥科学技术在生态环境、节能降耗方面的积极作用,运用生态化技术开发新能源、新材料,形成人与自然相融合、符合人的可持续发展需要的生态化发展路径。要利用高新技术改造传统产业,在传统产业的产品的设计、制造、运输等环节广泛采用资源利用率高、污染少和有利于循环利用的技术和工艺,促进传统产业升级。必须加强对核心技术的突破和产业化转化的政策支持,将产业升级政策、产业创新政策和战略性新兴产业发展专项政策向这些领域倾斜,将促进产业转型升级与应对第三次工业革命结合起来。

"目前,传统产业仍然是占中国经济比重最高、创造税收最多、吸纳就业最广泛的产业部门,传统产业的发展状况直接关系国民经济发展和社会稳定。但另一方面,传统产业自身发展动力缺失的问题却长期存在。第三次工业革命的到来不仅将催生一批新兴产业,也将为传统产业的转型和发展注入新的动力。一方面,新技术、新工艺将大量应用于传统行业,大幅提升传统产业的技术含量和生产效率,激活传统产业改造升级的内生动力;另一方面,一些传统产业将转型升级为使用新技术、采用新生产方式、满足新市场需求的新产业。

从第三次工业革命的发展趋势看,引领第三次工业革命的是制造技术和生产方式的重大变革。在这一变革中,新材料、高端数控机床、工业机器人将成为制造业中最活跃的行业。同时,与前两次工业革命不同,第三次工业革命不仅会引起工业领域的重大变革,还会影响到服务业领域,催生新的服务业部门,二、三产业融合也将产生众多新的业态。因此,培育先进制造技术创新和产业化主体,掌握产业话语权。坚持自主创新,加大对数字化制造以及新材料领域的基础研究投入,跟踪和赶超数字化制造技术的前沿;坚持以企业为创新的主体,支持企业进行原始创新、集成创新、引进消化吸收再创新,着力帮助企业提升科技研发和技术创新能力,尽快在数字制造关键核心技术上取得突破,自主掌握数字化制造产业的核心专利。设立数字化制造专项发展基金、鼓励社会风险投资的投入,支持和培育创业型中小企业的发展,消除科技成果转化与产业化之间的障碍,促进创新成果的转化。积极引进国际数字制造领域的高端专业人才来中国创业,培育一批具有国际视野和国际水平的高技术企业。"(参见中国社会科学院工业经济研究所课题组"第三次工业革命与中国制造业的应对战略")以应对第三次工业革命的挑战。

其次,新型工业化道路必须以生态文明和可持续发展思想为指导。国内外的经验已经表明,在一定时期内,建立在对资源的掠夺性使用和牺牲环境基础上的传统工业发展道路,的确可以换取暂时的经济高速增长,但却难以为继。当前,我国的经济发展正处于工业化的高速发展时期,经济增长速度领先于世界各国,但发展的代价也是巨大的。同世界发达国家相比,目前我国的发展所面临的问题更多,更复杂。可以说,工业化时期人类面临的所有矛盾和问题在当今中国都呈集中式爆发状态:人均资源相对短缺,生态环境恶化、环境污染严重等都在严重制约着中国的经济发展。因此,面对世界第三次工业革命的挑战,我们要摆脱资源环境的约束,在今后的新型工业化道路中就必须吸取传统工业化过程中耗竭资源与破坏环境的教训,充分考虑到自然生态系统的承载能力,尽可能地节约自然资源,不断提高自然资源的利用效率,循环使用资源,走出一条资源消耗低,环境污染少的可持续发展道路。这就要求我们必须把发展循环经济,倡导绿色技术,发展绿色产业,建立生态经济体系作为新型工业化建设的基础。通过依靠高新技术和绿色技术对传统产业实施改造，使产品的设计、制造、运输等环节采用资源利用率高、污染物产生量少以及有利于产品废弃后回收利用的技术和工艺。通过加强科研投入，大力开展多种形式的产、学、研联合，重点开发有广泛推广意义的资源节约和替代技术、能量梯级利用技术、延长产业链和相关产业连接技术、"零排放"技术、有毒有害原材料替代技术、回收处理技术、绿色再制造技术等，不断提高单位资源产出水平，使经济增长在质量、层次、效率和环境保护方面有显著的提高，实现经济增长由粗放型向集约型的转变。

最后，走新型工业化道路，要充分借鉴和吸收发达国家的成功技术和经验。刚刚闭幕的十八届三中全会上，中共中央提出了，"适应经济全球化新形势，必须推动对内对外开放相互促进、引进来和走出去更好结合，促进国际国内要素有序自由流动、资源高效配置、市场深度融合，加快培育参与和引领国际经济合作竞争新优势，以开放促改革。"（参见"中共中央十八届三中全会公告"）

在全球经济全球化不断加强的趋势下，世界各国之间的经济依存度不断增强，国际合作程度不断加深，当今世界上，任何一个国家都不可能真正独立地建成新型工业化体系，中国的新型工业化进程必须与世界第三次工业革命发展趋势接轨。在实现工业化的过程中，我们既要注重比较优势原则，继续发展和壮大传统优势产业，同时又必须放宽视野，积极适应世界科技革命的大趋势，通过培育和发展高新技术产业来创造未来的竞争优势。当前，全球范围内新一轮产业结构的调整和重组正在进行，这为我们进行传统产业改造提供了难得的大好机遇。我们应依托原有的产业构架，以高新技术和绿色技术为辐射源，在充分利用传统产业原有生产要素的基础上，通过高新技术和绿色技术的注入，激活传统产业存量资本，改造和提升产业技术水平，使高新技术和绿色技术渗透和扩散到各行各业，促进产业技术水平的提高。必须充分利用国际国内两种资源、两个市场，通过推动国际交流与合作，借鉴国外发展经济的成功经验，引导有利于新型工业化发展的生产和消费行为，保证我国各项事业实现全面、协调、可持续的发展。如"在发展循环经济方面，德国、日本、美国等发达国家是走在世界前列的，它们在各自的发展历程中都积累了相当的技术和经验。德国和日本都比较明确地在国家层次上直接进行了循环经济和循环型社会立法，重点首先放在了废弃物资源回收再利用和无害化处理方面，而资源使用的减量化则主要通过价格机制得到解决"。（李兆前等"循环经济理论与实践综述"《数量经济技术经济研究》2004 年第 9 期第 145～154 页）在技术层面上，美国杜邦化学公司的"3R 制造法"、丹麦的卡伦堡生态工业园区模式等都值得我们去认真学习和借鉴。

第一章 沈阳经济区生态现状及
生态经济发展趋势分析

沈阳经济区作为辽宁老工业基地的核心地带和东北区域经济发展的龙头，近几年来，该区经济和社会事业等各方面都取得了突飞猛进的发展，逐渐成为我国北方重要的和颇具潜力的经济增长极。特别是"十一五"以来，在辽宁省委、省政府的高度重视和区域内各地市委、市政府的积极谋划下，沈阳经济区的建设发展取得了显著成果，经济和社会事业全面发展，重大基础设施建设项目不断增多，产业发展整合步伐加快，区域同城化和一体化建设快速推进，区域合作领域不断拓宽，沈阳经济区的战略地位进一步提高，影响力和竞争力日益增强，呈现出良好的发展态势。

2010年末，全区户籍人口2 363.3万人，占辽宁省总人口的55.6%；实现地区生产总值11 737亿元，占辽宁省地区生产总值的64.2%；完成全社会固定资产投资9 130.5亿元，占辽宁省的56.9%；社会消费品零售总额3 941亿元，占辽宁省的57.87%；地方财政收入1 088亿元，占辽宁省的54.27%。沈阳经济区经济省内主体地位明显，总体发展态势良好。但同时我们也应该看到，沈阳经济区虽然在经济上取得了长足的进步，但在资源利用和环境保护方面还存在一定的问题。由于历史欠账太多，因经济发展而导致的资源与环境压力增大。跨地区、跨流域的环境问题对各城市的经济发展产生了不利影响：水资源短缺、水质重度污染；土地占用与破坏严重、承载容量不足；林业资源保护和整治主体单一、手段落后；资源消耗强度高、资源开采造成生态破坏严重、生物多样性减少；大气、空气、土地、工业固体废物和辐射污染日益严重等。生态环境问题已经成为制约区域经济可持续发展的瓶颈。

第一节　沈阳经济区产业发展现状

一、资源短缺,生态环境状况严峻

沈阳经济区作为国家重要的以基础原料产业为主的重工业基地,资源依赖型是其产业结构的基本特征。在工业产品结构中,资源性产品和原材料产品占有绝对比重。长期以来,为了给国家工业化提供急需的原材料产品,区内资源长期超限开采,其中,水电资源已开发80%以上。水资源短缺,一直是制约该地区经济发展的严重问题。随着经济发展和人口增加,水资源供需矛盾日益尖锐。本溪、丹东等地一度出现"水荒"。资源状况的恶化已直接威胁到本地区基础产业的生存和可持续发展战略的实施。由于工业高度集聚而导致的生态环境恶化是制约该地区经济发展的又一重要问题。沈阳经济区的发展是和工业的发展同步展开的,工业密集地区,城市也密集。以沈阳为中心,在半径150公里的范围内,集聚了鞍山、抚顺、本溪、辽阳、铁岭等一批大中城市,集中了辽宁省的5 000多家具有相当规模的企业。冶金、机械、石化、建材等工业都集中在这里,耗能大,用水多,交通拥挤,污染严重,能源交通、城市基础设施十分紧张,对土地、水能等自然资源的利用已达临界状态,外延式工业发展已濒临极限。作为国家的重工业基地,该地区废水、废气和固体废弃物排放量大,水质恶化,城市大气污染十分严重,已成为国家环境污染和生态破坏最严重的地区之一。

二、产业结构单一和趋同并存,整体互补功能并未显现出来

沈阳经济区各城市经济发展的特点,大都是依赖本地资源的开发,发展与之相应的产业,产业结构大都比较单一,如鞍山、本溪、抚顺、铁岭、阜新等都属于资源型城市。随着资源的减少,替代产业发展滞后,城市经济的发展逐步陷入困境,已造成诸如劳动力转移、就业问题严峻等许多社会问题。从国内生产总值构成方面看,该地区各城市的第二产业在国内生产总值中所占的比重长期居高不下,如鞍山、抚顺、本溪、等市长年保持在60%左右。受自然资源和利益驱动的影响,该地区各城市间产业结构趋同现象十分严

重。20 世纪 80 年代初开始的城市经济体制改革,使各市政府成为日益活跃的经济利益主体。这一方面极大地调动了地方发展经济的积极性与创造性,另一方面也在很大程度上导致了地区间的经济封锁,利益冲突和结构趋同。各地区经济在自我封闭的情况下形成"大而全,小而全"的格局。这种结构的趋同不仅导致重复建设和资源的浪费,而且由于结构趋同而导致的政策刚性,也加剧了区内各市对有限的资金、技术的争夺,从而使区内整体优势功能因内耗而降低。

三、产业结构内在矛盾严重,技术装备水平低

(一)二元经济结构成为制约经济发展的基本矛盾

该地区重化工业是在以牺牲农业和其他产业发展为代价的基础上发展起来的。在三次产业国内生产总值结构和固定资产投资结构方面,第二产业所占比重长期居高不下,农业基础脆弱,抗御自然灾害能力差,集约化水平低,农业比较劳动生产率和工业比较劳动生产率相差近 10 倍,经济结构上的二元性十分突出。从工业内部看,二元结构更为突出。20世纪 80 年代以来,比较劳动生产率最高的产业和最低的产业相差 26 倍,而且这种二元经济结构在沈阳经济区经济活动的各个层面普遍存在,如重化工业发达与人均低国民收入并存;较强的生产资料生产和薄弱的消费资料生产并存等。这种普遍的多层次、多方面的二元经济结构造成了经济内部的循环关系扭曲,产业之间有机联系弱化,技术波及效能和主导产业波及效能受阻,宏观经济效益和微观经济效益下降,经济发展步履艰难。

(二)"瓶颈"产业严重地制约着该地区的经济发展

经过近 60 多年的开发建设,沈阳经济区建立了庞大的重化工业体系,而要保持和发挥重化工业的优势,又需要大量的与之相配套的的基础产业的运行,由于投资来源和投资结构难以保证基础产业和基础结构充分发展,供需矛盾日益尖锐,使得本地区的能源、水源、交通、邮电、住宅、环保等硬件基础设施和法规体系、市场发育、信息网络、咨询培训、社会保障等社会"软"基础设施缺乏和低效。

(三)"虚"高重化工业化和"虚"高加工度明显

沈阳经济区的工业结构中,重化工业率达到 75% 以上,不仅高于全国

经济区的工业结构,而且高于世界水平。但与此极不协调的是在工业结构中,原材料工业和采掘工业一直占主导地位,产值比重一直在55％～60％以上,反映产业结构高加工度化的知识技术密集型产业不足10％。工业部门技术进步在经济增长中的贡献只有30％左右。因此,尽管本地区有很高的重化工业化率,但由于技术含量很低,明显带有"虚"高级化特征。

(四)地区间发展不平衡,影响了整体功能的发挥

沈阳经济区在以沈阳为核心的中部地区,经济基础雄厚,工业发达,基础设施配套相对完备,而北部地区则产业结构单一,工业基础比较薄弱,经济欠发达。这种地区间经济发展的差距或地区间的二元经济结构对本地区区域整体优势的发挥无疑会产生不利的影响。

(五)技术装备水平低,产品质量落后

据统计,沈阳经济区中,20世纪60年代以前的企业技术装备设备占该地区企业设备总量的25％左右,总体上讲,技术装备水平低于全国平均水平。以该地区的支柱产业机械行业为例,其技术装备达到国际水平的设备不过10％左右,属于国内一般水平的则占到50％以上。由于设备、技术、工艺老化落后,产品技术含量偏低,与国内其他工业基地和新兴工业省份相比,竞争力持续减弱。

四、资产存量大,社会负担重,产业结构调整艰难

沈阳经济区的资产存量占辽宁省资产存量的59％,但是由于该地区产业结构不合理,不仅造成严重的资产闲置,而且使该地区的产业政策陷入两难境地。如果全面迅速地采用先进技术,那么由于技术进步的加速,一个地区固定资产规模越大,淘汰更新任务越重,由此遭受的经济损失也就越大。同时还可能在客观上加剧该地区的产业结构倾斜和非均衡发展的程度。如该地区的支柱产业是重化工业,大量的资产存量主要集中在重化工业中,因此,客观上要求该地区的投资结构向重化工业倾斜,从而会使该地区的产品结构日益倾斜,工业体系中的二元结构加剧。同时,由于沈阳经济区是老工业基地,老企业多,大中型企业多,因此,在该地区拥有庞大的存量资产的同时,也拥有先进技术在生产中的不断使用,将会把越来越多的传统工业工人推向社会,而沈阳经济区各市由于新兴产业和第三产业发展滞后,无法大批接纳这些下岗人员,这就使该地区面临越来越大的结

构性失业的压力。从长远的地区经济发展角度看,这一问题如不解决,势必会影响本地区的经济发展。

第二节　沈阳经济区生态环境现状分析

一、空气环境质量现状分析

"十一五"以来,沈阳经济区空气环境质量明显改善,2010 年,除沈阳、鞍山两市环境空气质量达到国家三级标准外,其余城市环境空气质量均达到国家二级标准。营口一级标准天数超过 100 天,主要污染物尝试均有不同程度降低。沈阳经济区主要污染物仍以可吸入颗粒、二氧化硫和二氧化氮为主,2010 年辽宁省环境状况公报显示,除沈阳和鞍山外,其他 6 城市可吸入颗粒物年均浓度符合国家二级标准,8 城市二氧化硫和二氧化氮年均浓度均符合国家二级标准。但由于该区域是高耗重化工业聚集的区域,以煤炭为主的能源结构将长期影响大气环境质量,也必然是工业废气污染较重的地区。2010 年该经济区工业废气排放总量占全省工业废气排放总量的 72.89%,二氧化硫排放总量占全省二氧化硫排放总量的,64.25%,工业浓烟尘排放量占全省浓烟尘排放量的 64.60%,工业粉尘排放量占全省工业粉尘排放量的 70.61%(详见表1-1)。

沈阳经济区作为典型的重工业经济区,由于历史和现实的原因,沈阳经济区内城市的高强度的资源开发和畸形的重工业结构,使得生态环境问题非常突出,经济的高碳化特征非常明显。辽宁省大气污染物排放量居全国首位,沈阳经济区大气污染物排放占全省排放总量的 74.5%。1988—1999 年,沈阳曾位列世界十大污染城市。世界银行调查发布的世界发展指标 2006 中指出,在调查所涉及的总共 110 个超过百万人口的各国城市中,如果按照悬浮微粒来排名,空气污染最严重的前 20 个城市,中国占了 13 个,其中 2 个就有沈阳经济区的沈阳和鞍山。随着城市化和工业化进程的加快以及汽车数量的迅猛增加,沈阳经济区的环境形势将面临严峻的挑战。

表1-1 2010年沈阳经济区各市工业废气排放及处理情况

地区	废气治理设施数(套)	工业废气排放总量(万标立方米)	燃料燃烧过程中废气排放量(吨)	生产工艺过程中废气排放放量	工业二氧化硫排放量(吨)	工业二氧化硫去除量(吨)	工业浓烟尘排放量(吨)	工业浓烟尘去除量(吨)	工业粉尘排放量(吨)	工业粉尘去除量(吨)
全省	9 624	270 887 017	131 855 404	139 031 613	784 821	1 337 195	397 861	21 226 483	171 016	5 551 644
沈阳	2 150	13 013 428	11 165 014	1 848 414	77 385	87 775	60 364	2 343 065	4 546	6 008
鞍山	2 106	48 423 090	14 921 632	33 501 458	77 532	26 724	30 205	2 580 049	25 782	1 856 474
抚顺	678	17 756 705	10 372 861	7 383 844	50 553	93 590	17 938	3 994 381	12 906	328 888
本溪	657	37 400 575	9 336 581	28 063 994	87 528	46 572	26 543	323 802	34 369	1 677 328
营口	751	27 011 210	13 583 561	13 427 649	77 072	55 692	45 221	1 596 373	27 621	799 326
阜新	183	37 895 991	13 268 992	24 626 999	50 890	60 011	31 403	1 507 189	857	11 036
辽阳	320	6 539 935	4 456 332	2 083 603	30 513	67 943	13 599	171 719	978	127 603
铁岭	310	9 401 306	7 963 423	1 437 883	52 802	49 926	31 722	2 999 867	13 703	52 299
8市总计	7 155	197 442 240	85 068 396	112 373 844	504 275	488 233	257 040	15 516 445	120 762	4 858 962
占全省%	74.34	72.89	64.52	80.82	64.25	36.51	64.60	73.09	70.61	87.52

二、水环境质量分析

城市污水排放量连续增长。2010 年末,沈阳经济区总人口达到 2 388.4 万人,占全省总数的 55.6%,城市人口的高度密集,使得城市污水排放量明显上升。"十一五"期末,区域城市生活污水排放总量 92 093 万吨,占全省城市生活污水排放总量的 63.69%,比"十一五"初期增长了 10 093 万吨。随着工业化和城市化进程的加快,在较近一段时间内,城市污水排放量会持续增长,未经处理或处理不达标的城市生活污水将严重影响居民的生活质量(详见表 1-2)。

表 1-2　2010 年沈阳经济区各市废水排放及处理情况

地区	汇总工业企业数（个）	废水治理设施数（个）	工业废水排放总量（万吨）	工业废水排放达标量（万吨）	生活污水排放量（万吨）
全省	4 623	2 772	71 284.4	64 966.5	144 584
沈阳	1 472	341	6 140.8	5 913.0	44 325
鞍山	260	144	5 548.2	5 319.4	9 118
抚顺	308	127	3 030.8	2 932.0	8 841
本溪	235	119	2 591.0	2 159.1	5 888
营口	301	61	4 014.1	4 012.6	7 627
阜新	244	77	468.3	274.8	3 312
辽阳	74	1 065	2 941.6	2 935.7	7 179
铁岭	256	99	1 682.6	1 531.0	5 803
8 市总计	3 150	2 033	26 417.4	25 077.6	92 093
占全省%	68.13	73.34	37.05	38.60	63.69

河流污染仍需改善。沈阳经济区内主要流经河流有辽河、浑河和太子河。其中辽河流域属水资源贫乏地区,水质污染一直处于较高水平。2010 年辽宁省环境公报显示,浑河、太子河上游水质较好,辽河整体水质明显好转,但氨氮污染仍然较重。近岸海域功能区水质达标率有所上升。此外,沈阳经济区缺水十分严重区域内的水资源总量严重不足,地区水资源分布极不均衡。(郑古蕊,梁启东"沈阳经济区环境保护与环境合作初探"《环境保

护与循环经济》2011 年第 12 期）。

三、污染物排放及节能减排状况

节能减排工作取得显著成效。2010 年，沈阳经济区 8 城市工业废水排放总量为 26 417.4 万吨，比 2006 年减少了 16 950 万吨，下降了 39%；工业废气排放总量为 197 442 240 万标立方米，比 2006 年减少了 18 893 478 万标立方米，下降了 8.7%，废气中主要污染物仍为二氧化硫、烟尘和工业粉尘；工业固体废物排放总量 0.2 万吨，比 2006 年减少了 15.47 万吨，下降了 98.7%。污染物排放强度逐年下降。2010 年，沈阳经济区万元工业产值废水排放量为 2.25 吨，比 2006 年下降了 69.9%；万元工业产值废气排放量为 16 822.2 标立方米，比 2006 年下降了 50.0%；万元工业产值固体废物排放量为 0.000 017 吨，比 2006 年下降了 99.4%，详见表 1-3 和表 1-4（郑古蕊，梁启东"沈阳经济区环境保护与环境合作初探"《环境保护与循环经济》2011 年第 12 期）。

表 1-3　2000—2010 年沈阳经济区工业污染治理投资完成情况

年份、地区	污染治理项目本年完成投资（万元）	治理废水	治理废气	治理固体废物	治理噪声	治理其他	本年竣工项目数（个）
2000	120 195	61 765	42 489	8 857	372	6 711	662
2001	114 664	46 077	58 467	6 707	68	3 345	346
2002	102 427	42 208	18 951	10 504	201	30 562	319
2003	154 298	45 716	29 450	6 141	103	72 888	274
2004	226 576	36 905	52 987	798	138	135 748	235
2005	369 499	31 277	88 477	4 166	763	244 816	277
2006	520 470	79 661	78 076	3 026	675	359 033	289
2007	237 002	72 093	110 239	11 201	969	42 501	230
2008	201 645	81 907	283 552	3 834	812	23 643	185
2009	195 027	35 281	157 282	1 519	99	845	129
2010	147 707.9	47 213.5	94 551.4	803.8		5 139.2	84
沈阳	6 409.7	1 253.9	4 487.4			668.4	11
鞍山	12 236.4	440.0	11 660	84.5		51.9	7

续表

年份、地区	污染治理项目本年完成投资（万元）	治理废水	治理废气	治理固体废物	治理噪声	治理其他	本年竣工项目数（个）
抚顺	35 508.5	17 400.0	18 108.5				7
本溪	17 042		16 677			365	3
营口	800		800				1
阜新							
辽阳	16 880		16 880				3
铁岭	11 538.5	292.5	11 246				2

表 1-4　2010 年沈阳经济区工业固体废物产生及处理利用情况

地区	工业固体废物产生量（万吨）	危险废物	工业固体废物综合利用量（万吨）	工业固体废物贮存量（万吨）	工业固体废物处置量（万吨）	工业固体废物排放量（万吨）	"三废"综合利用产品产值（万元）
全省	17 419.6	1 059 816	8 417.5	2 446.90	6 801.86	2.88	1.5
沈阳	895.4	79 718	856.7	19.91	18.71	0.02	1.5
鞍山	5 176.2	12 921	988.6	302.77	3 884.85		
抚顺	2 569.3	3 6940	1 127.1	847.37	594.81		
本溪	2 702.3	183 102	1 022.8	256.10	1 423.36	0.01	
营口	661.9	4 245	655.3	6.23	0.42		
阜新	1 466.9	86	1 646.4		0.00	0.10	
辽阳	938.6	163	97.4	793.45	48.01		
铁岭	701.4	7	472.7	158.18	138.18		
8市总计	15 112	317 182	6 867	2 384.01	6 108.34	0.13	1.5
占全省%	86.75	29.93	81.58	97.42	89.80	0.045	100

"十一五"以来,在省、市各级政府的努力下,全区的生态环境状况取得了比较乐观的成绩。按生物丰度、植被覆盖、水网密度、土地退化及环境质

量 5 种参数综合评价,生态环境恶化趋势趋缓。但由于工业化、城市化和经济的持续快速增长,自然生态环境所承受的压力越来越大,早在 2000 年,该地区的土地利用率已达 95%,人均占有土地 300~500 平方米,为全国人均水平二十八分之一,水资源利用率已达 74%,人均水资源量 525 立方米,为全国人均水平的五分之一,号称"煤都"的煤炭资源已近枯竭,人均煤炭占有量 160 吨,为全国人均水平的四分之一。流经沈阳经济区的浑河、太子河水质污染严重,虽经长期治理,枯水期五个河流城市段的水质也都仅仅达到 V 类地面水标准。辽宁省大气污染物排放量居全国首位,沈阳经济区大气污染物排放量占全省排放总量的 74.5%。随着汽车数量的逐年增加,汽车尾气污染日趋严重,在城市的主要交通干线上曾发生光化学烟雾现象。来自辽宁西北部的沙尘也对沈阳经济区大气环境质量构成严重威胁,沙尘在沈阳市的沉降量高达 111~144t/k 每年,占沈阳地区 TSP 实测值的 57%。以上情况说明沈阳经济区的环境承载力极其脆弱,生态环境问题已经成为制约该地区可持续发展的重要因素。(王昆"试论沈阳经济区进行生态化建设的战略意义和途径"《商场现代化》2007 年 1 月(下旬刊))

第三节　沈阳经济区生态状况的成因分析

纵观上述情况,沈阳经济区生态环境与经济发展中存在的主要问题是:经济产值的增加是靠消耗大量资源换取的。在经济发展的过程中,资源并未得到充分、有效的利用,资源消耗量过大,生态环境遭受破坏较为严重。一些主要自然资源已出现严重短缺,资源供需前景不容乐观,对国民经济和社会发展构成严重制约。经济发展给环境带来了巨大压力,自然生态环境持续恶化,形势极为严峻。而导致沈阳经济区资源与环境问题的原因是多方面的,是长期积累的动态原因造成的。

一、GDP 崇拜是造成高投入、高消耗、高污染的粗放型经济增长方式难以改变的主观因素

以 GDP 增长速度作为地方政府政绩考核的唯一标准一直是我国各地政府的主要考核手段。尽管严酷的经济环境要求我们必须改变经济增长方式,但各地方政府仍以投资驱动和 GDP 增长速度作为自己经济发展的主要方式。从今年公布的我国 31 省区政府工作报告中的国民经济发展目标来看,"其中 24 个省区将今年 GDP 增长目标定在 10%及以上,20 个省区将固

定资产投资增长目标设定在 20％及以上。"(中国经济网 2013 年 2 月 20
日)在沈阳经济区发展"十二五"规划中,将地方 GDP 的年均增长率确定在
13％以上,固定资产投资增长目标设定在 20％以上。可见通过投资驱动,
推动 GDP 增长的经济发展方式,已经成为包括沈阳经济区在内的中国地方
经济发展的路径依赖和思维定式。各地方政府仍以追求 GDP 指标和投资
驱动作为经济发展的主要手段。面对 GDP 主义的冲动,人们很难走出"先
污染后治理"的传统工业发展的老路。

　　用单一的 GDP 指标衡量地区经济发展水平,其负面效应是显而易见
的。"多年计算的平均结果显示,中国经济增长的 GDP 中,至少有 18％是
靠资源和生态环境的'透支'实现的。"(步雪琳"用绿色 GDP 支撑科学发展"
《中国环境报》2006 年 9 月 8 日)高消耗换来的高增长,必然是高排放、高污
染和低效率。据相关部门统计,我国第二产业劳动生产率只相当于美国的
1/30、日本的 1/18、法国的 1/16、德国的 1/12 和韩国的 1/7。资源产出效
率大大低于国际先进水平,每吨标准煤的产出效率相当于美国的 28.6％、
欧盟的 16.8％、日本的 10.3％。这种粗放式经济增长所带来的十分尖锐的
资源与环境矛盾,是经济进一步发展过程中不可回避、不能绕行的瓶颈。在
粗放式经济增长模式下,生产扩张与资源消耗、生产规模与环境恶化之间的
正比例关系,不可能通过经济增长得到转变,相反,生产越扩张,就越是激化
了这些矛盾。因此,只有加快转变、彻底转变粗放式的经济增长模式,才能
缓解,进而从根本上解决这些制约经济长远发展的深层次矛盾和问题。

　　GDP 指标仅反映着国家和地区经济的"量"的增长,并不能反映经济发
展中的"质"提高,特别是不能反映普通居民在经济发展中的环境状况改善
和生活水平提高的状况。而在"在科学发展的前提下,改善民生问题是经济
发展的出发点和落脚点,衡量经济发展程度与经济实力,不只是看 GDP 指
标,首先应看民众收入多少,生活水平、生活质量的高低,以及生态环境的改
善,这体现了 GDP 的含金量。否则,单纯的 GDP 增长是毫无意义的。"(参
见汪孝宗"失衡的 GDP"《中国经济周刊》2011 年 3 月 1 日)

　　客观上讲,GDP 崇拜并不是中国地方政府官员的专利,而是传统经济
发展模式下的各国政府的普遍追求。这里,我们不妨引用一下美国参议员
罗伯特·肯尼迪在 1968 年竞选总统时对当时盛行于美国的 GDP 崇拜的评
论:"我们的国内生产总值(GDP)确实惊人,数字接近 8 000 亿美元。但是,
我们能够以此为根据评判整个国家的状况吗?仅有此项业绩就够了吗?况
且这个国民生产总值还应算进去空气污染、烟草广告以及战地救护车在血
肉横飞的战场上穿梭的费用。还应该记入我们房门上多装数把大锁的费
用,以及把砸烂那些锁具的行窃者关进监狱的费用。还要计入惠特曼步枪、

斯比克刀具以及泛滥的影视剧目的费用——因为它们炫耀暴力,以求把更多的仿真玩具倾销给我们的孩子。这就是我们所谓的国民生产总值,它既不能保障我们孩子们的健康,也不能保障他们所受教育的质量,甚至不能保障他们无忧无虑的快乐。它与我们工厂设施的严整以及我们住区巷的安全毫不相关。它不包括诸如能让我们的诗句溢美、能使我们的婚姻坚实、能滋养公民谈吐的睿智以及能确保我们的官员具有磊落风范的要素。它既不能用于衡量智慧和勇气,又不能衡量学养和见识,更无法衡量我们对自己国家的热诚和责任。"(孙勇 评论:肯尼迪批判"GDP崇拜症"证券时报 2011 年11 月 19 日)48 年前的一个美国政治家对 GDP 的批判,对于今天仍执迷于GDP 追求中的中国官员不失为一个良好的忠告。将 GDP 增长等同于经济发展,等同于发展生产力。把 GDP 增长视为生产力发展的唯一指标,单纯地利用 GDP 来评估一个地区的发展成果。"对高质量生活水平的追求主要表现为对 GDP 增长速度的片面追求,而未将对环境污染所带来的负面影响作为成本之一计算到 GDP 中去,这种成本与收益不对称的核算方式必将导致资源枯竭、环境污染和生态破坏。"(林木西 辽宁中部城市群(沈阳经济区)资源利用、环境整治与制度创新 沈阳经济区网 2007 年 10 月 29 日)

二、工业发展阶段和企业技术能力的约束,是制约沈阳经济区生态经济发展的客观因素

沈阳经济区正处于以重化工业为代表的工业化中期,由于这一发展阶段和技术条件的约束,加大了转变生产方式的难度。沈阳经济区作为全国闻名的重化工业基地,面临的技术创新、结构调整和换代升级的任务十分繁重,高消耗、高污染的粗放型生产经营方式的调整需要一个渐进的过程,污染型产业在今后一段时期内仍将存在,污染较重的局面难以在短期内改变。从国家产业布局来看,沈阳经济区作为东北老工业基地的核心,历史上一直以重化工业作为其发展的主导产业。其中沈阳、鞍山、抚顺、本溪、阜新是我国重要的机械加工、钢铁、煤炭等原料采集和生产基地,辽阳、营口是我国重要的石化生产基地。这一地区作为以机械制造、钢铁、建材、化工、煤炭、矿产等资源性产品供应和以初级产品加工为主的重工业基地,长期的高强度的开发和不合理的经济结构对生态环境造成了极大破坏。高能耗产业的大量存在与发展也增加了对环境的压力。沈阳经济区的资源与环境问题较之省内外其他一些地区相对突出,而且问题的解决也并非是一蹴而就的。目前,沈阳经济区着力打造的产业集群主要有:沈西先进装备制造业产业集群、沈阳航空制造产业集群、沈阳浑南电子信息产业集群、鞍山达道湾钢铁

深加工产业集群、抚顺新材料产业集群、本溪生物制药产业集群、营口仙人岛石化产业集群、辽阳芳烃及化纤原料产业集群、铁岭专用车产业集群、阜新彰武林产品加工产业集群等。这些产业集群90％都属于重化工业企业，客观上讲，"重化工业的资源消耗确实处于较高水平，重化工业的快速发展也是导致我国资源消耗总量上升的一个重要诱因。但是应该指出的是，目前我国重化工业对资源的过高消耗很大程度是由于生产技术水平低和增长方式粗放造成的，也就是说，关键在于重化工业的发展方式不合理，而不在于重化工业发展本身。从装备制造业的技术水平来看，沈阳经济区作为我国装备制造业的重要基地，其技术水平与发达国家相比仍有较大差距。据机械工业联合会的统计，目前工业发达国家新产品贡献率为52％，我国仅为5.9％。在"核心技术方面"具有独立自主知识产权的产品较少，模仿产品较多。90％的高档数控机床、85％的集成电路制造装备和100％的光纤制造装备，依赖于进口。有关研究表明，我国的能源系统效率为33.4％，比国际先进水平低10个百分点，机械制造行业虽然比起电力、钢铁、石化等行业要好得多，但其主要产品单位能耗仍然比国际先进水平平均高30％。在制造工艺方面，我国对于采用高精密加工、精细加工、微细加工、微型机械和微米/纳米技术、激光加工技术、电磁加工技术、超塑加工技术以及复合加工技术等新型加工方法方面，普及率不高，尚在开发、探索之中。在自动化技术方面，发达国家普遍实现了柔性自动化、知识智能化、集成化。而我国尚处在单机自动化、刚性自动化阶段，柔性制造单元和系统仅在少数企业使用，计算机集成制造系统在我国还没有被采用。从总体上看，包括沈阳经济区在内的我国机械制造业仍处于高能耗期，加上节能技术水平较低、能源管理漏洞较多，其能耗强度和能源效率明显偏低。（参见司凯"基于低碳经济的我国机械制造业发展战略研究"《国土与自然资源研究》2012年第2期）技术和管理水平的偏低，直接制约着沈阳经济区的环境保护和生态经济的发展。

三、城市化发展中的人口集聚加剧了区域内生态治理的难度

人口问题是一个区域发展战略的重要问题。人口是区域发展的原动力和受益者，既是物质资料生产得以进行的基本推动力，又为区域消费提供市场。但人口过多又会给生态、环境和资源带来巨大的压力。人口的数量、规模、素质、结构、分布与迁移状况，对区域发展影响重大，有加速或延缓发展的作用。因此，人口适度与合理分布在很大程度上决定了区域协调发展的程度。沈阳经济区城市化率达到65％，其中沈阳的城市化以达80％，鞍山、

抚顺、本溪都是人口百万以上的特大型城市,是我国城市化水平最高的地区之一。随着该地区经济社会的迅猛发展,在未来一个时期,该地区城市人口仍将继续增加。高密度的人口势必增加资源利用和环境整治的难度。人口集中、生活需要与供应集中,产生了城市环境污染、交通堵塞、生态破坏等一系列"城市病",使得工业革命以来几乎所有的环境问题所产生的矛盾都集中、积累到了城市。2010年末,沈阳经济区总人口达到2 363.3万人,占全省总数的55.6%,城市人口的高度密集,使得城市污水排放量明显上升。因为,一个地区的资源与环境所能承受的社会经济活动的能力总是有一定限度的,如果超过这个限度即超载,将可能引发相应的资源与环境问题。从历史上看,沈阳经济区之所以能够成为全国的重化工业基地,说明该地区最初的资源与环境承载力与当时的社会经济活动是相适应的,或者说是在资源与环境承载的容量之内。但是,经过几十年的高强度开发,本地区的资源已近枯竭,环境污染状况加剧,资源与环境的承载容量与人们社会经济活动的需求形成了巨大的反差,而巨大人口数量使本已有限的环境资源更加紧缺,人们生存的环境空间愈加拥挤,主要表现为土地资源、水资源和能源资源等的减少。人口数量的增长必然将会使环境资源的压力进一步增大,环境质量状况也不容乐观,如水体污染、水土流失、土地沙化、荒漠化及过度砍伐造成的森林生态功能退化等,已经严重阻碍了区域社会的可持续发展。这些问题不是短时期所能解决的。

四、制度建设滞后,导致资源环境问题难以迅速解决

现实生活中,资源利用、环境整治与经济发展总是在一定的制度下进行的。客观上讲,资源和环境作为公共产品其独特的"外部性"属性,使市场机制无法在资源利用和环境保护方面实现资源的优化配置,因此,就要求政府通过制度建设解决资源有效利用和环境保护等问题。因为,在现实生活中,资源利用、环境整治与经济发展总是在一定的制度下进行的。政府运用经济手段、行政手段甚至法律手段来规范、约束、矫正经济主体的行为,通过制度供给和制度创新来解决资源环境问题,即政府干预和产权制度是解决资源环境问题的有效途径。而沈阳经济区在解决资源与环境的制度建设方面,尚有诸多方面问题需要解决和完善。

沈阳经济区现有的国民经济核算体系、价格体系、税收体系、财政金融规制等经济制度和部分宏观产业政策,是建立在传统经济模式上的,是为传统经济发展模式服务的。在区域层面上,缺少一个从总体上对发展生态经济进行协调的战略与制度,对发展生态经济缺少激励约束机制的整体制度

安排。已有的生态制度设计粗糙,主要是一些指导性意见或概括性要求,缺乏程序性规定和可操作性,如沈阳经济区发展"十二五"规划,由于缺乏配套性专项法案、有效的激励约束机制和严明的奖惩措施,实施起来十分困难。另外,当前的生态经济制度设计主要体现在生产领域,而涉及流通、分配及消费领域的制度基本缺失。

从现有的生态经济制度建设来看,许多方面仍需要完善和调整。第一,观念层面的调整。当前的生态经济制度设计仍停留在计划经济的思维模式中,以行政命令为主,强制性、限制性的制度较多,从经济规律出发,用经济手段、自愿性手段来引导的制度设计较少,使得制度建设缺少激励作用。第二,职责不清,政出多门,带来部门之间缺乏协调和配合,存在重叠、交叉、矛盾甚至冲突,导致制度性内耗,从而导致谁都管,谁都不知道如何管;有利的事争着管,麻烦的事争着推。这不仅影响了制度的权威性,还大大提高了交易成本,削弱了制度的整体效能。第三,制度的约束力不足。由于在传统经济模式下所形成的资源低价与环境无价的发展模式,导致"守法成本高,违法成本低"。过低的排污费、资源使用费以及补偿费征收制度不仅在某种程度上助推了掠夺型经济的发展,而且不利于生态经济的发展。第四,制度运行障碍问题突出。GDP 至上的政绩考核体系造就了地方政府短视行为,为追求即时的经济利益不惜以资源环境为代价,并严重干扰了环境执法,"有法不依,执法不严"问题较为突出。第五,对制度加以异化,变相执行,使得制度执行和实施效果与预设存在着较大距离,甚至背离制度设计的初衷。如节能减排大限将至之时,不少地方政府为了迅速降低单位 GDP 能耗与污染物排放量,通过拉电限电等手段,强制企业停产,而不把精力用于促进产业升级换代、经济绿色化及发展绿色经济之上。(李宁宁"中国绿色经济的制度困境与制度创新"《现代经济探讨》2012 年 3 月 12 日)

五、管理模式的僵化和单一影响了生态治理的效率

首先,在生态经济建设的决策机制与管理模式上,我们基本上沿袭了计划经济体制所特有的自上而下的官僚体制特点,单方面强调政府的作用。作为一项公共政策,生态经济直接关系到政府、公民、企业等社会各方面,如果政府作为唯一的政策、计划和方案的制定者,将缺乏公平和效率的考虑,不能反映社会各方面利益诉求,影响了政策的有效性和可接受性,并由于脱离实际,导致目标过高而难以实现或过度管理以达成目标,或目标过低无法真正推动生态经济的发展。此外,政府还作为生态经济的投资主体与执行主体,不仅制约了生态经济发展的内在动力,影响了社会各方参与的积极

性，而且无法在执行过程中发挥网络治理的优势，在政府失灵的情况下，缺乏替代性的政策执行主体。

其次，实行环境与发展综合决策是经济"生态化"，促进生态经济发展的重要举措。我国1994年就在《21世纪议程》中提出："建立有利于可持续发展的综合决策机制"，1998年国家环保总局进一步将建立环境与发展综合决策制度、监督和共管、环保投入、公众参与等4项制度列入《全国环境保护工作(1998—2002)纲要》，2001年《国家环境保护"十五"计划》更是强调，要"建立综合决策机制，促进环境与经济的协调发展"，"进一步建立环境与发展综合决策机制"，并"探索开展对重大经济和技术政策、发展规划以及重大经济和流域开发计划的环境影响评价，使综合决策做到规范化、制度化"。但是，由于缺乏具体的要求、制度保障和可操作的审查程序，环境与发展综合决策至今仍停留在指导方针及政策宣告层面，环境保护难以纳入社会经济发展的决策过程，在地方政府的政绩冲动下，掠夺式发展依然畅行无阻。

再次，公众参与是现代公民社会实行社会管理的重要手段，在生态经济发展中同样不可或缺。但在自上而下的决策与管理模式之下，公众参与的重要性并未引起有关方面的关注，尽管近年来也倡导公众参与，但公众并未被赋予参与决策和发挥监督作用的权力和途径，对公众参与只有原则性的规定而无具体的可操作的制度，公众参与的激励与保障机制尚未建立，加上信息的公开程度不高，公众的参与意识与权利意识薄弱，造成公众参与的范围与规模都非常有限，难以有效地监督和制约政府的决策行为。（李宁宁"中国绿色经济的制度困境与制度创新"《现代经济探讨》2012年3月13日）

在沈阳经济区区域生态经济发展的过程中，经济快速增长与资源大量消耗、生态破坏之间的矛盾，经济发展水平的提高与社会发展相对滞后之间的矛盾，区域之间经济社会发展不平衡的矛盾，人口众多与资源相对短缺的矛盾，一些现行政策和法规与实施可持续发展战略的实际需求之间的矛盾，这些仍是制约经济与生态环境协调发展的主要障碍。而产业结构不合理、经济增长方式粗放的状况没有根本转变，环境保护滞后于经济发展的局面还没有根本改变，体制不顺、机制不活、投入不足、能力不强的问题仍然突出，有法不依、违法难究、执法不严、监管不力的现象仍比较普遍。因此，转变经济增长方式，培育良好的公众环保意识，建立健全的社会保障体系，调整合理的经济结构，完善相关的政策法规体系，这些都是亟待解决的问题。

第四节　沈阳经济区新型工业化建设的对策

一、转变观念，构建新型文化形态

作为东北老工业基地的核心，沈阳经济区经济发展中存在着的一系列问题，表面上体现为经济、政治的改革和转轨中的问题，而在深层本质上却是由社会文化的转型中观念变革滞后所导致的。当前在东北地区经济转轨和政治改革中所凸现出的所有重大理论和实践问题，归根到底都是由在这场社会转型中形成的文化观念矛盾冲突而引发的。

20世纪90年代中期以来，随着东北经济颓势的凸显，关于如何振兴东北老工业基地的政策研究、理论探讨就从未间断过。特别是党的十六大以来，"东北问题"再次成为理论研究的热点，各种对策、战略、建议屡见报端。在这些建言献策中，我们发现一个非常熟悉的概念被经常提起，即"观念"。观念陈旧被一致公认为是制约东北经济发展的最重要的深层因素之一。从观念更新到观念创新，人们屡屡呼唤，并企图通过体制改革、制度建设、结构调整来催生观念的变革。然而从目前看来，上述措施都未能完全达到预期目标，东北人的观念依旧。那么，东北人的观念何以如此难以改变？其深层因素何在？通过分析我们认为，导致东北人观念刚性的深层原因乃是东北独特的文化形态。观念是文化的反映，文化作为人类生活最深层的东西，是人的活动及其文明成果在历史长河中自觉不自觉地积淀和凝结的结果。文化作为稳定的生存方式一旦生成，它对于置身于这一文化之中的主体的生存就具有决定性的制约作用，它像血脉一样构成人的存在的灵魂。因此，观念的更新取决于文化的变迁，而文化变迁则是人类社会最深层的变革。

随着社会主义市场经济体制的建立，与市场经济现实实践生活相匹配的实用性文化，在本质上是一种立足于个体存在的竞争精神，或者说是一种个体性的主体意识。这种文化的人性基础是以谋取实物利益为动机的功利主义，其核心是效率和效益优先原则，其价值取向是绝对的市场化价值取向。显然，这种文化精神与传统的伦理至上和计划经济时期的政治至上文化是格格不入的。从实用性文化层面上看，传统文化特别是儒家文化与市场经济条件下的现实实践从根本上来说是不适应的。很难想象，一种力主和谐、不争的文化如何可能与一种充满竞争的社会实践相匹配。从社会主体角度看，由于计划经济和市场经济"短兵相接"，昨天的计划经济和今天的市场经济,其"社会主体"直接重合,从而加剧了现代人文化观念上的矛盾性。因此,如何解决传统的伦理文化、计划经济时期的政治文化与现代的市场经济文化的内在矛盾,如何在抛弃旧文化的基础上,建构起符合市场经济发展要求的新的文化形态,是像东北这样受传统文化和计划经济长期影响的地区实现社会转型必须认真思考和妥善解决的问题。

(一)东北文化现状对东北经济发展的影响

任何地区文化形态的形成,都是由一些基本个性因素决定的,东北地区亦不例外。这些个性因素主要有:地理环境、人口构成、地区历史进程、经济存在方式、社会结构和社会组织方式等,这些因素的综合作用不仅造就了东北地区独特的文化特征,而且对东北经济的发展也产生了长期的潜移默化的影响。

1. 地理环境及由此形成的经济存在方式使东北人安于现状、保守和固步自封

封闭性和富绕性并存是东北地理环境的重要特点。一方面,东北地区周边山环水绕,仅在南部有一条狭长走廊与中原相连。而山海关则像一把大锁,牢牢地锁住了东北进入华北的陆路通道,隔断了东北各民族与中原地区的文化和经济交流。另一方面,在这相对封闭的区域内,地域辽阔,土地肥沃,资源丰富,历史上农业发达,新中国成立后则工业兴盛。这种独特的自然和经济地理环境,保证了东北人衣食无忧,使他们习惯于日出而作、日落而息的传统生活方式,形成了自给自足、小富即安、封闭保守、不思进取的文化心态,普遍缺少创业文化意识,甘于维持现状的多,勇于白手起家的少,普遍缺乏商业头脑和竞争意识,缺少从细微处做起的精明与踏实。文化氛围整体上不适应当代市场经济发展的要求。

2. 计划经济时期形成的政治至上的文化心态根深蒂固,导致东北人趋同、依附、唯上意识严重,个性张力不足

人们常说东北地区是计划经济的重灾区,从根本上说,计划经济对东北的不良影响,与其说是反映在经济体制和管理体制上,不如说是表现在文化上。计划经济时期的政治至上文化传统,至今仍禁锢着东北人的思想。东北人仍习惯于泛意识形态化的政治思维,多趋同心理、依附意识和正统情结,唯独缺乏自主意识。趋同,把他们框限在"人人似我,我似人人"的格局中,泯灭了个性;依附,使他们固守既成,安于现状,靠资源、靠政策、靠领导吃饭,泯灭了进取心;正统情结,使其崇尚"官本位",唯上、唯权,泯灭了个人主体意识。东北人的这种文化传统及由此形成的行为模式在市场经济条件下不可避免地与现实发生碰撞。一是表现为东北人在市场经济面前巨大的不适应性。缺乏理性思维，缺乏当代市场经济的头脑，缺乏效率、效益观念和时间竞争意识。二是表现为东北人特别是政府官员在改革面前的"稳重持成"。他们对每一项改革，先是"冷静"观察，深思熟虑，然后左顾右盼，小心翼翼地迈步试探。这种"稳重持成"、从容不迫不仅令先行者大为头疼，也使投资者望而却步，结果往往丧失了改革与发展的良机。三是表现为东北人的尊卑等级秩序。东北人的"官本位"意识可谓积重难返。经济为政治服务至今仍是官场圭臬。东北官员从"官本位"出发，习惯于"造势"，好大喜功，只要领导满意，可以不惜血本，不顾代价；为了"政绩"可以不顾甚至损害群众利益。经济建设多是以领导意志和"政治"需要为转移。东北的企业家缺乏"在商言商"的传统，总喜欢在政治圈子里转悠，希望"商而优则仕"，"万般皆下品，唯有做官高"，很在乎"政协委员"之类的头衔。东北人的政治至上的文化传统及由此形成的行为模式是导致东北经济衰退的一个重要原因。

3. 传统文化的积淀，导致重义轻利的价值观和追求同质化人际关系的文化心理

东北人祖籍除了少数本地人之外，多为山东、河北。此二地，一为儒家文化的发源地，一为中国社会政治的中心，中国传统文化的影响源远流长。作为山东、河北移民的后代，东北人承继的传统文化底蕴深厚。从道德观念上讲，东北人重伦理，守纲常，重义轻利；从人际关系上看，东北人讲求行为的共性，尽力压抑自我，使自己大众化，个性融入共性，自我性泯于同一性，锢己趋同，追求一种平衡、和谐的人际关系。这种自我锢抑的普遍适应性发展到极致，表现为既然我不能自我实现，那么别人也休想实现。因此，东北人既是自我压抑者，又是别人自我压抑的监督者。别人不干的事，自己不干；自己不干的事，也不许别人干。这种"攀比式"的人盯人的人际关系，耗尽了东北人的精力，窒息了他们的活力。东北人实际上是他们注重人际关系的牺牲品。东北人在文化观念上的矛盾性和滞后性，如同一张无形的网，束缚住了他们的手脚。

4. "侠文化"泛滥，导致规则意识淡漠，原则性差，易冲动，缺乏理性

如前所述，东北地区多山东、河北移民，此二省除了是中国传统文化的发源地之外，还是反映社会底层呼声的"侠文化"的流行地。东北移民大多是生活在社会底层的山东、河北破产农民，他们除承继了中原正统文化之外，更多地还承继了广泛流行于直、鲁两地的"侠文化"。一个"闯关东"的

"闯"字，典型地刻画出了这种豪侠之气。特别是当年东北地区地广人稀，山高皇帝远，绿林烽起，外患频繁，民族杂居等独特的人文地理环境需要同甘苦、共患难，一人有难、大家相帮和见义勇为、抱打不平、除暴安良的"侠义精神"。因此"侠文化"在东北寻找到了最合适的土壤，迅速地发展起来。它与传统文化重合构成了东北人的豪爽、重情义的人文性格。然而"侠文化"除了上述积极方面外，其消极方面也是十分明显的，即"侠文化"所具有的粗、浅、俗、陋等特征，其发展到极致就会成为一种"匪文化"。笃信人治，蔑视法纪；讲义气不讲原则；讲圈子不讲利益。山头意识浓厚，蛮横，不守规矩，缺少理性。这种"侠文化"中的"匪文化"因素，在东北地区从政府层面到普通百姓中是广泛存在的。表现在政治层面上讲山头，在工作层面上讲交情，在生活层面上讲圈子。这种"侠文化"的消极影响使东北人在情义中失去了理智，在豪爽中失去了商机，在内讧中丧失了发展的机遇。东北人正在为自己的"侠气"付出代价。

（二）建构新的文化形态是东北振兴的必然选择

客观上讲，东北地区与国内其他地区相比，资金不能说匮乏，技术不能说落后，交通、通讯不能说不发达。然而，在中国许多地区经济持续发展的情况下，东北经济为什么落伍了呢？究其深层原因，乃是文化滞后导致观念落后所至。因为资金、技术对地区发展的影响只是"点"的影响，交通、通讯对地区发展的影响也只是"线"的影响，而文化、观念对地区发展的影响则是"面"的影响。文化对地区发展的影响可以说是最广泛、最深层的。因此，通过文化建构，催生新的文化形态，是东北地区经济社会持续发展的根本和长久之计。如何构建新的文化形态，需要解决如下问题：

1. 改变政治至上的思维模式，建立文化经济一体化发展的现代理念

文化经济一体化就是文化和经济内在有机联系、相互渗透、相互作用，融合成整体关联、一体发展的格局。在现代化进程中，文化与经济的相互融合、一体化发展已成为趋势，文化和经济原本就是相互联系的，经济活动都是在一定文化环境中的活动和过程，经济活动的主体就是具有文化素质的人，经济活动和经济行动的组织、方法都包含着文化品性。市场的建设与发展，企业的发展与管理愈益依赖于文化价值背景的支持，商品的文化品味和商品生产、商品流通及市场的文化含量明显提高，并明显地表现出文化对市场和企业竞争力的促进和增强作用。特别是在经济全球化的大潮下，企业的生存和发展除取决于自身的战略与规划外，更依赖于国内外市场环境和投资环境的优化。经济发展与投资环境的文化价值已引起投资者和经营者

的高度重视,经济发展已经离不开现代文化经济的综合环境和人文背景。因此,东北经济的发展与振兴,首先要求东北人重视文化在经济发展中的作用,树立文化经济一体的意识。用现代的文化经济整体观改造传统的泛意识形态化的政治至上的思维,变政治导向为文化导向,变行政手段为文化软环境建设,最终形成市场经济理性的逻辑思维方式、竞争意识和开放的社会理念,营造现代企业文化和市场文化,建立多样化、高效化、合理化的新的生活方式。

2. 改变盲从、依附、官本位的非理性思维方式,建立与市场经济要求相吻合的理性观

东北文化的最大弱点就是重感性而缺乏理性,历史上我们就曾是一个理性贫乏的国度,我们太多处事的智慧、人生的哲理,太多对伦理道德的信仰、对专制的认同、对官的盲从与依附,而太少对求真的追求、对逻辑的钟爱;太少对民主的理解、对法治的信念;太少市民精神和经济理性。从而使我们在市场经济大潮面前常常感到迷茫和巨大的不适应。因此,必须强化理性选择观念,并通过理性的强化唤醒人们的主体意识,使东北人摆脱依赖意识和唯上传统,变盲从为理性选择,变依附为自立、自强,变官本位为民本位,形成与市场经济相适应的新的文化理念和文化氛围,这样才能有效地促进地区经济的发展。

3. 改变封闭、保守、不思进取、小富即安的文化心态,树立开拓创新、竞争图强的意识

东北的振兴,实质上是经济和社会的全面转型,是全面建设社会主义市场经济的过程。要顺利地实现这一转轨过程,除了体制改革和机制转变外,最重要、最根本的是文化的转轨和建构。因为改革是靠人来实施和操作的,人的行为则受其文化传统影响所形成的文化心态的支配。市场经济本质上是建立在个人自主活动基础上的竞争经济,它要求有相应的文化样式与之匹配。而东北地区基于资源经济和计划经济所形成的封闭保守、小富即安、不思进取的文化心态与市场经济是格格不入的,不改变这种文化状态,不形成与市场经济发展要求相吻合的创新精神、开拓精神、思想解放精神、竞争进取精神,东北地区经济发展的深层问题将不可能彻底解决。

4. 改变"好大喜功""造势"等华而不实的传统习惯,树立务实和效益优先的市场观念

由于受计划经济时期形成的文化传统的影响,东北人"求大""求名"的观念根深蒂固。反映在普通百姓身上就是大事做不来,小事不想做,死要面子活受罪；反映在干部身上，即至今东北相当多的干部仍习惯于按政治化、社会运动的模式搞建设，热衷于"造势"、讲排场，热衷于"献礼工程"，追求"电视上有影，报纸上有名，广播里有声"。东北干部为了"政绩""功名"从来不计成本，出经验不出效益已成为"东北现象"中很重要的一个方面。这种思维定势如不改变，甚至仍用这种思维习惯去指导东北老工业基地的改造与振兴，那么这种振兴可能是遥遥无期的。因此，抛弃这种与市场经济相违背的华而不实的思维模式，倡导理论上讲实理、行动上讲实效的务实精神；强化成本与效益观念，不图虚名、不急功近利的商业意识和长远意识；注意培育从细微处做起的精明的商业头脑和市场意识，从而形成长于思考、善于经营、富于机变、勇于创新的成熟文化心态，最终构建起能促进市场经济发展和社会进步的文化经济整体协调的新的运行模式和机制，构建起老工业基地发展的文化支撑体系，这样才能保障沈阳经济区改造与振兴任务的顺利完成。

二、加强制度创新，推动沈阳经济区的经济转型

沈阳经济区域合作有明显优势，但存在诸多问题。为此，需要物筑经济区创新体系，进行制度创新、管理体制创新和技术手段创新。

（一）制度创新是推动辽宁中部城市群区域经济合作的重要前提

明确制度创新的行为主体是深化沈阳经济区区域经济合作的关键。当前沈阳经济区区域经济合作的行为主体主要是各地政府，而按市场经济的基本要求，区域经济合作的行为主体应是企业、研究机构、教育培训机构和各级政府，同时它们也是构成区域经济合作创新体制的基本要素。从世界范围区域经济发展和经济全球化发展的态势看，企业已成为开展跨国经济活动的重要推动力和主体，企业间的联合、重组才是推动区域经济合作的主要动力，而政府已越来越不能单独对经济事务做出决断。因此，政府只能通过区域合作的制度建设，为企业间的区域经济合作创造公平、宽松、规范有序的环境、条件，而不能越俎代庖，用政府间的合作代替企业间的合作。因此，沈阳经济区区域经济合作要想有新突破，必须按照市场经济的通用规则构筑以企业为核心、以科研机构和高等院校为技术和人力支撑、以政府为保障的创新体系。

制度创新是解决区域经济合作中地方保护主义的有效手段。地方保护主义是造成重复建设以及地区产业结构趋向、市场分割和地区贸易壁垒的根源，是影响区域经济发展的主要障碍，因此必须加快改革，通过制度创新

使政府从地方保护主义的怪圈中解脱出来。沈阳经济区各市政府在区域经济合作中必须按照市场经济规则的要求,转变职能和观念,由区域经济合作的直接参与者变为管理者,根据地区区域经济发展的实际要求,颁布有利于区域经济合作的地方法规;通过创建区域经济合作的制度体系,建立解决纠纷的协调机制和有利于区域经济合作的地方行政激励体制,通过树立不求所有,但求所在,你发财、我发展的合作观念,为区域经济合作的发展创造一个良好的环境,这样才能彻底解除地方保护主义,使沈阳经济区的区域经济合作在新世纪有质的飞跃。

制度创新是解决区域经济合作中政企不分的有效途径。在沈阳经济区区域经济合作过程中,政企不分的状况较为严重,这不仅严重地侵犯了企业的自主权,而且也使区域经济合作流于形式,难见实效。通过制度创新、规范政府行为、明确政府职能,使政府把主要精力放在区域经济合作的政策制度建设上,真正行使自己区域经济合作宏观调控者的职责,从而使区域经济合作由政府行为转变为企业行为,彻底解决区域经济合作中的政企不分问题,推动沈阳经济区区域经济合作向纵深发展。

(二)管理体制创新是推动沈阳经济区区域经济合作发展的重要保证

区域经济合作管理体制的非官方化是区域经济合作发展的必由之路。目前沈阳经济区区域经济合作的管理机构只是省政府有关部门和各市政府部门的拼凑,带有深刻的计划经济烙印。当地方利益冲突加剧时,这种管理体制由于不具有硬约束力,在推动本地区经济发展,提高本地区经济的整体功能方面并不能起到实质性的作用,因此,建立一种以企业、科研院所、高等院校等为主体的与区域内地方政府没有利益冲突的新管理体制,是推动沈阳经济区区域经济合作深入发展的重要保证。由于这一机构成员大多来自企业和科研单位,对实际的市场动态有更深刻的了解,因此,它提出的政策建议和研究课题,对于推动本地区经济发展将更具综合性和针对性。同时,这种非官方或半官方的管理机构,可以促使政府改进工作职能,减少政府行政成本,提高政府的工作效率和政策的针对性,成为沟通企业和政府的桥梁。

区域合作管理机构的稳定化、规范化、实体化是推动沈阳经济区区域合作深入发展的有效手段。加强区域经济合作重在管理,一个稳定、规范的区域经济合作管理机构的存在是沈阳经济区区域经济合作的必要条件,因此,必须建立由政府牵头,以企业为主体的新的稳定的管理体制,并在企业和社会团体的直接参与下,制定具有约束力的规范的区域经济合作法规。对于区域内开展的合作项目，由管理机构依据区域合作法规保障监督执行，同时为了切实推动区域经济合作的深入发展，还应促进区域合作服务机构的建设并使之实体化，发挥其为区域经济合作的服务功能。通过它将区域内众多企业、科研院所和大学联系起来，建立以区域内企业、科研机构和大学为服务对象的区域科研开发中介机构，实现产学研的成功合作，促进区域经济的发展。

（三）构筑区域合作创新体系是实现沈阳经济区经济协调发展的重要保障

区域合作创新体系是指在市场经济规律的基础上，从制度建设、管理方式上对东北地区的区域合作体制做根本变革。通过调整和优化区域内各地方的相互关系，使各方面的权利和利益得到充分体现，通过调整区域内的组织结构和制定完善区域内的各项法规制度，使区域内各种要素合理配置，最大限度发挥功能；通过加强区域内经济技术合作手段，提高区域经济合作效率。沈阳经济区当年出现的经济增长乏力、转轨进程缓慢的原因之一就是加强区域合作手段的措施不力。从根本上讲，加强区域经济合作是市场经济的内在要求，发展区域经济合作就是发展社会主义市场经济。沈阳经济区经济要实现"两个根本转变"，即实现经济体制从传统计划经济体制向社会主义市场经济体制转变，实现经济增长方式从粗放型向集约型转变，必须走区域合作之路。因为传统体制对沈阳经济区的影响反映在经济发展上的问题，主要是地区、部门之间条块分割、自成体系、大而全、小而全、盲目投资、重复建设、产品结构（包括产业结构、经济结构）趋同，国民经济难以走出高投入、低产出、高速度、低效益的怪圈。而这些恰恰是与建立在分工合作、优势互补、协调发展基础上的区域经济合作相背离的。因此，加强区域合作，构筑沈阳经济区区域合作体系，对于振兴地区经济，推动地区产业大开发显得尤为迫切和重要。沈阳经济区各市应在合理分工、优势互补、互惠互利、协调发展的基础上，统一规划基础设施，改善投资环境；联合开发资源，培育新的经济增长点；建立共同市场，实现资源共享；加强科技交流，共同培养人才；加强经贸合作，共同开拓国际市场。通过区域合作，为区内经济发展创造良好环境，为新世纪沈阳经济区经济腾飞奠定基础。

未来经济区的工作应统一规划，合理布局，应参照国际上成功的经验，组建类似于德国鲁尔大区、法国为洛林工业转型而成立的工业转型与国土整治部，以及欧洲资源转型与协调中心这样的强力部门，城市群各市人代会应通过立法，授权经济区管理委员会统筹规划区域内经济发展规划，统一制定结构调整、产业布局政策和对外开放政策，并有权监督各市严格按照经济区统一规划行事,同时应尽快制定相关的法律,以法律的形式规范区域经济合作方式,使区域经济合作迈向规范化、法制化道路。必须加大宣传力度,提高沈阳经济区在国内、国际上的知名度,增加对内外商的吸引力,为沈阳经济区的发展创造条件。

三、加速产业结构调整,推动产业升级

产业结构调整已成为当今全球经济发展的主题,也是发达国家迎接新工业革命时代到来的重大战略举措。不断推进产业结构优化升级已成为各国提高其国际竞争力的主要途径。沈阳经济区作为国家新型工业化综合配套改革试验区,其主要任务之一就是"着力构建现代产业体系,推动产业结构优化升级和布局调整,提升产业竞争力和经济效益"。这就意味着沈阳经济区产业结构调整和产业升级必须符合新型工业化建设的发展要求。新型工业化道路所追求的工业化,不是只追求工业增加值,而是要做到"科技含量高、经济效益好、资源消耗低、环境污染少、人力资源优势得到充分发挥"。在国家发改委批复的沈阳经济区新型工业化综合配套改革试验总体方案中明确指出:"着力解决老工业基地存在的突出矛盾和问题,着力构建结构优化、技术先进、清洁安全、附加值高、吸纳就业能力强的现代产业体系",是沈阳经济区产业结构调整的主要发展方向。在这一意义上,沈阳经济区的产业结构调整和升级应注重以下几方面:

(一)抓住当前战略性机遇,加快工业结构调整

一是调整工业产业结构。根据工业化进程和消费结构升级要求,调整轻重工业结构,推动协调发展;推动制造业与服务业结合,推动劳动力密集与资金密集、技术密集型产业协调发展。二是改善产业组织结构。按照市场竞争、规模经济、专业分工、产业配套的原则,提高产业集中度,形成以产业链为纽带,骨干企业为龙头,大中小企业协作配套、产业链上下游企业共同发展的产业组织结构。三是提升技术和产品结构。开发生产各具优势和特色的产品,引导消费、扩大消费。四是优化工业区域布局。坚持工业区域功能化、差异化发展,形成与地区资源、能源及环境容量相适应、主导产业特色优势突出的区域协调发展新格局。建立产业区域协调互动机制,引导沿海地区与内地产业有序转移。

(二)抓住主要环节,切实推进发展方式转变

一是加快企业技术改造,推动工业内涵式发展。尽快建立起推动企业

技术改造的长效机制,使持续的技术改造贯穿于我国新型工业化发展的全过程。二是推进兼并重组和淘汰落后产能,抑制部分行业产能过剩和重复建设。综合运用法律、经济、技术和必要的行政手段,形成有利于落后产能退出的市场环境和长效机制。把住土地、信贷两个"闸门",提高能源消耗、环境保护等方面的准入门槛,抑制部分行业产能过剩和重复建设。三是大力推进工业领域节能降耗和减排治污,促进资源节约型和环境友好型工业发展。四是以产业基地和工业园区为载体,促进产业集聚、集约式发展。"(李毅中"加快产业结构调整促进工业转型升级"《求是》2010 年 3 月)

(三)坚持以信息化带动工业化,以工业化促进信息化,是我国加快实现工业化和现代化的必然选择

要把信息产业摆在优先发展的地位,将高新技术渗透到各个产业中去。从企业、行业和区域三个层面,促进信息化与工业化的全方位、多层次、高水平融合。加快利用信息技术改造提升传统产业,制定实施鼓励物联网发展的政策措施,催生新型产业。

(四)沈阳经济区的产业结构调整与升级应与老工业基地改造同步进行,在老工业基地改造进程中实现新型工业化转型

当前沈阳经济区面临的繁重任务之一就是产业结构的调整。其中,第二产业内部的调整对于沈阳经济区来说具有关键性的全局意义,可谓牵一发而动全身。第二产业在沈阳经济区经济中具有决定性意义:一方面,其产值、利润、资产存量、从业人数、企业规模都在该地区经济中居于绝对主导地位;另一方面,它也是诸多矛盾最集中、最突出的区间。不从根本上解决这些问题与矛盾,使第二产业摆脱困境,沈阳经济区的经济快速发展和工业转型就难以保证。因此,必须提高第二产业在沈阳经济区产业结构调整中的地位。选准切入点,实施重点突破,通过推动第二产业的结构升级,带动其他产业的发展,走出新型工业化发展的新路。

(五)产业结构优化要与科技进步、经济增长方式的转变结合起来

必须把握当今世界科学技术加快发展的时机,特别是信息技术和生态技术,对改变产业和经济的面貌将产生根本性的影响。世界科学技术的突飞猛进,知识经济在发达国家迅速崛起,对我国企业提高产品科技含量、降低资源消耗、提高经济效益,又是一个良好机遇。跟踪和了解这些技术发展趋势,从沈阳经济区发展的实际需要出发,及时引进和开发这些先进技术,紧跟世界工业发展趋势,不断推动沈阳经济区产业结构的升级。

(六)优化产业结构优化要与综合配套改革相结合

沈阳经济区作为国家新型工业化综合配套改革试验区,其产业结构调整必须与区域内的综合配套改革结合起来。要把政府职能转变,产权制度改革,国有资产管理体制的改革,投融资体制的改革,金融体制体制的改革,社会福利制度改革与产业结构调整有机联系起来。"建立沈阳经济区综合配套改革试验的统筹规划机制、目标管理机制、考核评估机制、示范推进机制,统筹研究解决区域基础设施建设、产业布局、功能区开发、政策制定、土地管理等方面的重大问题,建立区域联席会议协商、决策机制,开展多领域对接与合作。着力建立与区域经济一体化发展相适应的政府管理体制和运行机制,理顺关系,提高效能,更加有力地保障推进新型工业化。"(参见沈阳经济区新型工业化综合配套改革试验总体方案)

四、整合内部资源,加快经济转型

(一)盘活存量资产,变包袱为财富

沈阳经济区作为老工业基地,是我国资金密集型产业的主要聚集地。该地区经济总量庞大,占辽宁省的65％和东北地区的1/3左右。该地区人均固定资产占有量位居我国国民经济前列,约占全国预算内国有企业总资产的8％左右。然而长期以来,这样庞大的资产存量并没有使该地区经济发展呈现良好态势,相反则成了滞缓该地区经济发展的拖累。由于历史性、体制性因素,该地区相当一部分资产被"套"在了技术设备老化、产品老化、规模不经济、要素组合方式不经济、所依托资源有些已接近枯竭、缺乏内在活力和竞争力的领域中,不仅不能实现其应有的价值,相反却在不断折损。从而导致该地区的经济张力与其资产存量关系扭曲,与国内其他发达省市差距拉大。因此,要想尽快实现工业转型,当前首要的问题是实施资产存量"解套"工程。通过国有资产的资本化、市场化,通过资产置换、产权交易、转轨转制、重组、合资、合作等多种形式,盘活存量资产,使死的国有资本变成活的可随时交易资本,变包袱为财富。通过产权多元化,为社会各界资本进入该地区各经济领域创造条件,用存量引增量,真正发挥小投入、大带动的投资乘数效应。特别是应该利用国际大资本在中国投资领域转向基础产业和装备制造业的有利时机,发挥本地区的产业结构优势和规模经济优势及资产存量优势,积极推动国有大中型企业与国际大资本对接。通过引进外

资和与外资嫁接改造,盘活本地区的庞大存量资产,促进地区产业升级,实现沈阳经济区的经济振兴。

(二)加快技术产业化,促进经济发展

技术装备水平低,产品质量落后,缺乏市场竞争力,这是人们总结的东北经济陷入困境的原因之一。但是与这种状况并存的是,该地区蕴涵着的庞大的技术资源尚未被充分利用。以沈阳市为例,新世纪以来,累计申请专利数量在全国省会城市中位居首位。但这些专利技术中转化为现实生产力的仅占六成左右,相当部分专利技术尚未形成生产力。从而造成企业技术水平低和大量技术闲置并存的奇特状况。这种技术资源利用率的低下,直接导致了该地区经济运行的质量和效益、产业结构和产品质量、技术创新和高新技术产业的发展,因此,为了提高本地区的经济竞争力,缩小与国内发达地区的差距,就必须实施技术开发战略,加速技术产业化步伐。要按照市场经济规律和科技发展规律的要求,通过深化科技体制改革,优化科技资源配置,构建地区科技创新体系,通过建立以部分科研机构、工程研究中心和重点实验室为基础的科学研究体系,逐步在沈阳经济区形成一批在国内外有影响的科研中心。通过建立和完善以企业为主体,产、学、研相结合的技术开发体系和以各类科技中介服务机构,农业技术推广机构为主体的社会化科技服务体系,加速科技产业化。通过构建多元化投资体系,加大科技投资力度,为本地区科技发展注入活力。通过大力发展高新技术,构建地区科技发展新平台,为本地区的产业结构调整、产业升级和产品升级提供有力的技术支撑。通过技术开发,提升地区产业的竞争力,实现区域经济新生,为区域可持续发展奠定良好的产业技术基础。

(三)强化人力资源开发,推动地区经济腾飞

沈阳经济区作为国家的老工业基地,在几十年的经济发展中不仅积累了大量的经济资源、技术资源,同时也积累了大量的人力资源。沈阳经济区内科研院所众多,大专院校集中。集聚了大量的自然科学、社会科学人才及管理人才。而经过工业化实践锻炼,与大机器生产相适应的高素质的产业技术工人队伍的数量更是庞大。在我国目前的工业化进程中,这些训练有素的技术人员和技术工人,是国民经济发展中不可或缺的要素。作为中国产业工人的精华,他们不仅是本地区的宝贵资源,同时也是国家工业化发展急需的宝贵财富。然而,由于近些年沈阳经济区的结构性、区域性失业问题日趋严重,相当数量的具有一技之长的技术人员和身怀绝技的技术工人"下岗"失业。2000 年以来辽宁省工程技术人员的数量比 10 年前下降了 25.7%,

一线的技术工人和有技师职称的工人比 10 年前分别减少了 21.53％和 16.9％。在大量人才"下岗"失业、闲置浪费的同时，许多在岗人才的作用也不能充分发挥。"在人才奇缺的背后，往往存在着人才的浪费。据统计，沈阳市目前有各类专业人员的利用率不到 60％，尚有四成多处于闲置状态。因此，采取切实有效的措施，开发丰富的人力资源，不仅是沈阳经济区工业转型、经济振兴的重要选择，也是时代发展的必然要求。在知识经济时代，经济发展的原动力出现了转移，相对于人力资源而言，资本、土地、机器设备、原料、资金等传统资源的重要性正在相对减弱，产品生产、商品价值提高、企业成长、国家竞争力的增强等都更加依赖于知识和掌握知识的人力资源。人力资源已成为经济发展的关键和核心资源。实施人力资源开发战略，充分发挥本地区人力资源优势，以人力资源开发带动技术资源开发，推动资产存量开发，是实现作为东北老工业基地的沈阳经济区经济腾飞的重要举措。

五、倡导可持续发展的理念，发展生态经济

国家发改委在批复的"沈阳经济区新型工业化综合配套改革试验总体方案"中要求沈阳经济区要"着力构建资源节约、环境友好的生产方式和消费模式，大力推进节能减排，增强可持续发展能力。"据统计，我国 GDP 占全世界 GDP 总量的 9％左右，但能源消费却达到全世界能源消费总量的 19％。单位 GDP 能耗是世界平均水平的 2.5，美国的 3.3 倍。过去 20 年间我国每年由于环境污染和生态破坏造成的经济损失相当于 GDP 的 7％～20％。"（辜胜阻等"转变经济发展方式的新方向与新动力"《经济纵横》2013 年第 2 期）中国经济要在国际国内资源环境瓶颈的严格约束及民生问题日益复杂的情况下，实现持续稳定的发展，就必须将经济发展方式的立脚点从速度至上和规模扩张转向质量和效益优先，从而使经济社会发展更加体现以人为本和资源环境的协调发展。沈阳经济区作为中国典型的重化工业区，由于历史和现实的原因，区内城市高强度的资源开发和畸形的重化工业结构，使得生态环境问题非常突出、经济的高碳化特征非常明显。辽宁省大气污染物排放量居全国首位，沈阳经济区大气污染物排放量占全省排放总量的 74.5％。1988—1999 年，沈阳曾位列"世界十大污染城市"。世界银行调查发布的《世界发展指标 2006》中指出，在调查所涉及的总共 110 个超过百万人口的各国城市中，如果按照悬浮微粒来排名，空气污染最严重的前 20 个城市，中国占了 13 个，其中 2 个就是沈阳经济区的沈阳和鞍山。随着城市化和工业化进程的加快以及汽车数量的迅猛增加，沈

阳经济区的环境形势将面临严峻的挑战。（张英杰"沈阳经济区的形成、演变及发展策略探讨"《经济论坛》2011年3月第03期）因此，沈阳经济区必须摒弃"高消耗、高排放、高代价"的非持续性经济增长模式，建立落后产能淘汰退出机制，强制高耗能、高耗水、高排放的企业逐步退出，实施新增低消耗、低污染的先进产能与淘汰落后产能"等量置换"或"减量置换"，采用补贴、奖励等方式对淘汰落后产能予以适当财政支持，在沈阳经济区开展落后产能退出补偿试点，积极推动国家新型工业化产业示范基地的建设和发展。（沈阳经济区新型工业化综合配套改革试验总体方案）大力推行"低消耗、低排放、低代价"的可持续性经济发展模式。

作为中国重要的重化工业基地和国家新型工业化综合配套改革实验区，沈阳经济区以低碳生态的理念指导自身建设势在必行。新型工业化首要的就是经济发展的生态化、低碳化，倡导工业低碳化发展，并从碳的来源、排放、捕捉等环节加以规范。而在具体规划建设中应当做到：

（一）完善促进资源节约的市场机制

完善矿产等资源有偿使用制度，理顺资源收益分配关系。完善反映市场供求关系、资源稀缺程度和环境损害成本的生产要素和资源价格形成机制。合理开发和高效利用水资源，建立最严格的水资源管理制度，发展节水工业、节水农业，建设节水型社会，争取在沈阳市开展国家"城市水环境改善"和"饮用水安全保障"示范城市建设。

（二）强化节能减排激励约束机制

强化节能减排目标责任制，完善节能减排指标体系，监测体系和考核体系，健全节能减排监督管理机制。严格实施固定资产投资项目节能评估审查，从源头上抑制高耗能行业过快增长。建立多部门联动的减排工作机制，完善环境准入制度。在沈阳经济区实行严于国家标准的工业企业大气污染物特别排放限值，建立新上项目审批核准与减排完成进度相结合的机制，实行主要污染物总量指标控制。积极推进经济区内燃气、热、电、冷等能源系统建设，探索煤炭消费总量控制，积极创造条件开展城市热电联产集中供热节能减排试点。大力推进建筑节能，加快供热计量改革，实行按用热量收费。加强机动车污染防治，加快淘汰高排放黄标车，推行车用燃油清洁化进程，促进绿色交通建设。

（三）构建循环经济体系

科学编制工业园区循环经济发展规划，积极探索发展循环经济新模式，打造多种类型循环经济工业示范园区和生态工业示范园区;将循环经济指标纳入正在开展的新型工业化统计监测评价指标体系,完善循环经济发展促进机制。鼓励绿色生产,倡导绿色消费,建设绿色矿山,发展绿色矿业,实现废弃物减量化、资源化和无害化利用。探索建立生产者责任延伸制度,完善循环经济政策支撑体系。加大资源循环利用产业的投入比重,鼓励按照资源禀赋和产业特色建设循环经济产业园区和循环农业示范区,构建以有色、冶金、化工、建材等产业为重点的循环经济产业体系。

(四)完善环境保护的市场机制

完善排污许可证制度,大力发展排污权交易市场。全面落实污染者付费原则,改革排污费征收方式,提高征缴率。改革垃圾处理费征收方式,适度提高垃圾处理费标准和财政补贴水平。完善污水处理费制度,合理提高污水处理收费标准和征缴率。积极推进环境保护和污染治理市场化运营。

(五)探索区域性生态补偿机制

结合主体功能区建设,加大对生态脆弱地区和生态区位重要地区的均衡性转移支付力度。探索建立大伙房水库、浑江水库、汤河水库等重要水源涵养区的生态补偿机制,积极探索市场化生态补偿机制。推行资源型企业可持续发展准备金制度,加强矿山资源再利用,提高植被覆盖率。

(六)健全环境保护与生态建设治理机制

编制实施沈阳经济区一体化环境保护与生态建设规划,合理规划、建设、利用区域重大环境保护基础设施。积极开展水土流失综合治理。采取有效措施遏制科尔沁沙地南侵及西北部土地沙化趋势。加强辽河、浑河、太子河环境污染防治和流域生态修复与保护,强化水功能区和入河排污总量监管,争取将辽河保护区治理及生态恢复列为国家级试点,加强城市和区域大气污染物防治工作,建立区域大气污染联防联控机制。加强矿山地质灾害综合治理,多形式开辟资金渠道,对废弃矿山进行生态修复。加强环境质量联合监控,实现区域生态建设、环境保护、污染监测一体化。建立沈阳经济区环境监控信息共享平台,落实环境保护目标责任制和"一票否决"制,实行强制清洁生产审核和生产全过程污染控制。(沈阳经济区新型工业化综合配套改革试验总体方案)从而使区域的经济效益、社会效益和环境效益达到完美的统一,保证沈阳经济区区域经济的可持续发展。

第五节　沈阳经济区新型工业化
建设需要注意的问题

在沈阳经济区新型工业化建设过程中，针对一些地方官员表现出的对传统体制的强烈的路径依赖状况，我们认为在未来的经济建设中必须注意以下几个问题：

一、切忌新瓶装陈酒，穿新鞋走老路

沈阳经济区的新型工业化建设不仅是一个经济问题，更是一场从观念到体制的全方位革命。能否用新观念、新体制来指导规范新型工业化建设，这是沈阳经济区工业转型能否成功的关键。当年国家为支持辽宁煤炭行业转型，从1994年至1998年提供了11.3亿的贴息贷款，发展多种经营。上了198个项目安置人员2.1万人。但由于观念、体制、机制没有转变，当时投产的151个项目，至1998年底已破产70个，没有效益的50个，余下的31个也难以为继。时下可能已全部破产或转制。在老体制下新产业不但没有发展起来，还使债务包袱越来越重，转移出去的劳动力又重新失业。因此，我们有理由担心，按照当前一些地方政府仍然把振兴希望寄托在中央政府的扶持上，仍然按老观念、老方法处理问题，拒绝观念创新、体制创新和机制创新，沈阳经济区的经济永远走不出"投入—亏损—再投入—再亏损"的怪圈，新瓶装陈酒不能实现老工业基地的振兴。

二、切忌把国家资金当唐僧肉

随着沈阳经济区综合配套改革上升为国家战略，区内各市都开始了国家配套资金和项目投资的争夺战，各地官员使出了浑身解数，争项目，要资金。这种把国家资金当唐僧肉，以为有了国家资金支持就万事大吉的心态，实质上仍然是传统计划经济时代的"不要白不要，白给谁不要，不要是傻瓜的等、靠、要"的心态。但是这些到手的钱能否达到既定目标，发挥应有效益，促进地方经济发展，则是另一回事。因此，这就需要提醒沈阳经济区的各级职能部门，在这次千载难逢的机遇面前，绝不能简单地把国家资金分而食之，而必须加强对资金、项目的监管力度。对那些带笼头下拨的资金，必须专款专用,严禁挤占挪用。在资金使用上,必须遵循市场经济规律,加强对投入产出进行成本收益核算,提高经济效益。资金到位只是东北经济振兴的第一步,如何将这笔来之不易的国家资金使用,使其发挥出应有的效益,这才是地区振兴的关键。

三、切忌腐败项目,防止一个项目上马,一批干部下马

在这次沈阳经济区的新型工业化建设中,面对着巨大的资金诱惑,如何避免政府官员"权力寻租"如何避免一些官员"前'捕'后继",重蹈覆辙,这是我们必须认真考虑的问题。不论是从发展经济,还是保护干部出发,我们都必须加强项目资金的监管力度。对那些管钱、管物、管人的干部,除了对其进行正面教育,使其面对诱惑能够不动心之外,更主要的是必须加强制度建设,特别是监督机制建设,使其面对诱惑不敢动心。用廉政建设推动沈阳经济区的振兴。

四、切忌形象工程、政治工程

沈阳"出经验不出效益"已成为"东北现象"中很重要的一个方面,这种"思维定势不改变"乃至仍用这种思维习惯去指导沈阳经济区的改造与振兴,那么,这种振兴可能是遥遥无期的。因此,抛弃这种与市场经济相违的华而不实的思维模式,倡导理论上讲实理,工作上讲实效,变形象工程为富民工程,变官本位为民本位。要从经济建设的实际需要出发,从市场经济规律的要求出发搞建设,这才是振兴沈阳经济区的正确选择。只有树立起成本与效益观念,注意培育从细微之处做起的精明的商业头脑和市场意识,形成长于思考、善于经营、富于机变、勇于创新的成熟的文化心态,并以此为基础构建起促进市场经济发展和社会进步的文化经济整体协调的新的运行模式和机制,这样才能保障沈阳经济区改造与振兴任务的顺利完成。

五、切忌党政不分,政企不分,党企不分

沈阳经济区的问题表面上看是经济结构的问题,而深层原因则是地区的政治经济体制严重滞后于中国的社会主义市场经济发展大环境的问题。特别是党政不分、政企不分,甚至党企不分,已经成为制约沈阳经济区经济长远发展的顽症。沈阳经济区的各地政府仍在大量地参与经济活动,而对本地的市场经济的发育、市场环境的营造则关注不多。在沈阳经济区党政

部门越俎代庖直接插手经济活动已是见怪不怪了,这种党政部门职能"越位、错位、不到位"的情况,既不利于当地经济的长远发展,更不利于政府廉洁。因为权力参与越多,腐败机会越多,"寻租现象"越严重。因此,利用沈阳经济区新型工业化建设这一契机,在深化经济改革的同时,积极推进政治体制改革,明确党、政功能定位,做到党要管党,政府职能归位,为企业发展和沈阳经济区经济的振兴营造一个良好的制度环境和市场氛围,这才是当地政府当前应着力解决的首要任务。

六、切忌急功近利、揠苗助长

沈阳经济区改造是一项长期、艰苦的工作,西方发达国家在此问题上也曾耗费了几十年的时间。而作为经济基础相对薄弱的中国,要想在短时间内解决此问题,既不现实,也不可能。然而就是这样一个十分浅显的道理,一些地方官员似乎不懂。最近在沈阳经济区振兴改造过程中已经出现了一股急功近利的浮躁苗头,一些地方已明确提出 5 年甚至 3 年实现振兴的宏伟蓝图。这种热情是好的,然而欲速则不达,市场经济是理性经济,仅仅是观念更新、制度建设这些属于我们自身内在素质方面的东西,我们都已经喊了近十年了,但至今也没有质的突破,更何况那些需要一定的"建设周期、生产周期、经营周期"的硬性项目了。因此必须明确沈阳经济区新型工业化建设不能搞"大跃进",它本身是一个循序渐进的经济发展过程。必须破除急功近利的短视思想,以平和的心态、理性的思维、长远的意识、积极的求真务实的工作态度,踏踏实实地工作,这样才能确保沈阳经济区新型工业化的振兴与改造工作顺利实施。

七、切忌重管理,轻服务

从客观上讲,沈阳经济区既不缺资源,也不缺资金,更不缺技术。那么为什么与南方先进省份比,本地区持续滞后呢?关键问题就在于我们的管理模式落后,并由此导致我们的投资环境、市场环境和社会发展环境滞后。沈阳经济区政府与南方先进省份地方政府相比,不论是在思想观念上,还是在工作方法上都存在着巨大的差异。南方的地方政府现在已基本上转变为服务型政府,基本上是为市场服务、为企业服务。而沈阳经济区的政府大多数还是管理型政府,有的甚至还是官僚政府。服务意识差,管理水平低,这是沈阳经济区干部的共同特征。而导致这种管理水平差的深层原因则是传统计划经济体制的惯性作用,特别是当前沈阳经济区许多地方政府的绩效管理体制中,政府依旧用计划经济体制下的管理办法管束下属部门和各级公务人员,促使许多机关领导和职能部门为了完成上级下达的各项政治经济指标,无视公共选择的标准和市场化要求的约束,以不合理手段干预社会的发展,在计划体制惯性前提下,强调"管制",客观上容易使官员按老法子办事。因此,要想为沈阳经济区新型工业化建设创造一个良好的经济软环境,沈阳经济区各级政府的首要任务就是树立服务意识,讲服务理念、服务职能、服务体制、服务方式、服务方法的创新。这是现在就要着手准备并持之以恒贯彻的现代政府管理理念,也是沈阳经济区振兴的必要条件。

八、切忌条块分割,重复建设

目前,在沈阳经济区新型工业化建设的过程中,各地政府都相应地提出了自己未来的产业发展重点,并且都不约而同地将装备制造、汽车、冶金、石化、制药、高新技术等行业作为自己产业发展的重点,产业结构趋同,已是不争的事实。而导致这一情况的原因既有自然资源秉赋的因素,又有当年计划经济时期产业布局的因素,而且也是短时期内难以解决的问题。产业结构趋同的直接后果是重复建设,过度的或不合理的重复建设会不可避免地产生地区间、企业间的恶性竞争,导致各种短缺资源的严重浪费。这种情况在目前以地方政府分灶吃饭为特征的"板块经济"模式中是极易出现的,特别是像沈阳经济区这样产业结构趋同的地区势难避免。因此,这就要求中央和沈阳经济区各地政府采取切实可行的措施,解决这一难题,其中可供选择的方法之一是通过加强区域合作"打破条块分割",在大趋同中寻找各自的小特色,加强产品品种间的配套衔接,形成和而不同,各具特色的产品,并以大趋同为纽带,形成具有内在关联性,门类品种齐全的优势产业带,进而实现双赢共存的目的。

第六节　沈阳经济区新型工业化建设的发展趋势

一、传统经济向生态型经济转化

沈阳经济区作为以资源生产和加工为主传统的资源经济为主导的重化工业区,随着世界范围的资源、环境约束机制的强化及区内部分城市资源枯竭问题的加剧,其原有的经济发展模式既是不可持续的,也是与新型工业化道路相悖的。因此,必须从新型工业化的要求出发,突破原有体制、机制和产业结构的制约,转变发展模式,实现由传统经济模式向生态经济模式的重大转换。

自工业革命以来,发展经济与保护环境一直是一对尖锐的矛盾,如何寻求一条既能加快经济发展,又能有效保护生态环境的可持续发展之路,是当今世界各国面临的共同问题。生态经济则为实现经济发展和环境保护的统一提供了有效的途径。"生态经济"是对"工业经济"的超越,它是建立在人类对传统工业经济反思的基础上的新经济形态。它立足于当代人类对经济与环境的辩证关系的深刻认识,强调在经济活动中节约资源和保护环境的重要性,要求经济效率和环境保护并驾齐驱。呼吁人类发展生态经济,追求以节约资源、能源和减少污染为前提的生态经济效率,要求人类在经济活动中实现经济与环境的协调统一。它要求充分利用有限的资源发展经济发达、生态高效的产业,建设体制合理、社会和谐的文化以及生态健康、景观适宜的环境。其目的是在保证自然再生产的前提下扩大经济的再生产,形成产业结构优化,经济布局合理,资源更新和环境承载能力不断提高,经济实力不断增强,集约、高效、持续、健康的社会—经济—自然生态系统。沈阳经济区要完成新型工业化的建设任务,就必须通过生态型经济功能区的建设实现传统经济向生态型经济的转化。

生态经济作为经济发展模式的选择,它意味着能源结构的调整、产业结构的调整以及技术的革新,是中国走可持续发展道路的重要途径。国家关于主体功能区的规划和政策,为沈阳经济区实现能源高效利用、清洁能源开发、追求绿色 GDP,创造了良好的机遇。沈阳经济区要立足于区域内独特的资源优势和生态环境优势,以提高人民收入水平和生活质量为出发点,以生态环境现状调查为基础,以适用技术和高新技术为支撑,以制度创新和组织创新为动力,运用生态学与生态经济学原理,对核心产业、重点工程结构调整和生态环境保护、恢复、建设进行统筹规划,形成经济布局合理,环境承载能力不断提高的产业体系,把生态优势转变为生产力,促进区域内的经济与生态的协调发展,逐渐走向生态文明。

二、由粗放型经济向集约型经济转化

新型工业化道路必须是通过科学技术和科技创新,把科学技术融入工业化进程,走集约型发展道路。20 世纪中期以来,以信息技术、微电子、生物技术和新材料等为代表的高新技术产业在全球蓬勃发展,深刻而广泛地影响和改变着人们的生产和生活方式,并逐步成为推动世界经济增长的重要源泉。但长期以来,沈阳经济区的工业发展,一直采用以高投入换取高产出,全要素生产率低下的粗放型发展模式,科学技术对经济增长的贡献率有限。在新的形势下我们必须尽快摒弃这种粗放式模式,依靠科学技术,使经济增长在质量、层次、效率和环境保护方面有显著的提高,实现经济增长由粗放型向集约型的转变。走资源消耗低、环境污染少、经济效益高的集约型发展道路。

当前,全球范围内新一轮产业结构的调整和重组正在进行,这为我们进行传统产业改造提供了难得的大好机遇。如果能够依靠高新技术提高传统产业的技术装备水平,解决资源供给结构、产品供给结构、商品消费结构不一致的深层次矛盾,依托原有的产业构架,以高新技术和绿色技术为辐射源,在充分利用传统产业原有生产要素的基础上,通过高新技术和绿色技术的注入,激活传统产业存量资本,改造和提升产业技术水平,使高新技术和绿色技术渗透和扩散到各行各业,支持和鼓励包括传统农业、工业和服务业在内的各产业广泛应用高新技术和绿色技术,促进产业技术水平的提高。

沈阳经济区应抓住世界范围内产业结构调整的机遇,重点培育发展高端装备制造业、新能源、新材料、新医药、信息产业、节能环保、海洋产业、生物育种、高技术服务业等九大新兴产业,形成新的经济增长点,将沈阳经济区建设成为国家重要的战略性新兴产业发展基地。用节能减排和新能源技术改造传统产业,用先进制造技术提升关键材料和重大装备的整体水平,用生态安全的绿色产品拉动内需,用循环经济的发展理念构筑区域经济结构,用低耗环保的行为构建新的生活模式。因此,努力发展高新技术,将高新技术产业作为本地区的优先发展产业,建设一批对国民经济发展举足轻重、规模较大的高新技术产业对地区经济实力的提高有举足轻重的影响。如通过科技创新,大力推进航空制造领域的优质高效生产,振兴精密装备的制造;发展精细化工,加强石化产业有机原料和中间体的配套延伸,深度加工和综合利用,大力推广低消耗、低污染的先进工艺。建立落后产能淘汰退出机制,强制高耗能、高耗水、高排放的企业逐步退出,实施新增低消耗、低污染的先进产能与淘汰落后产能"等量置换"或"减量置换",采用补贴、奖励等方式对淘汰落后产能予以适当财政支持,在沈阳经济区开展落后产能退出补偿试点。积极推动国家新型工业化产业示范基地的建设和发展。通过转变科技创新,完成或基本完成经济运行从"三高一低"(高投入、高消耗、高排放、低效益)的粗放型模式向"三低一高"(低投入、低消耗、低污染、高效益)的集约型模式的转变。

三、由生态保护向生态生产转化

生态经济要求把经济发展和生态保护和建设有机结合起来,强调生态资本在经济建设中的投入效益,生态环境既是经济活动的载体,又是生产要素,建设和保护生态环境也是发展生产力。生态经济强调生态建设和生态利用并重,因为,仅仅进行生态保护只能使生态环境停滞,不会使生态环境提高和改善,只有在生态环境保护过程中同时进行生态生产,才能使经济社会发展与生态建设和保护在发展中形成动态平衡,进而形成生态和经济并重、双赢的经济形式。因此,沈阳经济区在新型工业化建设中,不仅要保护环境而且必须进行生态生产,实现生态环境保护向生态环境生产转化。

20世纪90年代开始,我国从发达国家引入了清洁生产理念,21世纪又引入了循环经济理念。沈阳经济区推进新型工业化的主要路径是通过提倡清洁生产,发展循环经济来建立生态经济体系。

联合国环境署对清洁生产的定义是:"清洁生产是将整体预防的环境战略持续应用于生产过程、产品和服务中,以期增加生态效率和减少对人类和环境的风险。对生产过程,要求节约原材料和能源,淘汰有毒原材料,削减所有废物的数量和毒性。对产品,要求减少从原材料提供到产品最终处置的全生命周期的不利影响。对服务,要求将环境因素纳入设计和所提供的服务中。"清洁生产改变了过去单纯靠"末端治理"的生产状况,它通过产品设计、原料选择、工艺改革、生产过程管理和物料内部循环等环节的科学化、合理化,鼓励对环境无害化产品的需求和以环境无害化方法使用产品,使排放的污染物达到最少,同时最大限度地减少原材料和能源的消耗,从而降低成本,兼顾了经济效益和生态效益。清洁生产方式可以实现资源的可持续利用,符合可持续发展战略。因而,清洁生产已经成为一些工业化国家实施可持续发展战略的重要措施,成为可持续发展的优先领域。

循环经济是指在人、自然资源和科学技术的大系统内,在资源投入、企业生产、产品消费及其废弃的全过程中,不断提高资源利用效率,把传统的依赖资源净消耗线性增加的发展,转变为依靠生态型资源循环来发展的经济,其本质上是一种生态经济。循环经济追求的是生态经济效益。就是要以尽量小的劳动耗费和劳动占用,以尽量少的自然资源和能源耗费,生产出尽量多的符合社会需要的产品。使劳动产值和劳动提供的财政收入的增长率最高,并在此过程中使对生态系统产生的压力最小,排放进生态系统的污染物最少。发展循环经济一方面有利于降低工业经济活动对自然资源的需求、最大限度地减少对生态环境的影响;另一方面,循环经济改变了传统的对环境污染的被动治理方式,实现由"末端治理"向"前端治理"转变,可以避免对工业污染多次、重复治理,大大减少治理成本,达到经济效益与环境保护"双赢"。

沈阳经济区在新型工业化建设中必须注重生态产业的发展,积极推进以节能减排为主要目标的设备更新和技术改造,引导企业采用有利于节能环保的新设备、新工艺、新技术。加强资源综合利用和清洁生产,大力发展循环经济和节能环保产业,通过科技创新改造传统产业,推进产业结构升级换代,尽快淘汰高能耗、高物耗、高污染的工艺技术,开发废物再生利用技术。真正使科学技术在发展生态产业中,对节约资源、保护环境、消除污染、提高经济效益发挥重要作用。

新型工业化道路呼唤推进生态产业的发展。生态经济作为可持续发展战略的实现形式不仅已经为人们所接受,并已开始在实践中启动,生态产业作为生态经济的载体在未来生态经济发展中正日益显示出其巨大发展潜力。

四、由条块分割向区域经济一体化转化

"区域经济一体化,其本质是区域统一市场的形成,因此各地政府在发展中应打破各自为政的倾向,成为一个有组织的联合体。在推进生态环境一体化方面,第一,制定生态环境治理和保护的工作方案和生态环境保护应急预案,明确各环保部门的工作任务和责任。第二,成立生态环境联合工作小组,旨在推进经济区范围内生态环境保护与建设的一体化进程,推进沈阳经济区范围内生态环境保护与建设跨区域合作,推进环境保护与生态建设的统一规划、同步行动,推动区域生态环境的同步改善。第三,要求各地环保部门加强合作和沟通,统筹合理的科学发展路线,充分发挥八城市的联合实力。"(王昆"试论沈阳经济区进行生态化建设的战略意义和途径"《商场现代化》2007 年 1 月(下旬刊))

应该把八大城市的政府在沈阳经济区区域经济建设中发挥的作用和贡献考虑进去,将八大城市政府之间的合作互动行为所带来的经济一体化效应归入地方政府政绩考核指标中。如此便可形成适宜的激励与约束机制,正确引导地方政府经济发展走向。健全沈阳经济区八大城市间协调互动机制。有效促进区域经济协调发展,必须健全沈阳经济区八大城市之间的协调互动机制,包括市场机制、互动合作机制等。健全市场机制,可以有效促进各城市的经济发展。根据八大城市的自身资源,确立不同区域的定位和分工,打破条块分割、消除经济壁垒以及地方保护主义,鼓励商品以及生产

要素在区域间合理有效流动,促进分工和产业在各区域内形成合理集群。健全互动合作机制,对促进区域经济协调发展意义重大。沈阳经济区成立的目的就是根据八大城市各自的资源、生产模式,通过资源共享、深化专业分工和协作实现产业聚集,提高生产率,推动经济一体化的进程,达到双赢的结果。

辽宁省副省长李佳指出:"实施沈阳经济区一体化发展战略的重要意义至少有以下三点:

第一,这是适应经济全球化和区域经济一体化发展趋势的迫切需要。经济全球化和区域经济一体化,已经成为当今世界的发展潮流。从国际看,以特大城市为核心的城市经济圈的崛起,已成为当今世界区域经济竞争和城市化发展的重要趋势。比如美国东海岸纽约、华盛顿、费城、波士顿大都市圈,面积不到全国的 1.5%,却集中了全国近 20%的人口,制造业产值占全国的 30%。再比如日本东海道大都市带,以东京、大阪、名古屋三大都市圈为核心,面积占日本国土面积的 31.7%,但它集中了全国工业企业和工业就业人数的 2/3、工业产值的 3/4 和国民收入的 2/3。从国内看,东部地区已初步形成了以香港、广州、深圳为中心的珠三角经济圈,以上海为中心的长三角经济圈,以北京、天津为中心的环渤海经济圈。据统计,这三大经济圈共创造了全国 61.2%的 GDP、58.3%的工业增加值和 86.5%的外贸出口额,成为我国经济持续快速发展的重要引擎。与此同时,中西部地区的发展也很快,像中部地区的武汉城市圈、长株潭城市群,西部地区的成渝城市群、西咸经济圈等,也都呈现出快速发展之势。区域经济一体化已是大势所趋、人心所向。所以,建设沈阳经济区,这是辽宁中部八城市加快发展的必然选择,也是走向区域经济一体化的必由之路。

第二,这是增强和提升区域竞争力的有效途径。沈阳经济区区域面积 7.5 万平方公里,占全省的 50.8%;人口 2 354 万人,占全省的 55.6%。去年沈阳经济区 GDP 实现了 7 071.1 亿元,占全省的 64.2%;完成固定资产投资 4 319.1 亿元,占全省的 58.1%;完成社会消费品零售总额 2 361.8 亿元,占全省的 58.6%。也就是说,沈阳经济区已经占据了全省经济发展的主导地位。沈阳经济区是东北老工业基地的核心区和典型代表,加快建设沈阳经济区,有利于八城市优势互补,实现共同发展,增强整个区域的综合竞争力,这将进一步提升沈阳经济区在全省的主导地位。

第三,这是实现沿海与腹地良性互动、加快辽宁全面振兴的重要举措。为加快辽宁全面振兴,最近几年,省委、省政府在发展全局上,重点实施了三大战略:一是"五点一线"沿海经济带建设战略;二是沈阳经济区一体化发展战略;三是突破辽西北战略。建设沿海经济带,需要腹地经济的强有力支撑。特别是沈阳经济区这八个城市交通发达、自然资源丰富、产业和科技实力雄厚、人才济济,这八个城市携手,将这些优势重新整合,必将成为辽宁新的经济增长点,成为沿海经济的有力支撑。沈阳经济区和"五点一线"沿海经济带,必将形成沿海与腹地良性互动的崭新格局,这将大大提高辽宁经济的综合竞争力,加快辽宁全面振兴。"(李佳"沈阳经济区建设取得重要进展"《辽宁法治研究》2009年第1期)

第二章　沈阳经济区生态经济 管理体系的要素分析

生态经济是按生态学原理建立起来的社会、经济、自然协调发展,物质、能量、信息高效利用,生态良性循环的人类理想经济模式。而生态经济管理体系的基本要素主要是指构成生态经济管理系统的政府、企业、居民、社区、社会组织等。由于生态经济建设管理水平的提高依赖于管理要素水平的提高,所以加强对生态经济建设管理要素的研究,提高公众生态意识,倡导绿色文明的生活方式,推动区域生态经济建设是十分必要的。

第一节　沈阳经济区生态经济 行为主体的结构分析

加强生态管理是政府的基本职责之一。区域生态经济管理的基本主体是政府,这在理论上是没有疑问的,但在具体实践中则不能一概而论,以沈阳经济区为例,该地区集中了大批国有大中型企业和企业集团,企业影响力巨大。企业的经济利益和政府的环境政策的矛盾是导致该地区生态状况持续恶化的重要因素之一。因此,如何形成以政府为主导,以企业为骨干,以科技教育为支撑,全社会广泛参与的多元区域生态管理体系,是解决该地区生态问题的根本之道。

沈阳经济区是遵循市场经济规律发展起来的,因此区域生态经济合作也必须符合价值规律的要求,受市场机制调节,按市场规律办事。从市场经济的基本要求出发,区域生态经济合作的行为主体应包括政府、企业、科研机构、教育培训机构、社会组织等。

一、政府是区域生态经济的主导者和管理主体

建设社会主义市场经济,并不是不要政府,而是要求政府宏观调控更有水平,更有成效。区域生态经济建设对政府的宏观调控具有更为迫切和更

直接的需要。区域生态经济建设涉及政治、经济、文化、教育、科技等诸多领域，关系到各级政府部门、各类企业、各种事业及区域内各种行为主体的行为，要求政府做好大量的组织协调工作；区域生态经济合作涉及参与者多方面利益关系，涉及多方面的法律关系要求有良好的运行环境，需要政府作为调节者监督其有效运行。因此，充分发挥政府在沈阳经济区生态经济建设中的主导作用，是保证沈阳经济区生态经济建设顺利进行的前提条件。

从我国经济发展的历程来看，我国的经济体制经历了完全计划经济、有计划的商品经济以及目前正处于建设过程中的社会主义市场经济三个阶段，而且不同经济体制之间的转变均是在较短的时间内进行的，计划经济时期形成的政府干预很难在短时间内完全消除。在这种体制背景下，各种经济主体对政府的依赖性很强。虽然从长期来看，政府要减少对经济活动的干预，但区域经济发展所具有的紧迫性又决定了我们不能完全照搬成熟市场经济国家的模式，而必须通过加强政府干预来加快区域经济建设的进程。

政府是国家利益的代表，与微观经济主体相比，政府具有更宽广的眼界，能从战略高度考虑整个国家和地区的经济发展方向。有些重大的经济决策虽然从整个国家来说具有非常重要的战略意义，但由于眼界或者能力所限，企业和个人可能不会参与。这时候就要发挥政府的力量，通过适当的方式，指明经济发展的方向，以此引导社会资源的配置。

纵观沈阳经济区的发展历程，以政府主导型为特征的自上而下的发展政策一直是塑造这一地区的关键力量。1984 年 12 月辽宁省政府决定成立辽宁中部经济协作区，1994 年更名为辽宁中部城市群经济区。2003 年辽宁省响应国家"振兴东北等老工业基地的经济发展战略"的举措而提出的省级区域性战略构想。2004 年，辽宁省委正式提出"推进辽宁中部城市一体化，构建大沈阳经济体"设想。2005 年 4 月 7 日，抚顺、鞍山、营口、本溪、辽阳、铁岭 6 市的市长与沈阳市市长正式签署了辽宁中部城市群合作协议。2008 年，省委、省政府正式明确提出沈阳经济区一体化发展，实施了以沈阳为核心，以五条城际连接的交通网络为纽带，通过产业优化组合构筑国际化十大产业集群，建设东北亚地区重要的中心城市的总体战略。2008 年 6 月，省委、省政府批准成立了辽宁省沈阳经济区工作领导小组办公室，正式启动沈阳经济区申报全国综合配套改革试验区工作。2008 年 7 月 21 日辽宁省政府召开了沈阳经济区工作会议，会议明确将辽宁中部城市群更名为沈阳经济区，将阜新市正式纳入沈阳经济区。2009 年 11 月 3 日，省政府正式向国务院上报《辽宁省人民政府关于将沈阳经济区列为国家新型工业化综合配套改革试验区的请示》。2010 年 4 月 6 日经国务院同意，国家发改委正式批复沈阳经济区为国家新型工业化综合配套改革试验区，这是到目前为止我国唯一的以新型工业化为改革主题的国家级综合配套改革试验区。因此,强化政府职能,发挥"第一推动力"作用,对沈阳经济区生态经济建设至关重要。政府职能主要包括经济职能、政治职能和社会职能三个方面,其中政府经济职能是政府最重要的一项基本功能。政府经济职能就是政府对经济干预的作用、功能和手段,是政府对社会经济进行规划、调节、监管、服务的职责和功能。政府实施经济职能的手段是多方面的,主要包括经济调节、直接投资、法律约束、政策扶植、行政干预,但归纳起来,分为两类:微观规制和宏观调控。微观规制是政府从治理市场失灵出发,以法律为依据,以颁布法律、法规、规章、命令及裁决为手段,对微观经济主体(主要是企业)的不完全公正的市场交易行为进行直接的控制和干预。宏观调整是政府在充分发挥市场配置资源基础性作用的同时,运用经济手段、法律手段,辅之以行政手段干预和调节宏观经济的运行。

政府在区域经济发展过程中的作用,一般而言主要包括四个方面:为人们的经济活动提供一个环境保证,如法制环境、安全保障等;提供公共产品,即那些为社会大众所利用的不具有排他性的产品(如城镇道路)或排他性不能为社会所接受的产品(如基础教育);负责处理社会认为是必要的,但由于必要的投资规模原因(如铁路网)或对私人投资者而言缺乏短期获利能力(如环境保护)私人部门不可能介入的领域;解决或避免由私人活动所引起的问题,如失业、资源过度利用与环境污染等。

具体来讲,城市政府作为推动城市发展的首要力量,是生态城市建设政策的制定者、实施者,是生态经济建设管理的系统中枢和调控中心。在现代城市逐渐向追求经济增长、社会平等与生态保护充分融合的生态经济转型的过程中,城市政府因其特殊的地位而发挥着不可替代的主导作用,这种作用贯穿在政府调整战略、制定规划和建设管理三个有机联系的环节中。

第一,生态发展战略调整。战略是城市政府对城市发展的目标、方向、途径等所做的宏观谋划,是对城市未来形象进行定位的重大抉择。在分析研究客观现实的基础上调整传统发展战略,制定符合生态经济内在要求的可持续发展战略,是城市政府驾驭生态经济发展全局的重要手段和首要环节。走生态经济的建设道路是现代城市政府发展战略的必然选择。生态经济是一种完全不同于传统模式的发展理念,政府要构筑生态经济理想模式,必须把握其战略的特性:综合性、区域性、前瞻性。

第二,制定生态发展规划。制定科学合理的生态经济建设规划是实现生态城市的前提和基础。同时生态经济建设规划要有前瞻性,要着眼于未来,着眼于现代化,特别是城市基础设施的供应能力要适当超前,不断完善城市载体功能,以适应经济社会发展的需要。要树立以城市发展生态化、城市文化特色化、公益设施便捷化为主要目标的城市现代化建设更新理念，以实现"城在林中、道在绿中、房在园中、人在景中"的生态城市目标。

第三，实施生态化管理。在生态城市建设发展中，规划是"龙头"，建设是基础，管理是根本，三者相互依赖，要建设生态经济城市，政府必须采取行政、法制、经济、技术等多种手段，进行综合管理。

第四，加强政策引导。政策是调整城市经济和社会发展的重要手段。在以生态为导向的城市建设中，城市政府应加强与生态管理有关的政策的制定与完善，引导城市建设遵循生态型战略与规划的要求。而在生态经济建设中市场机制的引入是十分必要的，政府必须建立和完善有效的市场竞争制度。主要体现在以下几个环节中：建立健全绿色税收体系、实施可交易的排污许可证制度、多元化的市场筹资方式。

第五，制度创新。政府最重要的是积极推进土地制度、产业制度、户籍制度以及区域管理制度等方面的改革与创新。在许多领域，政府可以与企业合作。比如，政府可以为开发商低价或免费划拨一定数量的土地，由开发商进行建设和维护，最终开发商可从房产的增值中获得环境建设的回报，而政府则可以免除自行投资建设的成本和维护费用。生态经济建设引入市场机制并不是说要完全摆脱政府的调控，其实是重新调整政府调节和市场调节的关系，实现政府宏观调控和市场机制结合的良性运行。在市场化方式下实施生态经济建设，政府要关心的主要是如何创造、维护和完善市场机制，建立起兼顾效率与公平的城市管理制度。

第六，组织协调。政府是城市规划实施的直接组织者，在涉及城市规模、功能布局、重大建设项目、重点工程等方面的建设时，只有政府才有能力承担组织者的角色，调集必要的人力、物力和财力。城市建设牵涉的内容庞杂，因此，政府必须要发挥协调作用以理顺各种关系，协调好全局与局部、近期与远期、发展与保护等关系之间的矛盾。建立综合管理机制、强化日常城市管理，通过宣传和教育促进"保护生态，人人有责"的社会风尚的形成，并取得人们对生态城市建设工作的理解与支持等。此外，城市政府还要负责城市之间的协调。从内外两方面共同着手，以全面有效地推动城市建设。

第七，鼓励公众参与。鼓励公众参与的政策手段是政府利用社会力量建设生态经济的有效途径，通过信息公开、社区自助开发和公众参加的方式来进行。鼓励公众参与的基本前提是信息公开，信息公开是鼓励公众参与的一种特殊形式。分级评价结果定期通过新闻媒体公布，使社会各界及时了解企业形象。曝光计划会产生积极效应：使黑色标志锐减，清洁生产工艺增加，企业对生态经济的投入由被动变为主动，因为企业生命与环保业绩息息相关；公众生态意识大大增强，健康消费成为时尚；政府寻找到了一种投入少、效益好的生态建设途径。建设生态型经济不仅是一个根本的发展方式转型问题,而且是一个重要的政府管理模式再造问题。要从根本上提高城市的生态环境竞争力,就需要在政府中加强面向城市可持续发展的能力建设,强化城市的环境建设和管理的经济手段与教育手段,并与之相适应建立一套新的城市管理运行机制。如加强组织领导,严格落实生态环保目标责任制,环境保护参与经济发展综合决策,加大生态经济建设管理执法力度,完善监督反馈机制;建立全社会共同参与的全方位、多层次的管理机制;坚持谁开发谁保护,谁破坏谁恢复,谁污染谁治理,谁投资谁受益的原则。

二、企业是区域生态经济建设的核心力量

在市场经济体制下,企业作为区域经济活动的主体,区域发展成功与否在很大程度上取决于当地企业的发展。现代市场经济体制的两个重要特征一个是企业在国民经济体系中的主导地位,另一个是政府对经济运行所实行的宏观政策,而前者是后者产生效果的基础。因此,我们有必要把以上两项经济任务有机结合起来,明确企业在区域经济发展中的作用,以企业的发展,特别是大中型企业的发展来带动区域经济发展和区域产业结构优化和升级。沈阳经济区作为东北老工业基地的核心区域,大中型企业集中,这既为地区经济发展提供了强大的动力,同时也为地区生态环境改善带来了巨大的压力。在新型工业化建设过程中,必须明确生态经济体系建设的行为主体的核心是企业,只有转变企业的生产方式,用清洁生产、循环经济生产方式取代传统的粗放式生产方式,区域生态经济的建设目标才能实现。企业是城市管理主体体系的重要的组成部分。一方面,企业是落实城市生态经济发展的基本力量,是城市经济发展的支撑点、创造者;另一方面,企业在追逐利润的过程中,往往会忽略对生态环境的保护。循环经济的本质是一种生态经济,是一种以物资闭环流动为特征的经济。它要求把经济活动组成一个"资源—产品—再生资源"的反馈式流程,所有的物质和能源都要在这个不断进行的经济循环中得到合理和持久的利用,从而把经济活动对自然环境的影响降低到尽可能小的程度。所以发展循环经济可以实现生态城市所要求的环境与经济的双赢。所以企业必须以循环经济为发展目标,进行清洁生产,这样才会有利于生态城市的健康发展。

从近年来沈阳经济区生态经济建设的经验来看,正是由于依托区内大中型企业,推行清洁生产,发展循环经济,建设生态工业园区,才使区内生态经济环境逐渐好转,资源节约型和环境友好型社会建设步伐加快。

三、科研机构和高等院校是区域生态经济建设的智力主体

沈阳经济区内科研院所众多,集聚了大量的自然科学、社会科学人才及管理人才,每万人拥有中级技术职称 463 人,在全国 233 个地级城市中排名第 10 位。区内共有普通高校 37 所,在校生 25 万多人,分别占全省的 56％和 57％；区内普通中专 87 所,在校生 6 万多人,分别占全省的 64％和 41％。职业中学 168 所,在校生近 10 万人,占全省的 53％和 57％。沈阳经济区的一个显著优势在于产业工人人数较多、技术工人水平较高,具有一支为数众多、工种齐全、配套能力强的技术工人队伍。区内共有专业技术人员 96.9 万人,其中具有中级以上职称的 45.3 万人,分别占全省的 57％和 52％；中心城市沈阳市专业技术人员总数为 46.4 万人,占全省的 27.3％,占区内 7 市的 48％。经济区内众多的科技人才和技术工人已成为支撑经济发展的显著优势和有力保障。(徐强、陈凡"论沈阳经济区创新体系的构建"《辽宁师范大学学报(社会科学版)》2006 年 7 月)

如何发挥区域人才优势,是推动区域生态经济发展的关键。应通过完善创新型人才激励机制,建立和完善以政府奖励为导向、社会和企业奖励为主的人才激励机制,调动科技人才科技创新的积极性和主动性；通过联合构建系列创新中心、中试基地、服务平台、网络中介等方式和渠道,为区域创新体系建设提供全位支持,提高科技创新能力和水平；积极推动经济区内各城市之间的产学研联盟合作,充分发挥各种形式技术联盟的功能,实现科技资源、经济资源、生产力要素的重组与优化配置；应从产学研相结合的创新源头,从建立科研、技术自由流动的市场机制,从促进科研成果向生产力转化的机制,从自主创新型人才的流动和使用机制入手,提出相应的支持和鼓励政策；要以优秀拔尖创新型人才为核心,培养一批具有创新能力和发展潜力的以中青年为主的学术带头人,同时还要培养建设一支高水平的创新团队和学术群体。制订规划,完善政策,做好协调服务工作,畅通引进人才的"绿色通道"。要引导企业重视人才队伍建设,建立"企业主体、市场配置、政府主导、社会参与"的创新型人才开发体系。为经济区创新体系建设提供最厚实的支持和保障。

四、社区、居民是生态经济管理的基本要素

现代城市管理论认为,社区是居民的共同聚集体,社区作为生态城市建设管理体系主体构成重要的部分,就必须符合生态原则。所谓的生态社区

主要包括以下的内容:

社区环境生态化。这主要是为社区内的居民营造一个优雅的自然环境,包括绿地、纯净的空气、相应的活动空间。规划要充分考虑到社区的发展和环境的承载能力,衡量指标应多为人均绿地面积、人均公共设施率。

社区发展的生态意识。作为居民有组织的共同体,社区发展也必须自始至终贯穿着生态发展的原则,城市政府则应从整体上予以把握,主要是依据社区的类型如:工业社区、生活社区、商业社区、教育社区等,把各个不同类型的社区作为生态城市建设管理的主体,使其具有不同的管理方式和发展方向。

社区对居民的组织作用。在我国,社区和街道的概念,在大多数城市可以做同一理解。可以由街道、工厂、学校、军事指挥机关等培养和提高居民的生态伦理和生态消费的意识。

本质上说,生态经济管理的指导原则是"以人为本"。生态经济发展过程的一切诸如规划、建设、投资、调控等管理活动,在最后都会细化到某个具体的"人"的层次,也就是居民这一层次。作为组成生态城市管理的最基本的要素,居民个人的生态伦理或生态道德、生态消费的水平决定了生态经济系统管理的有序化和系统化的程度。生态消费,实际上,就是提倡环境废物最小化和资源利用可循环化。如有效的垃圾分类方法的推行,废弃电池的分类处理就可以很显著地保持环境不被破坏。居民通过环境决策参与、环境监督参与、环境投资参与和个人环境行为行使职权、履行义务。居民的参与对生态经济的建设发展将起到积极的推动、监督作用。

五、社会团体是区域生态管理的积极参与者

社会团体是跨社区具有相当的组织程度和组织目的的非营利性的居民组织,其成员有着共同的兴趣。社会团体的出现打破了社区地理上的限制,和居民社区共同构成了管理主体网络。这里所提到的社会团体是与生态经济发展有关的团体,如符合生态原则的绿色和平组织和动物保护组织等这样的社会团体。社会团体能够使居民的个体的行为转变为团体的行为,发挥更大的作用,进而对社会产生的影响。相对于纵向的政府管理体制而言,横向的社会团体的潜移默化的影响有利于提高居民的文明程度,更有利于生态经济管理系统的健康发展。充分发挥社会团体的作用,在广播电视、报刊网络等媒体上开设专刊、专栏,大力宣传生态建设的重大意义,在全社会营造支持参与生态文明建设的良好政策环境、工作环境、学术环境、人际环境和生活环境,营造尊重自然、保护生态环境的文化氛围。推动群众性的全

民生态文明建设活动，人人为生态经济发展作贡献活动，让一切有利于生态文明建设的潜能竞相进发，聪明才智充分展示。

综上所述，根据上述分析，区域生态经济建设，需要有分别执行不同职能的多元要素相互配合，形成合力。政府在制定政策、执法监督方面扮演主角，企业在政策响应与执行方面充当主角，同时充分发挥公众参与的作用。社区、社会团体全面动员起来，创新地构建全民参与的生态经济建设管理体系，形成政府、企业、居民、社区、社会团体全方位、多层次、一体化的生态经济建设战略格局。

从目前沈阳经济区区域经济的管理机制上看，它与科学的生态经济管理体系还有相当大的差距。目前的经济区管理机构不过是辽宁省政府有关部门和各市政府部门的拼凑、组合，带有深刻的计划经济烙印。其管理方式主要是通过政府批文或直接干预企业行为来推动区域经济合作的发展。在这种政府主导的管理模式下，作为区域生态经济管理基本要素的居民、企业和社会团体，只是被动的参与者。如何参与，怎样管理完全是政府说了算。这种管理模式，在本地区工业生产结构和需求结构矛盾突出的情况下，其管理效果并不理想，并未解决区域内重复建设、产业结构趋同、资源环境状况恶化等区域发展中的深层次问题。因此，国务院和国家发改委在关于《沈阳经济区新型工业化综合配套改革试验总体方案》中，明确要求创新行政管理体制，以转变政府职能为核心，按照建设服务政府、责任政府、法治政府和廉洁政府的要求，着力建立与区域经济一体化发展相适应的政府管理体制和运行机制，理顺关系，提高效能，更加有力地保障推进新型工业化。

要求加快政府职能转变。将政府工作重点放在创造良好发展环境上，减少对微观经济活动的干预，更多地运用经济手段、法律手段调节经济活动，从制度上更好地发挥市场在资源配置中的基础性作用。按照大部门体制思路，加大机构整合力度。强化服务型政府建设，清理、取消一批行政审批事项，简化审批流程，减少审批环节，建立"一站式"行政审批服务窗口，创新政府服务方式，提高政府行政效能。更加注重履行公共服务和社会管理职能，理顺市场监管体制。全面推进电子政务，完善政务公开制度，扩大政府信息公开的范围和内容。完善经济社会发展综合评价体系，建立科学合理的政府绩效评价指标体系和评估机制。

探索行政区划体制创新。按照进一步优化沈阳经济区城镇体系布局和城区行政区划结构，增强城镇综合承载能力的要求，根据有关规定科学合理调整行政区划；按照减少行政层次、提高行政效率、统筹城乡发展的要求，积极探索省直接管理县（市）体制改革，稳妥开展城市内部行政区划体制、县城镇管理体制改革创新试点。

建立区域统筹协调机制。适应区域经济一体化的要求，建立沈阳经济区综合配套改革试验的统筹规划机制、目标管理机制、考核评估机制、示范推进机制，统筹研究解决区域基础设施建设、产业布局、功能区开发、政策制定、土地管理等方面的重大问题，建立区域联席会议协商、决策机制，开展多领域对接与合作。明确管理主体的责任、利益，目标和运作程序及考评标准，变静态管理为动态管理，全程监控区域生态管理过程。

第二节　沈阳经济区生态与经济协调发展的管理模式建构分析

加强区域生态管理的根本目的，是促进地区经济持续、健康发展。在区域生态指标体系的基础上，形成区域生态与经济均衡发展模式。国家发展改革委在批复的《沈阳经济区新型工业化综合配套改革试验总体方案》中指出：沈阳经济区未来改革的指导思想就是着力解决老工业基地存在的突出矛盾和问题，着力构建结构优化、技术先进、清洁安全、附加值高、吸纳就业能力强的现代产业体系，着力推进区域一体化发展，在创新现代产业体系、促进各类市场主体发展、提高科技创新能力、加强资源节约和环境保护、统筹城乡发展、实现城市群一体化等重点领域和关键环节实现新突破，实现沈阳经济区又好又快发展，推进东北地区等老工业基地全面振兴，为我国经济长期平稳较快发展和社会和谐提供经验与示范。这就明确地要求沈阳经济区在新型工业化发展道路上，必须走经济与生态协调发展的可持续发展道路，必须建设生态与经济协调发展的管理模式。

一、沈阳经济区生态经济合作的复杂性与紧迫性

沈阳经济区是辽宁省重化工业高度集聚区，是我国重要的装备工业和原材料生产基地，也是环境污染最严重的地区之一。而且区域内城市密集，人口密度高，经济活动空间相对狭小，经济社会发展的资源与环境约束强度大。

作为东北老工业基地的龙头，沈阳经济区工业比重大，经济发展快，人均资源量少。区域经济的高速增长，对资源的需求必然很大。资源消耗量的增加，也必然导致排污总量的增加。

由于传统产业结构调整任务重。沈阳经济区技术创新、结构调整和换代升级的任务十分繁重，高消耗、高污染的粗放型生产经营方式的调整需要

一个渐进的过程,污染型产业在今后一段时期内仍将存在,污染较重的局面难以在短期内改变。环境建设相对滞后。第一,环境建设的历史欠账一直没有彻底解决,环境保护投资在国内生产总值中的比重较小;第二,经济要求快速发展,致使环境建设难以满足发展的需要,这种环境建设相对滞后的状况也将持续一段时间。未来几年,沈阳经济区各种主要污染物的排放总量仍将较大,控制污染和改善环境质量的任务将比较艰巨。

随着城市化进程加快,城市环境问题更加突出。沈阳经济区的城市率已经达到了 65%,是我国城市化水平最高的地区之一。人口集中、生活需要与供应集中,产生了城市环境污染、交通堵塞、生态破坏等一系列"城市病",使得工业革命以来几乎所有的环境问题所产生的矛盾都集中、积累到了城市。城市环境污染更加复杂。沈阳经济区八城市在原有污染较重的情况下,随着社会的发展和城市化进程的加快,又会受到新的污染,包括呈增长态势的交通噪声,新出现的有机污染、放射性污染、光污染,有害物种的入侵等,城市的环境污染变得更加复杂和更具有隐患。

城市污染出现"叠加效应"。随着城市化程度的迅速提高和区域产业结构、能耗、排污趋同的影响,城市之间已经没有了明显的界限,城市环境污染出现了"叠加效应",河流上下游的污染、城市之间的大气污染等,已经产生了互相干扰的现象,给城市环境的整治带来了很大的负面影响。

人口与环境资源之间的矛盾突出。沈阳经济区人口稠密。"十一五"期末,区域人口数量已经超过辽宁省人口总数的一半。巨大人口数量使本已有限的环境资源更加紧缺,人们生存的环境空间愈加拥挤,主要表现为土地资源、水资源和能源资源等的减少。人口数量的增长必然将会使环境资源的压力进一步增大,环境质量状况也不容乐观,如水体污染、水土流失、土地沙化、荒漠化及过度砍伐造成的森林生态功能退化等,已经严重阻碍了区域社会的可持续发展。

生活与消费水平的提高对环境的压力加大。经济区八城市都是经济发展和消费水平提高较快的区域,家用电器、房屋、食品、汽车、电子产品等商品的消费量比较大,消费品的换代升级频率要求快,导致各种废弃物大幅度增加,这也是导致环境污染加重的主要原因。

经济发展的不平衡导致了环境保护的不平衡。2010 年,沈阳市地区生产总值为 5 017.54 亿元,而阜新地区生产总值是 378.87 亿元,仅占沈阳的7.6%。这种经济发展的不平衡在一定程度上导致了环境保护的不平衡,主要表现在:(1)经济发达城市的污染物排放总量较大,经济相对落后城市的污染物排放总量较小。(2)虽然经济相对落后城市的污染物排放量小,但这些城市环境保护的基础设施严重不足,治理污染的能力不强,污染危害仍相当严重。(3)经济相对落后城市的环境与经济的协调度也较低。

总之，由于经济结构、城市环境基础设施和环境质量历史欠账太多，严重影响了生态环境的改善。地区经济发展方式尚未发生根本转变，工业结构不尽合理，传统产业特别是重化工业比重大，经济运行的质量和效益不高，工业分布不科学，一些城市工业企业集中分布在城区以内，造成资源能源消耗量大、污染物排放量大；城市污水处理厂、集中供热工程、固体废物处理等城市环境基础设施仍不能满足社会经济发展和环境保护的需求；河流水质低劣、大气中 PM2.5 污染严重、生态破坏一直没有得到恢复等环境问题已有几十年的历史，必须付出极大努力才能解决。矿山生态环境破坏严重，生态恢复工作任务艰巨。产业普遍存在的环保问题主要有矿山环境污染、地质灾害、生产性粉尘、窑炉烟尘、有害气体、振动及噪声、废水、固体废弃物等。矿山的采坑、废渣、碎石对矿山附近的环境造成破坏。

与单一城市比较，城市群的环境问题有其特殊性，表现为环境污染具有叠加效应。流经经济区的辽河、浑河和太子河基本成为城市废水排放的主要渠道，各城市主要工业行业趋同，排放污染物趋同，在同一河流几十千米之内就流经两座或几座城市，上游城市排入的污染物还未能完全稀释净化，即进入下流城市河段，又接受下流城市排入的废水，造成环境污染的叠加。大气污染也具有叠加作用。经济区内的大气污染效应受主导风向的影响，春季和夏季多南风和西南风，鞍山、辽阳和本溪的大气污染物会加重沈阳、抚顺和铁岭的大气污染；冬季和秋季多北风和东北风，北部的铁岭、沈阳和抚顺的大气污染会加重南部鞍山、辽阳和本溪的大气污染。

在这种情况下如何通过完善区域环境保护与合作规划，寻求经济发展与生态保护之间的最佳结合点则是经济区管理模式建构的重点。这就要求，区域经济管理者，从经济区的宏观角度，把经济区视为一个内部联系密切、休戚与共的有机整体。充分考虑经济区的环境承载量，包括资源供给承载量、可发展空间的土地供给量和污染物的环境容量，使经济与资源、环境协调发展，使经济区的人工环境与自然协调发展。充分利用现有的经济合作基础推动环境合作，将环境问题纳入经济合作和基础设施一体化范围考虑，是提高经济发展质量、优化区域经济结构、走可持续发展之路的必然选择。在环保的基础设施建设、政策制定等方面各市要顾全大局，统筹兼顾、共同发展，充分体现规划的整体性和运作的一致性，从而提高整体竞争力。根据经济区各城市的比较优势、各方的比较利益，实现生产要素和基础设施互补，从而最大限度地发挥这个区域环境保护的整体优势，对经济区内的资源进行有效的整合，合理配置，打破地区封锁，强化互动效应，进而搞好产业配套，形成集群效应。充分兼顾各城市的利益，不能以牺牲一方利益为代价。各方应主动采取措施推进合作,提高合作效益和水平,通过分工与协作,产生集聚和累积效应,实现合作各方共同获益,达到"双赢"和"多赢"效果。

二、沈阳经济区生态经济管理模式建构的指标体系分析

区域生态经济建设体系从属于区域可持续发展体系。目前,构建区域可持续发展指标体系的方法较多,较常见的有系统发展协调度模型、压力状态反应结构模型和层次分析法等。我们采用层次分析法,有意识地将诸多复杂问题分解成若干层次进行逐步分析比较,把人的推断转换成数量形式,对解决大系统中多层次、多目标的决策问题十分有效,且方法直观、操作简单,被广泛引入区域发展研究中来。

层次结构指标体系由目标层、准则层和指标层构成,重点和难点在于准则层层面的设计。准则层起承上统下的作用,设计当否将关系到整个指标体系的质量。我们尝试将区域生态经济建设指标分为经济发展、社会进步、资源节约、生态良好、科技教育、人口质量六大类,作为区域生态经济建设指标体系的准则层,主要基于以下考虑:①国家环保总局颁布试用的生态市建设指标体系是目前国内比较完整的生态经济建设指标体系,其将建设指标分为经济发展、环境保护、社会进步三大类,较好地体现了区域经济、社会、生态环境协调发展的思想,为构建区域生态经济指标体系提供了很好的框架。②资源节约在生态经济建设中占据较重要的位置,应从层次上给以体现。从小康社会建设的角度看,全面小康社会目标在提出经济发展、社会进步的同时,明确提出"生态环境得到改善、资源利用效率显著提高",把资源利用效率放在与经济发展、社会进步、生态环境改善同等的地位。特别是近年国家相继出台了建设节约型社会、发展循环经济等政策,更进一步显示出资源节约在我国小康社会建设中的权重;从对可持续发展的理解来看,可持续发展就是"满足需要、资源有限、环境有价、未来更好"。可见资源在生态经济建设中的地位很重要,把资源节约放在应有的层次利于引导地方政府形成节约资源的观念。③生态保护与建设、环境保护与污染防治两方面的指标统归为环境保护类指标,较易造成概念上的混淆,且指标数量过于庞大,不便于指标权重的层次分析运算。考虑到生态保护与建设、环境保护与污染防治在生态经济建设中的重要地位,将环境保护类指标拆分为生态良好、环境改善两部分。④经济社会和自然环境是生态经济系统中的两个重要的子系统,二者相互作用直接推动着区域发展和演化,而自然环境就是指人类赖以生存的自然地理环境,它包括资源、生态与环境。⑤科学教育的发

展既是经济可持续发展的重要动力又是提高人口质量的重要手段,而人口素质的提高则直接关系到生态经济建设和可持续发展目标的完成。因此,把生态经济建设指标分为上述六大类能较好地体现系统的组成。至于建设单项指标的选取,主要参考国家环保总局颁布试用的国家级生态示范区、生态市建设指标和辽宁省生态省建设规划纲要并采用频度统计法和理论分析法进行取舍补充。

根据生态经济区发展指标设计原则及沈阳经济区生态经济的现状,考虑影响区域经济可持续的因素,将沈阳经济区经济发展指标体系分为六大子系统。它们分别是社会子系统、人口子系统、经济子系统、资源子系统、环境子系统、科技和教育子系统。衡量生态经济可持续发展是由多指标综合评价而定。

(一)社会子系统

实现社会的可持续发展是生态经济发展的最高目标。社会子系统的质量是人口、经济、资源、环境和科教协调发展的关键,合理的政治制度和分配机制、良好的社会伦理道德和历史文化以及稳定的社会环境因素是实现可持续发展的保证。

(二)人口子系统

人口是生态经济的主体,人口数量和质量关系到整个地区的生态经济发展的质量。当人口数量超过区域承载力时,就会给资源和环境带来巨大的压力,从而阻碍社会和经济的发展。人口素质的提高会减轻压力。因此,加强教育,提高人口素质,控制人口数量是实现经济生态化的关键。

(三)经济子系统

生态经济是以经济可持续发展为前提的。只有经济快速发展,才能提高人民生活水平、社会生产力和科技发展水平;增强综合实力,才能解决贫困问题,才能为资源开发和环境保护提供资金和技术。

(四)资源子系统

这里的资源是指自然资源,主要包括土地、能源、其他矿产、森林、水、草地、海洋和野生动植物。自然资源是人类生产资料和生活资料的基本来源,生态经济发展以资源的可持续利用为基础,没有资源的可持续利用,就没有生态经济。资源存量和人均资源占有量是衡量生态经济的重要指标。

(五)环境子系统

优美适宜的生态环境是生态经济建构的重要目标,而生态的破坏和环境的污染则会制约人类的发展。环境和生态的保护是实现社会和经济可持续发展的前提。环境质量的好坏是经济可持续发展与否的主要标志。

(六)科技和教育子系统

科技是生态经济发展的动力,科学技术是第一生产力。科技的不断进步可以缓解人口、资源和环境对区域发展的压力。发展经济,关键是依靠科学技术进步和提高劳动者素质,教育的发展是根本大计。

通过对影响生态经济发展因素的研究,可得出沈阳经济区生态经济建设是一个系统工程,需各个不同影响因素协调一致,才能促进区域经济的可持续发展。在具体评价沈阳区生态经济发展时,应以系统的观点,来分析各不同地区经济的可持续发展。不同地区应从地区特色出发,考虑地区特点,充分比较与其他地区存在的差异性,根据提供的评价指标体系,客观地看待区域经济的可持续发展,以便能够更好地促进地区经济的生态化建设,从而为沈阳经济区整体经济发展打好坚实的基础。

三、沈阳经济区生态经济管理模式建构的路径分析

(一)完善区域环境保护组织机制

实现相关组织体系之间的协调和统一是沈阳经济区环境保护组织系统完善的目标。具体来说,环境保护组织机制应该从以下几方面进行完善:第一,应根据不同的政策措施和技术要求设置相应的组织机构。组织机构的设立既要有整体性,又要注重局部性,即根据不同情况,因地制宜。第二,对长期性的区域环境保护问题,要设置常设性的组织机构;对于临时性、应急性的区域环境保护问题,则应设置临时性的相应机构。避免出现机构繁琐的局面,而影响区域环境保护政策的效应。第三,应建立沈阳经济区环境保护组织机构方面的规章制度,使一切决策行为有章可循,更具科学化。政府在这方面要充当协调当前利益和未来利益关系的角色,把兼顾长远利益、实现经济与环境保护的协调作为发展的目标,一是完善市场机制,制定合理的政策,引导资源环境管理和发展走向市场化;二是抑制资源浪费型的经济活动,鼓励具有积极外部效应的经济活动;三是加大环境保护的资金投入。

(二)强化政府的环境保护职能

有效推进区域环境保护的顺利进行,没有强大的制度力量是无法实现的。结合沈阳经济区实际,迫切需要依法建立区域环境保护的管理条例和管理办法,加大区域联合执法力度,将区域环境建设和管理纳入法制轨道。要建立环境监测、环境宣教、水环境保护、大气污染防治、环境科技等各领域的合作工作小组,强化政府的工作职能。加大执法力度,在国家现有法律法规的基础上,逐步完善区域配套性法规,制订更为严格的标准,以使水污染防治、大气污染防治工作有法可依、有章可循。加大对环境违法行为的处罚力度,严肃查处企业违法排污行为。应赋予环保部门对环境违法单位的限期治理和限产、停产整治的决定权,以有效解决"执法成本高,违法成本低"的问题。建立严格的执法责任制和过错追究制度,杜绝不作为和渎职现象。严格执法,加大对违法排污企业的打击力度。建立和完善行政执法责任制,强化违法排污企业的清理整顿,从严处罚环境违法行为。

(三)加强环境保护与合作的评估

认真贯彻落实环境影响评价法,对重大经济和技术政策的制定、城市基础设施建设、区域国土整治与资源开发及区域规划等决策均应依法进行环境影响评价,建立环境与经济发展综合决策制度。每年在市长峰会上,应对区域环境保护合作进行评估,审议各主要任务的进展情况。

(四)创新资源节约和环境保护的体制机制

更加注重发挥市场机制作用,加快形成符合新型工业化要求的生产方式和消费模式,提高沈阳经济区综合承载力,增强沈阳经济区可持续发展能力。

1. 完善促进资源节约的市场机制

完善矿产等资源有偿使用制度,理顺资源收益分配关系。完善反映市场供求关系、资源稀缺程度和环境损害成本的生产要素和资源价格形成机制。合理开发和高效利用水资源,建立最严格的水资源管理制度,发展节水工业、节水农业,建设节水型社会,争取在沈阳市开展国家"城市水环境改善"和"饮用水安全保障"示范城市建设。

2. 强化节能减排激励约束机制

强化节能减排目标责任制,完善节能减排指标体系,监测体系和考核体系,健全节能减排监督管理机制。严格实施固定资产投资项目节能评估审查,从源头上抑制高耗能行业过快增长。建立多部门联动的减排工作机制,完善环境准入制度。在沈阳经济区实行严于国家标准的工业企业大气污染物特别排放限值,建立新上项目审批核准与减排完成进度相结合的机制,实行主要污染物总量指标控制。在沈阳、鞍山等市开展低碳经济试点,加大淘汰落后产能力度。积极推进经济区内燃气、热、电、冷等能源系统建设,探索煤炭消费总量控制,积极创造条件开展城市热电联产集中供热节能减排试点。大力推进建筑节能,加快供热计量改革,实行按用热量收费。加强机动车污染防治,加快淘汰高排放黄标车,推行车用燃油清洁化进程,促进绿色交通建设。

3. 构建循环经济体系

科学编制工业园区循环经济发展规划,积极探索发展循环经济新模式,打造多种类型循环经济工业示范园区和生态工业示范园区;将循环经济指标纳入正在开展的新型工业化统计监测评价指标体系,完善循环经济发展促进机制。重点抓好沈阳、抚顺、阜新等国家循环经济试点市和海城、南芬、灯塔、调兵山、大石桥5个循环经济试点县区建设,探索城市发展循环经济新模式。重点抓好沈阳静脉产业园、本溪南芬矿产资源、阜新新邱再生资源综合利用等一批循环经济示范园区建设,以及鞍本钢铁集团、抚顺矿业集团、铁岭煤业集团、沈阳煤业集团、抚顺新钢铁等24个循环经济典型示范企业建设,构建冶金、石油化工、煤炭、电力、建材和镁硼等6条循环经济产业链。鼓励绿色生产、倡导绿色消费、建设绿色矿山、发展绿色矿业,实现废弃物减量化、资源化和无害化利用。探索建立生产者责任延伸制度,完善循环经济政策支撑体系。加大资源循环利用产业的投入比重,鼓励按照资源禀赋和产业特色建设循环经济产业园区和循环农业示范区,构建以有色、冶金、化工、建材等产业为重点的循环经济产业体系。

4. 完善环境保护的市场机制

完善排污许可证制度,大力发展排污权交易市场。全面落实污染者付费原则,改革排污费征收方式,提高征缴率。改革垃圾处理费征收方式,适度提高垃圾处理费标准和财政补贴水平。完善污水处理费制度,合理提高污水处理收费标准和征缴率。积极推进环境保护和污染治理市场化运营。

5. 探索区域性生态补偿机制

结合主体功能区建设,加大对生态脆弱地区和生态区位重要地区的均衡性转移支付力度。探索建立大伙房水库、浑江水库、汤河水库等重要水源涵养区的生态补偿机制,积极探索市场化生态补偿机制。推行资源型企业可持续发展准备金制度,加强矿山资源再利用,提高植被覆盖度。

6. 健全环境保护与生态建设治理机制

编制实施沈阳经济区一体化环境保护与生态建设规划,合理规划、建设、利用区域重大环境保护基础设施。积极开展水土流失综合治理。采取有效措施遏制科尔沁沙地南侵及西北部土地沙化趋势。加强辽河、浑河、太子河环境污染防治和流域生态修复与保护,强化水功能区和入河排污总量监管,争取将辽河保护区治理及生态恢复列为国家级试点,加强城市和区域大气污染物防治工作,建立区域大气污染联防联控机制。加强矿山地质灾害综合治理,推进在抚顺、阜新开展矿山地质灾害综合治理试点。多形式开辟资金渠道,对废弃矿山进行生态修复。加强环境质量联合监控,实现区域生态建设、环境保护、污染监测一体化。建立沈阳经济区环境监控信息共享平台,落实环境保护目标责任制和"一票否决"制,实行强制清洁生产审核和生产全过程污染控制。

(五)提高区域环境教育水平

集约型的经济增长方式主要依靠的是科技进步和劳动者素质的提高,所以从长期来讲,实现沈阳经济区增长方式转变的一个基本途径是教育。虽然已经拥有较好的科研基础,但目前的整体科技水平仍比较落后,科技创新能力不足,高新技术的开发和运用有限,基础性的研究薄弱,劳动者的总体素质不高,难以适应经济高速增长和经济增长方式转变的需要。因此,要加强区域人才市场和劳动力市场的建设与协调,促进人力资本合理流动及与其他要素组成最佳配置,提高技术和技术能力扩散的效益;促进一般劳动力资源的合理转移和配置,充分发挥其劳动技能,提高区域的劳动生产率。

第三章 "生态城市群"沈阳经济区发展的新目标

　　保护生态环境、实现绿色发展既是当代世界的发展趋势,也是人类社会的共同的责任。自上世纪70年代联合国教科文组织在发起的"人与生物圈(MAB)"计划研究过程中首先提出"生态城市"概念后,各国陆续开始按照生态城市的目标来进行城市规划和建设,生态城市建设步入实践探索阶段。20世纪80年代末以来,中国一些大中小城市相继提出建设生态城市的目标,目前660多个城市中,已有近百个城市提出建设生态城市目标。建设"生态城市群"是沈阳市经济区制定的未来城市发展目标之一。它是在"十一五"期间沈阳经济区生态城市建设已取得的成就的基础上,对沈阳经济区未来发展做出的新的总体规划。沈阳经济区作为国家重要的老工业基地,工业文明的产物,近年来,在振兴发展经济的同时,一直在探寻一条可持续发展之路。"生态城市群"目标的提出,标志着沈阳经济区社会发展模式的根本转变。即由传统的工业发展之路转向生态发展之路,由以消耗资源和环境污染为代价的不可持续发展模式向资源节约型、环境友好型发展模式的转变。这一目标既符合当今世界发展大势,又符合刚刚结束的中共"十八大"提出的加强生态文明建设,建设"美丽中国"的发展目标,是一个极具前瞻性和战略性的重大决策。

第一节　生态城市——世界城市发展的新趋势

　　自20世纪70—80年代始,面对着日益严峻的生态危机,西方国家掀起了一场绿色革命运动。西方发达国家在发展过程中经历了"先染污,后治理"的道路,20世纪90年代以来,西方一些学者从政府、企业、公众的三维角度探索解决生态环境问题,提出了构建生态城市,实现可持续发展的理念。国内外生态城市建设的成功模式既代表了当今世界生态城市的发展趋势,也为沈阳经济区探索生态城市建设提供了有益的启示。

一、国际生态城市建设的发展模式

通过比较分析世界生态城市建设发展历程,可将生态城市建设归纳为以下几种类型:

(一)政府导向型

政府在"生态城市"建设中起着至关重要的主导作用。政府可以通过制定相关发展规划和政策法规,明确生态城市的发展方向和生态城市建设的具体目标,进而推进生态城市建设的有序进行。如 1947 年丹麦哥本哈根的(手指)形态规划,1967 至 1971 年新加坡的全岛建设设想规划,1992 年美国伯克利的生态城市计划,克利夫兰和波特兰大都市区生态规划,1994 年巴西的库里蒂巴和桑托斯市、印度的班加罗尔、澳大利亚的阿德莱德市等的生态城市建设计划,1997 年日本九州市的生态城市建设构想等都在本国或本地区的生态城市建设中发挥了重要的作用,并取得了显著成效。同时,各国政府也相继出台了与之相配套的各项法规政策,以保障规划的顺利实施。例如日本,在资源环境方面的立法较为完备,不仅有基本法,还出台了两部综合法;1994 年,德国通过了《循环经济及废弃物法》;1976 年,美国通过了《资源保护和废弃物回收法》,现在美国已经有半数以上的州制定了相关法规。除此之外,美国还利用财税政策的优惠,如直接税减免、投资税抵免等,鼓励企业从自身的角度重视生态保护和资源节约,为建设生态城市创造适宜的制度环境。

(二)科技引导型

科学技术是第一生产力。在生态城市建设中,各国都十分重视在生态环境方面的研究,在需要重点突破的相关领域和行业下大力气进行科学研究,并尽快应用于生产中,使之产业化。以丹麦的卡伦堡为例,在生态城市建设中,该市以生态工业园建设为突破点,逐步形成了以资源替代技术、资源恢复技术、资源耗用减量化技术、无害化处理技术、废弃物循环利用技术等为特点的,相关产业互为支撑的循环经济产业链条和工业共生体系,而这种产业基础是生态城市建设中不可或缺的重要前提。20 世纪 90 年代,日本九州市提出了建设生态城市的设想,其主要内容即为:减少垃圾、实现循环型社会,重点是实现"地区废弃物零排放"。为此,在 1997 年,九州市专门成立了废弃物回收处理和再利用技术研究中心,同时还通过加大政策鼓励和支持力度,加速其产业化进程。同年,日本通商产业省投入大量资金,建设了一个以回收再利用为目的的综合环境产业区,重点回收家用电器、废玻璃、废塑料和汽车压碾屑等废弃物,由此,九州市的资源环境产业得以迅猛发展,生态城市建设步伐也大大加快了。

(三)项目拉动型

在生态城市建设的过程中,不仅要有相应的战略规划和目标,还要有使项目得以实施的具体项目,因此,生态城市建设不是一般的系统工程,而是一项庞大而复杂的系统工程。所谓项目拉动型,是指通过有效的建设项目的实施,以实现不同阶段的生态城市建设的具体目标,从而实现总体建设目标的完成。例如,被世界誉为"生态城市"样板的美国伯克利市,就是通过一系列重大而具体的生态建设项目的实施,稳步推进了生态城市建设。这些项目包括:改善能源利用结构、恢复废弃河道、建造太阳能绿色居所以及建设慢行车道等等;而德国的弗莱堡市通过实施诸如大气环保、能源利用、垃圾处理及居民区生态环境保护等环保项目,有效地推进了生态城市建设,显著地改变了以往交通拥挤、住房紧张、环境污染和资源利用浪费等状况;巴西的库里蒂巴市,通过实施交通系统革新、垃圾循环回收和能源保护等项目,使城市的生态环境得到了根本的改观,并由此获得国际性的荣誉。

(四)交通示范型

在生态城市建设的过程中,应将交通运输结构的改善与土地的综合开发利用有机地结合在一起,这是许多专家学者的观点。具体而言,就是要在优先发展城市公共交通的同时,在城市土地的使用方面合理规划,以提高土地的综合利用率。这样不仅可以解决私家车的使用给环境资源带来的浪费和污染,也能够有效地抑制城市的蔓延等问题,从而更好地实现减少污染、节约资源、保护环境的生态城市建设目标。巴西的库里蒂巴和丹麦的哥本哈根在这方面取得了成效。库里蒂巴把公共交通系统的整合与土地的综合开发利用结合在一起,并进行了一体化的规划。其具体措施是:以城市公交线路所在的道路为中心,区分所在土地的利用及开发密度,高密度开发的土地仅被集中在公交线路附近的两个街区上,而对两个街区以外土地的开发则严格限制,这样既保证了城市三分之二的市民每天使用公共汽车,同时,每年可减少私家车出行 2 700 万次,节约燃油 700 万加仑,在提高了土地综合利用率的同时,也有效地实现了生态城市的建设目标。而哥本哈根则是通过把公交系统建设与土地综合开发有效地结合在一起,构建了可持续的城市交通体系,从而引导了城市土地的有效利用和有序扩张。现在,哥本哈根虽然是欧洲人均收入最高的城市之一,但其人均汽车占有率却是非常低的。因此,改善和调整城市交通结构,能够对生态城市建设起到重要的推动作用。

(五)组织推动型

组织驱动型全称"社区组织驱动"。它是由加拿大哈里法克斯市首先提出的,之后引起了世界上许多城市的效仿,并取得了比较好的效果。社区组织驱动的含义是指通过城市社区组织作用的发挥,来引导和组织社区居民广泛参与生态城市建设。这是一种社区自助式开发方式,包括社区控制、社区规划和设计、社区建设、管理和维护,其全部过程都是由社区居民参与的。这一模式实施的关键因素是建立管理机构——管理组。管理组负责组建三个组织,它们分别是土地信托公司、生态开发公司和社区委员会。其中土地信托公司的主要职责是购买土地、控制预算、对区内生态开发的不当行为进行警告;组建生态开发公司的目的是取代传统的开发商,这是社区开发的基本实体;而社区委员会则代表本社区居民,处理社区内部和社区之间的冲突与需求,并负责对社区居民进行生态城市教育。同时,社区还设有"城市生态中心",居民可以通过图书、展馆、咨询、报告等形式,了解生态城市建设的规划、设计和建设进展等情况,以便更好、更快地实现生态城市建设的总体目标。

(六)城乡互动型

城乡互动型又被称为城乡结合型,该种生态城市建设模式主要是通过城乡经济、社会、生态一体化规划的制订与实施,促进城乡互动式发展,从而加快生态城市建设。国外一些城市在建设生态城市的过程中,已经打破了行政区划,将城市和周边乡村作为一个整体,统筹规划,实施建设,同时,合理配置城乡之间的能量、信息和资源,加快其转换速度,以此促进生态城市的发展建设。新加坡的生态城市建设也采取了这一模式。该市在生态城市建设规划中,坚持了城乡结合思想,把城郊建设成"原始公园",同时,将农田、森林及其他景观融合在"田园城市"中,实现了人工景观与自然环境的和谐统一。美国海滨城市伯克利,更是全球生态城市建设的典范。在城市建设设计中,该市采取了典型的城乡结合空间结构,即住宅区内的每一栋独立别墅,都带有一块面积很大的种植园,居民可以在自家的园子里种植"绿色食品",因此深受居住者的喜爱,这既体现了城乡协调发展的思想,也反映了"以人为本"的生态城市建设的理念。

二、中国生态城市建设发展态势

改革开放之后,中国进入了城市化快速发展的新阶段。当然,在城市化快速发展的过程中,中国的人口、资源、环境与城市化的矛盾也越发尖锐。因此,如何改善城市生态环境质量、走可持续发展的道路,已成为我国城市建设者们关注的热点问题,走生态城市建设之路也已成为国内诸城市发展建设的首选。

江西省宜春市首先迈出了我国生态城市建设的第一步,该市于上个世纪 80 年代末就开始了生态城市建设的试点工作。进入 21 世纪,上海、长沙、深圳等城市也先后提出了建设生态城市的目标。现在,在我国广袤的土地上,以建设资源型、旅游型及综合型生态城市为主题的热潮已迅速掀起。到目前为止,江苏省的常熟、昆山和江阴市已完成了国家生态城市的建设,浙江省的安吉县和上海市的闵行区已经被国家命名为国家生态县(区),而广州、长沙、杭州等城市也已进入了生态城市建设的最后的冲刺阶段。虽然我国的生态城市建设已经取得了一定进展,但与日趋成熟的国外生态城市建设经验和我国城市化所面临的尖锐问题相比,我们还面临着诸多问题。因此,要从总体上改变我国城市建设的现状,提高我国城市的综合竞争力,就必须加快生态城市建设,这既是挑战也是机遇。目前,我国一批新建生态城市陆续上马,如与新加坡合作的中新天津生态城,与芬兰合作的北京门头沟中芬生态谷,依托绿色能源、发展绿色产业的德州生态城和唐山曹妃店国际生态城等,这说明我国也已进入了生态城市建设与开发的高潮期。综观我国生态城市发展态势,大体上可以总结出以下几种模式:

(一)以中外绿色技术合作为特点的"中新天津生态城模式"

中国、新加坡两国政府于 2007 年签署了合作协议,希望借鉴新加坡城市建设的先进经验,在天津滨海新区,预计用 10 年时间,在规划面积 30 平方公里土地上,建成一个国家级生态环保的宜居示范新城。"连续 30 平方公里范围内全都是绿色建筑,采用智能化技术对房屋进行整体设计,区域内 90％以上出行都靠轨道交通、电动汽车等绿色出行方式,最大限度减少了碳排放。"同时,在中新生态城的建设中还包括了诸如整理废弃盐田,净化海水,综合利用太阳能、风能、地热能、生物质能等绿色能源项目。

(二)以依托绿色能源发展低碳经济为特征的"德州模式"

山东德州是一座具有鲜明特色的现代新城,被称为"中国的太阳城",在产业发展上极具特色。目前,德州已经形成了太阳能、风能、生物质能、新能源汽车和地缘热泵五大产业集群。光电相关企业已达 120 余家,年收入 220 亿元。全市每年可向社会提供超过 300 多万平方米的太阳能热水器产品,这个数量相当于整个欧盟同类产品的总和,是北美的两倍多。而国家"十一五"规划中与太阳能领域相关的课题,德州占到了 85%。现在,德州中心城区新建住宅中太阳能集热器的推广应用率高达 95% 以上。中心城区的交通信号灯、部分住宅小区和景区的路灯均使用了太阳能灯,总量累计超过了 1 万盏,形成了独具特色的太阳能城景观。由此,德州每年平均可减少二氧化碳的排放量达 171 万吨。

(三)以调整传统产业结构,进行旧城改造为特征的"门头沟模式"

门头沟区位于北京西郊,是我国的五大无烟煤产区之一。煤矿储藏面积占到全区总面积的一半,近 700 平方公里。近年来,门头沟区逐步由传统的煤矿开采业向绿色低碳节能经济转变,254 家乡镇煤矿企业在 2013 年年底前全部关闭。在旧城改造的过程中,门头沟区与芬兰合作共建了"中芬生态谷",这座生态谷充分利用了被采石场挖空的山体,打造了一座面积达 100 平方公里的低碳生态城。其中,依山而建的 25 座展览馆和会展中心,充分利用了山地充足的光热条件,形成了颇具特色的"四季常青"的低碳山体建筑。

(四)珠海模式

作为改革开放之后的新建城市,珠海市在建市伊始就制定了城市建设发展规划,即"以人为本"、"环境优先",并以此为指导,在城市基础设施建设中坚持高标准,在营造优美的城市生态环境的基础上发展经济。如珠海市规定,沿海、河边 80 米之内只能建景观路,不能建建筑物;商业和住宅建筑不能建在山体等高线 25 米的范围内;城市中人口密度不能超过每平方公里 8000 人;在每个城区段,高层建筑的面积控制在区域总面积的 25% 内,而多层建筑则控制在 28% 内;同时,为城市未来的发展,预留一些处女地。除此之外,珠海市还特别重视城市的绿化。如珠海市规定所有的建筑用地,都必须保证用于绿化的面积不少于其用地面积的 35%。经过多年的建设,现在珠海市 5 万多公顷的山地中,绿化覆盖率达到 98%,在 56 平方公里已建成的城区内,绿化覆盖率达 43%,人均拥有绿地面积 115 平方米,生活垃圾无害化处理率高达百分之百,烟尘控制区的面积达到百分之百。城市中的大气、水、噪声等指标也都符合国家标准的要求,空气污染指数均在 50 以下。蓝天、碧水、清新的空气,宜人的风景,绿色的家园,珠海已经形成了自然生态保护系统。为此,联合国人居中心在 1998 年将"国际改善人居环境最佳行动奖"授予珠海。全球有 450 个城市参与了该奖项的评比,珠海因"环境全面改善、生态环境优美、规划科学合理、经济发展迅速"而位于十个获奖城市之首。

(五)威海模式

1996 年底威海市将"建设生态城市"作为了新的城市规划目标,为此,威海市做了大量工作:首先,确定城市的合理规模。他们认为在城市的建设发展过程中,应把城市的规模控制在环境承载能力许可的范围之内,城市现代化除了表现为经济发达,功能完善之外,还要包括环境优美,社会和谐,生活舒适。因此他们提出了新城市建设口号"不求规模,但求精美"。其次,强调城市的自然美,注重城市建设中人与自然的和谐关系。在新的城市发展策略上,遵循自然美的原则,力求依据威海依山环海的自然地理形态,形成城市与青山、大海、蓝天相融合的环带状的城市格局,使人造景观与自然环境交相辉映,以避免"摊大饼式"的扩张——这个大多数城市在建设中出现的无序扩张的状况。为了保护自然环境,威海市规定禁止在 25°以上的坡地上搞建设,同时规定在山地中"20 年不砍树,30 年不修枝",禁止在规划区内开山采石,填海造地。再次,在城市建筑上强调城市设计,形成独特的城市风格。威海市力争把城市建筑与自然景观结合起来,打造"碧海蓝天,红瓦绿树"的城市特色。这体现在建筑物的高度、造型、色彩等等方面。如在建筑物的高度方面,以多层建筑为主,并利用地形特点,因地制宜,随坡就势,形成错落有致的格局;在建筑物的造型上,要做到一区一式,栋栋有不同,建筑物在总体上要协调,同时又各具特色;在建筑物的色彩上,要白墙红瓦,淡色门窗,形成建筑与海、天的有机结合。第四,强化绿化的系统性,着力改善城市生态环境。威海市在城市绿化工作中,强调因地制宜,并形成了"见缝插绿、找缝插绿、造缝插绿"的城市绿化特点,使得市区的绿化率达到37.1%,人均拥有绿地面积也达到了 16.8 平方米。这为威海市连续十多年荣获"国家卫生城市"的称号创造了条件。第五,在城市基础设施建设中,强调"以人为本",注意基础设施建设的整体协调,力求功能完善,方便市民的工作和生活。总之,自 1987 年建市以来,威海市依据城市生态系统理论,制定了城市发展规划,逐步形成了以电子、轻工、食品、医药、医疗器械等高新技术产业为特征的产业布局。既保持了国民生产总值每年以 30%左右的速度增长,同时也使得环境质量不断得到改善。

从这些成功地形成了具有本土特色的生态城市建设的模式中,我们可以总结出以下成功经验:

第一,用绿色能源为生态城市建设提供清洁动力。绿色建筑是生态城市建设的基础,而绿色能源则是生态城市建设的保障。在这方面河北省唐山市曹妃甸的建设具有典型意义。曹妃甸国际生态城管委会规划局局长薛波说,无论是风能、太阳能,还是潮汐能和地热能,它们在生态城都有用武之地。特别是工业区周边的地区,完全可以利用工业余热资源,满足其工作和生活对这种资源的需求。同时生态城市还可利用垃圾,产生沼气,然后通过相应的设施、设备实施热电联供。该地区通过发展循环能源技术,使得绿色能源的利用率达到了65%。

第二,先行的绿色交通理念。要建设生态城市,发展绿色交通是必然选择。绿色交通既可以减少生态城市内的碳的消耗,也能够提高生活舒适度。中新天津生态城管委会副主任崔广志说,中新生态城规划确定了2020年前要实现的目标:绿色节能的出行方式占到出行方式的90%。为此,生态城主要开发商——中新天津生态城投资开发有限公司,与国内外11家电动汽车企业签订协议,主要在汽车制造、充电基础设施、电池存储、车辆租赁等方面展开合作,同时,将电动车作为私人交通工具在本地区推广,以推动绿色节能的交通工具在生态城内的使用。此外,发展轨道交通也被提上了议事日程。如果高铁、轻轨和地铁能够开通,那么,生态城到天津市区全程只需要半小时,到北京也只需要1个小时了。

第三,用新兴产业带动城市的可持续发展。任何一个城市要实现可持续发展,都必须有带动它可持续发展的产业。在中新天津生态城,国家动漫产业园成为了带动它未来经济发展的一个新的重要的增长点。

在北京,据门头沟区区委书记刘云广介绍,他们也正在积极地转变经济增长方式。北京门头沟区在关停了大批煤窑后,及时地进行了产业结构调整,如他们引入了1 500亿元的社会资本,对区内的旅游文化休闲资源进行开发。同时还与娱乐集团合作,共同投资建设影视文化主题公园,公园内既有影片拍摄基地,也包括了动漫、影视后期制作等文化创意产业,预计这一新兴的"无烟产业"将会成为门头沟未来的支柱产业。

第四,通过中外合作的生态项目,向对方学习先进经验。中外双方之所以能够就生态项目进行合作,是因为双方有共同的环保理念,他们是环保理念的共同践行者,而不仅仅是一般的投资合作关系。在生态合作项目实施的过程中,中方的重点是学习国外先进的生态理念与技术,而不是做简单的技术移植,要因地制宜,探索出一条适合中国生态城市建设的路子。

第五,避免生态建设概念化。在生态城市的建设的过程中,应避免炒作与之相关的一些字眼,如生态、数字、低碳等;同时也应避免生态城市建设的房地产化倾向。生态城市体现的是一种可持续发展的生态理念,它倡导的是人与自然的和谐相处。生态城市建设绝不是建几座新的建筑,修几条公路或修一条地铁,即使是绿色建筑,它也只是生态城市的载体而不可能是生态城市的全部。因此,在进行生态城市建设的规划时,应当从长计议,充分考虑城市未来10年、20年甚至更长时间的发展要求,提高规划的设计标准,为城市未来的发展预留足够的空间。真正意义上的生态城市必须经得起时间的考验。同时也要有可复制和可借鉴的经验。

总之,随着人类社会的进步,人们对人与自然关系的认识在不断深化,对生态环境质量的要求越来越高,生态保护意识也达到了前所未有的高度。从某种意义上讲,人类社会关注的重点已由单纯的发展经济转向改善城市生态环境质量,走可持续发展之路上,因此,建设生态城市已经成为城市发展的趋势和方向。

三、沈阳市的"生态宜居之都"建设

进入21世纪,人类面临着继工业革命之后又一次社会经济的重大变革——环境革命。人类社会即将进入强调以"环境保护、生态建设"为基础的、更加重视人与自然和谐发展的新的历史发展阶段,而且,继物质资本、人力资本之后生态资本也已经成为一项重要的财富。许多国际大都市已把建设生态型城市确定为未来发展的目标。做为东北最重要的重工业城市、中心城市——沈阳,要把自己打造成立足东北、服务全国、面向东北亚的现代化大都市,在现代社会经济革命的大潮中占有一席之地,就必须在现代城市建设中,将生态概念融入沈阳经济社会发展的方方面面,用生态化提升沈阳的工业化和城市化,通过改善生态环境、提高绿色竞争力来增强城市的综合竞争力,以使城市走上生产发展、生活富裕、生态良好的文明发展道路。

为此,沈阳市委、市政府将城市的可持续发展放在了首位,在城市建设中坚持绿色发展理念,将提升城市文明程度的关键环节放在保护和改善生态环境上,并将建设"生态宜居之都"确立为沈阳市"十二五"规划中的三大发展目标之一。沈阳市的"十二五"规划明确指出:"'建设生态宜居之都',就是在加快老工业基地全面振兴的进程中,更加注重自然生态、社会生态和人文生态建设,进入国家生态市行列,基本建成全国环境建设样板城,生态环境和城市软实力居国内先进水平,人民群众的生活质量和健康状况显著改善,安全感、公平感和幸福感明显增强,人与人之间关系更加和谐,人们不同层面的精神需求得到充分满足。"(沈阳"十二五"规划纲要)"建设生态宜居之都"不但为沈阳描绘出了美好的未来,也体现出了沈阳市委、市政府不断更新执政理念,顺应世界经济绿色发展的大趋势,锐意进取、勇于创新的精神。

(一)建设"生态宜居之都"是提高沈阳中心城市综合实力和国际竞争力的客观要求

21世纪人类社会将逐步从工业化社会向生态化社会迈进,也就是说21世纪将是一个生态的世纪,因此,未来的国际竞争实质上将是生态环境的竞争。生态环境质量也必将成为影响区域环境竞争力的重要因素。对一个城市而言,如果一个城市生态环境好,它就能吸引更好的人才、更多的资金和物资,使自己在竞争中处于有利位置,因此,生态城市建设已成为城市间竞争的又一个焦点。从这个角度看,一些城市把建设生态城市作为本地区的奋斗目标和发展模式,既是明智之举,更是现实的选择。由于生态城市建设有利于建设者在更高的起点上进入世界生态科技的先进领域,提高该城市在国内外市场的竞争力和形象,因此,沈阳市提出建设"生态宜居之都"的设想,既能够顺应城市发展规律的客观要求,也可以满足推进沈阳这个中心城市的持续快速健康发展,提高国际形象的需要。具体表现为:

第一,是抢占科技制高点和发展绿色生产力的需要。建设生态型城市,有利于高起点入进世界生态科技的先进领域,由此提升城市的整体素质、在国内外的市场竞争力和形象。

第二,是解决城市发展难题的需要。城市既是区域经济活动的中心,同时也是各种矛盾和冲突的焦点。随着城市的发展,经济发展与城市生态环境之间的矛盾日益突出,如人口拥挤、交通阻塞、住房紧张、环境污染、生态被破坏等等,因此,在城市发展的过程中,也急需建立反映人与自然协调关系的生态型城市,以有效地解决这些矛盾。

第三,是提高人民生活质量的需要。随着经济的增长,城市居民的生活水平不断提高,表现为城市居民对生活追求的变化:如从注意生活用品数量的多少转变为注重生活质量的高低、从追求物质生活转变为追求精神生活、从专注户内生活转变为热衷户外运动。现在,生态休闲已经成为市民日益增长的生活需求了。

(二)建设"生态宜居之都"是优化产业结构、提升中心城市经济质量的重要条件

当前,调整产业结构已经成为沈阳建设国家中心城市的必由之路。而这种产业结构的调整必须以新型工业化为导向,通过大力推广"减量化、再利用、资源化"的循环发展模式,建立起由政府推动、公众参与、市场主体充分发挥作用的循环经济发展机制来完成。而建设"生态宜居之都"正是实现上述任务的途径。

第一,构建循环型产业体系。要构建循环型产业模式,形成"低消耗、低排放、高效率"的企业循环生产模式是关键。为此,应加快循环产业园区的建设,通过引导园区内不同企业产业链的延伸和耦合,使资源在不同企业和产业间充分利用。对企业而言,应通过鼓励采用先进工艺技术与设备,积极推广余热预压回收、废弃物无害化处理等技术,实现企业内部的能量梯级利用和资源的循环利用。

第二,引导静脉产业发展。以将近海经济区建设成为国家环保产业示范基地为切入点,对现有的废物回收利用体系加以利用,并不断地完善,并尽快建设现代环保产业园区和废弃物回收流转交换系统,以推动全市静脉产业发展。

第三,积极培育绿色消费体系。推行政府绿色采购,在社会生活中积极倡导资源节约活动和循环式消费,扩大绿色消费市场,培育新的绿色消费风尚。

第四,建立循环经济支撑体系,从法制、经济、社会生活方面推进循环经济体系的建设。如着手循环经济的法制建设,确定循环经济标准。综合运用财税、信贷、投资、价格等经济手段,引导企业和居民在生产和生活中自觉节约资源、保护生态环境。总之,通过建立全社会共同参与的循环经济社会体制,提升作为国家中心城市沈阳的经济发展质量,促进沈阳经济社会的可持续发展。

(三)建设"生态宜居之都"是充实中心城市功能、增强集聚辐射能力的切入点

从现代经济发展的角度看,中心城市是区域经济资源中心,也是生产要素集聚的中心,同时也是区域生态建设实现可持续发展的重要依托。

第一,在解放后几十年的社会主义经济建设过程中,沈阳曾经是中国的老工业基地、东北重要的经济文化中心。而在未来的发展中,要将沈阳打造成国家的中心城市,就必须将生态文明建设融入其中。因此,建设生态型区域中心城市,是实现沈阳经济社会可持续发展的必然选择。

第二,建设"生态宜居之都",将有助于提升整个沈阳的城市形象,并凭借沈阳地区的交通优势,进一步增强沈阳区域中心城市的凝聚力和辐射力。

第三,建设"生态宜居之都",需要建设与之相配套的一系列设施,由此可以吸引一大批高素质人群进入本地区,这就为进一步完善中心城市的服务功能、优化人口结构创造了条件。

第四,沈阳"生态宜居之都"的建设,在区位上具有优势,它不仅面向周

边城市，也将面向全国和东北亚地区。这就使得它不仅在整体上填补了东北大型都市生态区域的空白，又可以与沈阳经济区生态经济发展和辽宁的生态省建设形成互补，从而有效地增强沈阳市生态产业的整体实力和竞争力。

（四）建设"生态宜居之都"是提升环境质量、改善中心城市形象的必然选择

生态文明是对传统工业文明的扬弃和超越，表现为以工业化、生态化的相互融合，以推动资源节约型、环境友好型社会的发展。

首先，"生态宜居之都"建设是对传统城市发展道路的反思，是从只注重城市形象到重视城市功能再到关注城市生态和人文的转变，是从研究组成城市的一般物质要素到研究城市经济、社会、生态、人文等多元复合要素的深化，是从粗放型的城市增长观向集约型的城市可持续发展观的转变。

其次，建设"生态宜居之都"，走新型工业化道路，有利于沈阳这个老工业基地从根本上转变粗放式的经济增长方式，逐渐形成节约资源的理念，提高经济增长质量，以促进资源的永续利用；建设"生态宜居城市"也有利于本地区生态环境的保护与建设，增强区域经济的发展后劲。从而从根本上保证人口、资源与环境的和谐相处，最终实现经济社会全面、协调和可持续发展。

再次，建设"生态宜居之都"，会进一步提升沈阳的综合实力，使沈阳焕发出独特魅力。沈阳是中国著名的重工业基地，也是东北地区的经济、文化、交通、金融和商贸中心，具有经济发展的得天独厚的优势。在沈阳市这个老工业城市向可持续发展的生态城市转换的过程中，沈阳市政府在国内率先应用新的环保治理理念，积极引进新的科技成果和生产方式，力图为市民和企业发展提供更好的环境——一座生态城市，这充分显示了沈阳市政府锐意改革创新方面的勇气，以及他们所具有的远见卓识和战略眼光。建设"生态宜居之都"的实践，将会为全球生态城市的建设提供可以借鉴的经验，也将使得沈阳在生态城市建设方面成为东北地区、中国、乃至世界的典范，这将极大地提升沈阳做为国际生态城市的新形象。

（五）"生态宜居之都"是提升市民生活质量的重要体现

随着经济的日益增长和社会的不断进步，城市居民生活水平也在逐步提高。城市居民对生活的追求将从数量型转为质量型、从物质型转为精神型、从户内型转为户外型，从追求生存环境转为关注生活环境，生态休闲正在成为市民日益增长的生活需求。"生态宜居之都"的建设，恰恰可以满足

人们对良好的生活质量的需求。

目前,沈阳市的人均生产总值已接近 15 000 美元,城市人均可支配收入接近 3 600 美元,达到世界银行划分的中等收入国家和地区的水平。在这一时期,市民的物质消费支出占总支出的比重将持续下降,而与环境有关的住房、出行、休闲旅游、娱乐健身等需求将持续上升,市民对饮用水质量、空气质量、绿化水平、开敞活动空间等生态环境的要求越来越高。建设生态型城市正是适应市民消费升级的需要,提升市民生活质量的重要举措,是坚持"以人为本"为核心的科学发展观的具体实践。

第一,健康型生态居住环境是人们最迫切的需求。生态城市作为健康、安全、舒适、优美、温馨的家园的表现,其完备的基础设施和配套功能,能最大限度地满足人们对居住生活的需求,并引领人们生活方式、生存方式的潮流,引导人们按生态规律去生产、生活,提高人民生活质量。

第二,生态型城市必须是一个绿色城市。从生态学观点来讲,在城市陆地生态系统中,唯一能以自然更新的方式改造被污染的环境的因素就是绿地。同时,大面积的绿地还是城市安全格局的保障,它既可以作为城市应对突发灾害的避难场所,也可以作为城市居民休闲活动和公共交流的开敞空间。在充满绿地的城市中,粉尘得到净化,噪声得到控制,气候自然调节,水土合理保持,生态环境和谐,景色美丽动人。生活在这样的城市里,人们将精力更充沛,身体更健康,创造力更旺盛,这些必然会大大地促进经济繁荣和社会文明,使城市成为人们更加向往的地方。

因此,沈阳市在"十二五"规划中明确指出:"要在国家园林城市和生态城市建设的基础上,继续大规模推进中心城区绿化建设。继续新建一批大型公共绿地和楔型绿地,合理布局城乡绿地,消除内环线内 500 米公共绿地服务盲区;启动建设一批具有娱乐、体育、民俗功能的近郊公园;积极开展庭院绿化、墙面绿化、屋顶绿化、阳台绿化等具有上海特点的立体绿化,增加景观和生态效应;提高大型绿地之间的连通性,建立绿地之间物种交流的生态廊道。在少占用耕地的前提下提高郊区森林覆盖率。要沿山、沿河、沿路,建设大型片林、营建绿色生态走廊;要结合农村种植结构的调整发展经济林。同时,要结合郊区城镇化建设,同步推进郊区城镇的绿化建设。"

沈阳市长陈海波强调:"保护生态环境、实现绿色发展是全社会共同的责任,全市各级机关要身体力行、当好排头兵,各企事业单位也要自觉承担起保护生态环境的社会责任。希望广大市民朋友们积极行动起来,从现在做起,让低碳生活、绿色消费,成为我们的生活方式。让我们携起手来,共同践行绿色发展理念,为子孙留下更多的绿水青山,为沈阳这座城市创造更加美好的生态环境和更加美好的未来!"

再次,构建城市和谐水系是形成生态宜居城市的基本条件。水系是城市重要的功能载体、生态之魂。生态城市的水系既包括各种自然和人工水体,也包括给排水系统。它们承担着蓄雨排洪、分流下渗、补充地下水源、提供生产生活用水、生态绿化用水、废水处理回用、美化景观、缓解热岛效应等多方面的生态功能。在生态城市建设中,要着力构建城市区域水循环系统,将污水资源化循环利用和节水、节能紧密结合,实行水环境综合管理,大力提升水环境质量,构建和谐水系。特别要重视增加城市透水地表面积,就地渗蓄,减少地表径流,恢复植被,修建蓄水池塘、洼地等人工湿地。沈阳市在"十二五"规划中明确指出:加强水环境保护。重点实施浑河景观带、环城水系、蒲河生态廊道和大浑南水系等工程建设,形成"南有浑河、北有蒲河,两条生态景观河遥相呼应"的格局。继续实施主要污染物排放总量控制,加强卫工河生态化改造,深入开展辽河流域水环境综合整治,促进水质改善。严格保护饮用水源,加大水源地水质保护工程建设,全面改善城乡居民饮用水水质,保障饮用水安全。

第四,空气清新是居民生活健康的重要保障。"十二五"期间,沈阳市委,市政府决定,加强大气环境保护。重点加大电力行业和大规模集中供热锅炉的二氧化硫和氮氧化物的污染控制力度,加强污染排放企业除尘、脱硫、低氮燃烧和脱氮等污染治理设施管理。提高清洁能源使用效率,发展大型热电联产供热和集中供热,淘汰小型燃煤锅炉,治理燃煤污染。加强对施工工地的扬尘管理和一、二级以上道路湿法机械清扫,减少二次扬尘污染。加强机动车尾气污染监管和治理,鼓励推广使用低污染车型,防治机动车尾气污染。

(六)建设"生态宜居之都"是构建社会主义和谐社会的一个基本要求

首先,"生态宜居之都"不仅体现了人与人、人与社会的和谐,也体现人与自然的和谐。"人与自然和谐发展"是社会主义和谐社会的基本特征之一。在现代化建设过程中,努力建设生态文明城市,不仅能够保证人类有个舒心的生活环境与良好的生活质量,促进人与自然的和谐相处,而且能够保证人类一代一代地永续发展,实现代际公平与代际和谐。

其次,生态城市的和谐性,不仅仅反映在人与自然的关系上:人与自然共生共荣,人回归自然,贴近自然,自然融于城市,更重要的是反映在人与人的关系上。现在人类活动促进了经济增长,却没能实现人类自身的同步发展。生态城市能够营造满足人类自身进化所需的环境,充满人情味和浓郁的文化气息,拥有强有力的互帮互助的群体,富有生机与活力。生态城市不是一个用自然绿色点缀但却是僵死的人居环境,而是关心人、陶冶人的"爱的器官"。这种和谐乃是生态城市的核心内容。

再次,生态城市建设贯彻的是人与自然、人与人、人与社会相协调的生态文明观。它强调资源节约、环境友好与协调发展;它强调人与自然的相互依存、互相促进和共处共融;它强调人的自觉与自律,形成一种既满足人类自身需要又不损害自然、既满足当代人需要又不损害后代人的文化氛围和生产生活规范,这一价值观念正是科学发展观的内在要求和有机组成部分。

目前,沈阳不仅要致力于自身发展,同时作为一个国家中心城市,还要为人类和平与发展事业做出自己的积极贡献。沈阳只有走新型工业化道路,建设生态文明城市,才能建设一个和谐的社会、美丽的城市、温馨的家园。

(七)"生态宜居之都"是沈阳人民群众的共同愿望

优美宜居的生态环境,关系人民群众生活质量和健康安全,关系社会和谐稳定。随着生活水平的不断提高,广大人民群众对干净的水、清新的空气、安全的食品、优美的环境等方面的要求越来越高。建设生态沈阳,着力解决损害群众健康、影响社会稳定的突出环境问题,为人民群众创造良好的生产生活环境,是以人为本、保障和改善民生的必然要求,是为沈阳人民谋福祉的重大民生工程,是人民群众的共同愿望。

首先,生态问题是民生之本。生态环境作为人民群众生活的基本条件和社会生产的基本要素,对人的影响在总体上来说具有同一性和无差别性。它是人民群众基本生存状态的底线。拥有了良好的生态环境,才能保障人民群众基本的生存状态。生态环境保护得好,全体公民受益;生态环境遭到破环,整个社会遭殃。

保障民生离不开生态环境建设,改善民生也离不开生态环境建设。生态环境的状况和质量,直接影响着人们的生存状态,左右着社会的发展水平,并最终决定着国家和民族的兴衰成败。拥有了良好的生态环境,人民群众的生存和发展才能获得更加广阔的空间,才能在物质水平不断改善和提高的同时,充分享受到生活质量的改善,感受到精神的愉悦和满足,从而跨入更高、更良好的生活境界。

强调生态环境建设是重要民生问题,是基于对当前环境形势的准确判断和深刻认识。改革开放以来,随着生态问题的不断显现,以及对生态环境污染给生命健康造成严重威胁的深刻认识,生态问题已与就业、教育、医疗、住房等问题一样,成为一个重要的民生问题。当年,国家统计局海南调查总队对 800 户家庭开展群众最关心、最直接、最现实利益问题的专项抽样调查显示,80％以上公众认同生态污染对现代人的健康造成了很大影响39％的公众认为生态污染给本人和家人健康造成了很大影响或较大影响。近几年连续发生的生态污染事件,一次又一次地向社会发出了强烈的警告,生态保护就是民生问题。

生态问题影响着人民群众的生存与发展。生存与发展,是民生的现实需要。生态污染给人类的生存与发展带来了巨大的制约,而良好的生态环境优化了人的生存环境和发展条件。长期以来,一些地方不惜以牺牲生态环境为代价换取经济增长,企图通过高污染、高耗能的增长方式解决生存与发展问题。然而,残酷的现实带来了沉重的教训,生态环境污染不仅从根本上危害了人民群众的生存条件,使他们丧失了基本生产要素,而且制约了区域经济的可持续发展,使其陷入污染与贫穷循环的怪圈。因此,在传统的粗放型发展方式与资源环境之间尖锐冲突所产生的强烈痛楚中,人们逐渐认识到,生态建设是民生之本。

其次,生态建设关系着社会稳定与人民幸福。社会稳定与生活幸福,是民生的根本目标。生态因素和生态质量是构成人民生活幸福和社会稳定的基本要素,生态污染是对稳定与幸福的巨大危害,良好的生态环境则是维护稳定和追求幸福的重要条件。在高消耗、重污染的传统经济增长模式下,虽然一些地区的经济快速发展,但严重的生态环境污染却使人们为健康和未来忧心忡忡。"中国公众环保民生指数"报告显示,公众对环保的关注越来越集中到生态污染对人体健康和生活质量的影响上,认为生态环境问题严重威胁到生活质量的改善和人的全面发展。频繁发生的生态环境污染事故和由此引发的群体性纠纷,影响了社会稳定,从而破坏了人民群众的幸福生活。总之,对人类社会而言,失去了生态保障,就丧失了生活和发展的稳定,而没有了稳定的生活和发展,幸福也就沦为了海市蜃楼。

再次,"生态宜居之都"建设是党的执政理念的具体体现。党的执政宗旨,就是全心全意为人民服务,立党为公,执政为民。就是要更好地实现好、维护好、发展好广大人民群众的根本利益。生态问题直接关系着作为公民最根本权利的生存权,生态环境污染的"负外部性"直接威胁着公众健康乃至生命。这无疑是重大的政治问题,它关系到社会的长治久安,关系到政府的公信力,关系到国家的前途和民族的前景。当前,改革和发展进入关键时期,同时也是社会矛盾的高发期。生态环境污染已成为导致社会不公、诱发矛盾冲突的重要隐患,处理不好将严重影响社会稳定、削弱政府权威和公信力、抵消改革开放和经济社会建设取得的成果。对于这一问题,各级党委、政府必须高度重视,保持清醒认识,以最广大人民利益为生态建设工作的出发点和落脚点,关爱最广大人民,服务最广大人民,解决最广大人民最关心、最直接、最现实的生态环境问题,满足人民群众不断增长的环境质量需要。

生态建设作为重要的民生问题,不仅被历史和现实发展中的无数事实所证明,日益成为全社会的共识,而且也成为摆在我们面前的重大课题。只有从源头上控制和解决生态问题,才能有效地保障和改善民生,为全面解决民生问题打下坚实的基础。这就要求各级政府,在执政理念上,必须处理好生态治理与保障民生的关系。坚持以人为本,执政为民。将生态保护作为保障与改善民生的重要内容和紧迫需要。坚持预防为主、防治结合,集中力量先行解决人民群众反映迫切的饮用水污染、空气污染、噪声污染及土壤污染等现实环境问题,将加强生态保护,解决人民群众最关心、最直接的突出生态问题作为重要任务。要以污染减排为抓手,将确保饮水安全作为重中之重的首要任务,保障人民群众的生存和生活环境权益不受损害。

在发展思路上,必须处理好财富增长与改善民生的关系。贯彻落实科学发展观,转变发展方式,推动全面协调可持续发展,实现生态与经济的统筹协调。要致力于经济发展方式转变和产业结构调整,大力推动发展绿色经济,积极探索建设资源节约型、环境友好型社会,努力建设生态文明,通过建立和巩固有利于生态保护的生产和生活体系,促进社会财富的有效积累,实现民生改善。在服务社会上,必须处理好维护权益与发展民生的关系。要正确行使国家赋予各级地方政府管理社会公共事务的权力,通过科学规划与决策,合理有效地配置生态资源,将生态环境作为人民群众共同拥有的财富,确保广大人民群众能够依法享受生态资源及其带来的福利。要全力加强生态保护监督管理和执法管理,支持环保部门依法行政,坚决打击环境违法行为,保障人民群众的生态权益。依靠最广大人民,尊重人民群众的主体地位,充分发挥人民群众的创造性和主动性,建立健全公众参与的体制与机制,推动公众不断深入地参与环境保护,使广大人民群众能充分享受到改革开放和发展带来的成果,在优美的生态环境中生产生活,实现人的全面发展。

(八)"生态宜居之都"是沈阳实现可持续发展的必由之路

从城市生态学的意义上讲,城市是以人为主体,由经济、社会和自然环境三个子系统构成的复合生态系统。生态城市建设是基于可持续发展的资源观、效益观、消费观而提出的一种全新的可持续发展模式,强调经济、社会、自然的协调发展和整体生态化。沈阳市的"生态宜居之都"建设是改变传统发展模式和建设现代化城市的一个重要里程碑,对于实现社会、经济、环境的协调和可持续发展具有重要意义。

第一,生态文明建设是可持续发展的前提。与工业文明无限度地索取和利用资源不同,生态文明注重在合理开发利用资源、发展经济的同时建设良好的生态环境,强调现代经济社会的发展必须建立在生态系统良性循环的基础之上。生态建设蕴含着丰富的持续发展内涵,可持续发展只有在人与自然协调发展的状态中才能实现。因此,可以说生态文明是可持续发展的前提和基础。可持续发展具有两大本质内容:第一,要处理好人与自然的关系。人与自然要和谐,人对自然的索取必须与人向自然的回馈相平衡。人对自然不能只索取,要想办法回馈自然。这方面平衡了,人和自然的关系就处理好了,可持续发展要求达到的第一个目标也就实现了。第二,要处理好人与人之间的关系。所谓人与人之间的关系,主要是指伴际关系、人际关系、区际关系乃至本国家和全球利益的关系相一致,如何实现共建、共享,不能以别人的牺牲或者别人的损失作为代价来发展自己。所以可持续发展实际上是在生态文明总的方向中,代表着人类进化、成熟和理性的标志;可持续发展就是在自己的发展、进化过程中,去体现这种文明在各个方面的一种表现。

第二,生态建设是促进可持续发展的关键所在。可持续发展的要求推动了人类文化向纵深发展,催生了生态文化。生态文化强调经济效益与社会效益的有效结合、相得益彰,从整体上保证经济发展的后劲,使之有利于人类的长远发展和效益。同时,生态文化所具有的功能也必然会作用于人类的可持续发展,为可持续发展提供持续的发展动力。这种动力的产生表现为生态文化对人的思想、感情、心理、性格和行为的影响,并凝聚成精神力量,作用于人的心灵,教化人,培养人的可持续发展意识,促进人们观念的转变,激发人们自觉地投入到可持续发展的活动中去。生态文化既是可持续发展的成果,也是可持续发展的价值尺度。因此,积极发展生态文化是建设生态文明、成功实施可持续发展的关键。

第三,生态建设是推动可持续发展的重要保证。可持续发展是一种新型的社会经济模式。它对于生态问题蕴含着三个方面的意义:一是强调既要满足当代人的需要,又不危及后代人的需要的满足;既要满足本地区、本国人民的需要,又不损害其他地区人民满足其需要的能力。二是通过社会机制和科学技术,对向自然界索取的行为加以限制,以保持对环境和资源的永久利用。三是保持人类社会和自然环境之间以及人类系统内部的协调。当可持续发展成为世界性的历史选择的时候,与之相适应的必定是一种新型的社会发展形态——生态社会。社会的可持续发展离不开生态社会建设的支撑,生态社会为可持续发展提供精神和物质动力,生态社会的形成和发展必将从思想上和实践上促进可持续发展的真正实现。

第四,生态建设是实现可持续发展的必然选择。可持续发展归根到底是人本身的可持续发展,是社会公众的可持续发展。人类自身文化素质的提高是可持续发展的关键所在。要想从根本上改善目前生态环境日益恶化的不良状况,形成可持续发展局面,关键是要使广大决策者、管理者和群众从只注重经济效益、物质消费的"经济人"变为"生态人",只有当人们不仅从文化层面上接纳可持续发展的概念,而且也从实践层面上践行生态文明观时,可持续发展才能真正扎下根来,成为人类共同的信念和价值取向,进而转变为人的自觉行为。"十二五"期间,沈阳大力发展生态科学技术,打造"生态宜居之都",这是突破沈阳经济发展中的资源、环境瓶颈,实现可持续发展的必然选择。

四、沈阳经济区生态城市建设的新举措

早在 2004 年沈阳经济区各市就推进经济区范围内生态环境保护与建设的一体化进程,推进沈阳经济区范围内生态环境保护与建设跨区域合作,推进辽河、浑河流域内环境保护与生态建设的统一规划、同步行动,推动区域生态环境的同步改善,制定了系统的行动章程和战略部署,建立了区域生态合作机制,明确了环境保护与生态建设区域合作的主题。10 年来区域生态合作取得了长足的进步和发展。

(一)沈阳市生态城市建设巡礼

近年来,沈阳市在振兴发展经济的同时,一直在探寻一条可持续发展之路,大规模推动生态环境建设,不断提升空气质量、污水治理等方面的能力,使城市面貌发生很大变化,成功登上综合实力百强城市排名的前十位,并先后获得国家环保模范城市和国家森林城市的称号。在这个良好的趋势和发展基础上,沈阳市政府再接再厉,提出五年内进入国家生态市行列的奋斗目标。"十二五"期间,"绿色"将成为沈阳市经济社会发展的主色调。沈阳从2008 年 10 月便启动了规划前期准备工作,目前,沈阳市发改委已经形成全市"十二五"时期经济社会发展的基本思路,初步提出保持经济又好又快发展、促进空间与产业融合、促进城乡统筹发展、推动生态市建设、加强基础设施建设、着力保障和改善民生等 6 项重点任务。沈阳市发改委主任彭林表示,"十二五"规划将体现经济效益、社会效益和生态效益的统一,按照发展生态经济、循环经济、绿色经济、低碳经济的新理念、新要求,进一步充实和更新沈阳生态城市建设目标体系,确保"十二五"期间,沈阳能够实现创建生态城市的目标,并成为全国环境建设样板城。

1. 创新开发建设体制机制，以生态、低碳、环保为理念，全面启动浑南新城建设

在沈阳人的母亲河——浑河南岸，一座国际化、现代化的新区正拔地而起。浑河之南，57 平方公里的浑南新城，600 平方公里的浑南新区，正在书写着新中心崛起的伟大传奇。浑南新城规划公共绿地面积 11.9 平方公里，公共绿地率 21.8%（绿化覆盖率达 50% 以上）。绿化格局为"两河、三公园和道路绿化"，即沈抚运河绿化景观带和白塔河绿化景观带；莫子山公园、中央公园、白塔公园；一环一网的道路绿化。两河计划 2012 年 7 月通水，三公园计划 2012 年 10 月 1 日开园，17 条主要道路绿化，经过建设者的努力，已全部完成。高标准规划建设的中央公园、白塔公园和莫子山公园，已经成为浑南新区打造园林都市的代表作。作为沈阳科学发展示范的"新区"，浑南新区成功地破解了城市化深处最深刻的民生难题。在"大浑南"发展的两年多时间里，沈阳人通过国际级策划，高标准启动，大手笔投入，推动新区向生态城市、宜居城市、幸福城市的深度"蝶变"。

在浑南新城的建设中，沈阳人以其特有的聪明才智、创新精神和理想情怀，打造出了一个集生态、人文与一体，现代与未来于一城的宜居之都。通过引入现代高科技建造生态城市的模式，实现完备的城市基础设施系统与组团功能的高效耦合，体现出城、水、湖、林、人和谐共融的现代文明追求。

在对浑南新城进行的城区升级改造中，修建了总长度约 27 公里的白塔堡河、沈抚灌渠两道水系，在浑南新区开发出了"两河两廊"的城市景观，使得两川融融，盘旋新区，实现了山水城林融为一体的园林城市目标。在浑南新区的东端有七彩森林，沈抚新城用红、黄、紫、粉、绿、白等七种色调的植物装扮街道两侧，修筑起生机盎然的森林线，由此，沈抚新城被定义为七彩画卷城市；在浑南新区的南端则有全国罕见的中央公园。浑南新区大力发展新兴产业和低碳经济，搭建起了环保低碳的能源线，破解了北方城市新能源发展的瓶颈。在能源利用方面，浑南新区的目标是实现居民区、商场和服务设施等全部依靠太阳能解决发电问题，供热则采用地源热泵技术，小区和商业设施内部实现污水的自我循环净化。可以想象得到：广泛应用太阳能发电，大量采用地源热泵供热技术，不断提高污水的自我循环净化，未来的这里将是没有电线、没有锅炉、没有拥堵的民生城区，生态的、宜居的、人文的、现代的、国际的城市。浑南新区将被建设成为一座空气清新、四季如画的绿色之城。

2. 沈北新区——蒲河岸边的生态明珠

沈北新区是沈阳重点推进的四大发展空间之一,是综合配套改革的试验区、新型产业的集聚区、生态市建设的先行区、和谐社会的示范区。按照沈阳市委、市政府做出的"在沈阳北部再造一座'生态沈阳城'"的战略部署,沈北新区以创新为动力,以生态为品牌,科学规划发展空间,坚持生态立区,统筹实施水利、绿化、治污三大工程,加快推进沈北蒲河生态廊道建设,全力打造生态之河、文化之河、经济之河,实现了"三年任务两年完",使蒲河生态廊道成为沈北城市发展的靓丽名片。

蒲河生态经济带紧邻母城,是沈阳做大中心城市的重要空间,全长 205公里的蒲河,流经沈北 33.2 公里,由东向西贯穿蒲河新城全域,在全市构筑的组团式发展格局中处于承上启下的战略地位。沈北新区建设蒲河经济带不仅率先推动了北部区域产业加快发展,而且形成了更为完整的城市化生态经济体系。如今漫步在蒲河岸边,两旁树木错落有致、婀娜多姿,河水缓缓流淌、碧波荡漾,一群群水鸟在栖息嬉戏,来此游览的市民或在岸边垂钓,或用相机定格美景。沈北之美看蒲河,在沈阳,人们一提起蒲河,总会第一时间想到沈北。这是因为,沈阳市的蒲河生态廊道建设工程最早是在沈北启动的。曾经污泥淤堵的蒲河最早在沈北新区实现了水清、花香、草碧、鸟栖息。

早在 2009 年沈北新区就按照市委市政府"把蒲河打造成生态之河、经济之河、文化之河"的总体部署,大气魄、大手笔地推进蒲河生态廊道建设。投资近 50 个亿,举全区之力,高标准编制规划,大手笔实施建设,不断放大"蒲河效应"。沈北蒲河生态经济带迅速崛起,并以惊人的速度向世人展示其独特的魅力,成为东北振兴的沈阳典范,初步实现了蒲河全域生态化、景观化,城镇化、产业化规模。

目前,沈北新区蒲河经济带已经实现了全域化生态治理,生态环境得到了极大改善。同时,投资洼地效应显现,城市吸引力和竞争力也得到了全面提升,两岸土地价值持续攀升,包括企业总部基地、南京雨润、华强城等一大批大项目、好项目加速向蒲河两岸聚集,人流、物流、资金流竞相涌入新区。现在蒲河生态经济带内共有项目 393 个,计划总投资 4430 亿元,沿河形成了生态居住、商贸商务、休闲旅游、文化创意等产业为重点的现代服务业产业带,蒲河已经成为拉动沈阳经济社会高速发展的新引擎。

以水为伴,沿河而居是人类发展的普遍规律。大力发展滨河经济更是各个城市发展战略的优先选择,随着城市化的发展,沈阳已经迈入蒲河时代。沈北新区历时 3 年进行蒲河生态廊道建设,全面实施了水利、绿化、道桥、污水处理、文化等几大工程,完成蒲河干流河道疏浚拓宽 33.2 公里,建湖泊 7 座、湿地 2 处、拦蓄水建筑物 10 座;绿化 1 000 万平方米;建滨河路 66 公里、交通桥 16 座;建污水处理厂 6 座、污水截流干管 18.8 公里;建文化休闲广场 6 处,动迁村屯 27 个……那条河床窄深、汛期洪水泛滥、水污染严重、垃圾堵塞河道的蒲河一去不返,蒲河的水变清了,岸变绿了,景色变美了,人气旺了,引来无数游览的市民,引来更多的投资商贾,为沈北蒲河生态经济带的全面崛起奠定了坚实基础。

蒲河的生态环境之所以如此的美好,6 座日处理能力 11 万吨的污水处理厂自然是功不可没的。城市和企业污水全部截流进干管,送至污水处理厂统一处理,处理后的水质能达到一级 A 标准,达标排放。同时,沈北也采取植物净水措施,聘请知名专家指导建设凤眼莲围栏 30 个,美人蕉浮排 140 个,形成植物浮岛 50 个,近万平米,并种植近 13 万平方米十余种水生植物(千屈菜、芦苇、香蒲、荷花、水葱、泽泻、溪荪鸢尾等),形成了水生态与景观和谐自然的生态系统。

七星湖的修建对蒲河的生态建设起到了画龙点睛的作用。因为是按照北斗七星的星位进行建设的,所以七座湖泊又被合称为七星湖,湖泊的名字自上而下分别为:春晓、夏花、秋月、冬雪、天乾、地坤、人杰,分别被建设者赋予了希望、蓬勃、收获、祥和、勇气、厚德载物和智慧的寓意。七星湖,犹如七颗光彩照人的明珠镶嵌在蒲河两岸,表达着对沈北这片土地的美好祝愿。

如今蒲河两岸杂草丛生,垃圾成堆的乱象不复存在。沿着蒲河一路蜿蜒而来,河道两岸分布着 100 多米宽的绿化带,大绿量、大色调,总绿化面积达到 10 平方公里,栽植品种有 140 多种,乔木以本地的"杨、柳、榆、槐"等乡土树种为主,配合花草灌木以及水生植物。立体错落的栽植,呈现着大气之美。杨树笔直、柳枝婀娜、榆钱串串、槐花飘香,松柏常青,这些熟悉亲切的树木尽显着大沈北的气韵。春夏秋三季,或粉或白或红或紫的花儿一拨一拨地盛开,阵阵花香令人心旷神怡,整条蒲河变身成为一座生态、自然的绿色长廊公园。现在,春夏时分还会有大群大群的迁徙水鸟在湿地停歇、落脚、嬉戏。游蒲河已成为很多人来沈北观光必选的项目,蒲河已成为沈北的另一张生态名片。

良好的生态环境成为蒲河经济带迅速崛起的最大助力,一大批大项目、好项目向蒲河两岸聚集,人流、物流、资金流竞相涌入新区。目前,沈北蒲河两岸已落地重大项目 20 多个,其中包括市民服务中心、被誉为中国版"迪士尼"的方特欢乐世界、盛京医院、永盛温泉、彩食坊、东北企业总部基地、沙溪酒店办公用品市场、荣盛五星级酒店、香港置地地产、雅居乐地产、长春亚泰、中铁置业、奥特莱斯地产等,总投资额达 700 多亿元。

如今,沈北新区蒲河沿线已基本形成了以农产品精深加工及生物制药、光电信息、文化创意、商贸旅游服务四大主导产业。目前,新区拥有农产品深加工企业220余家,其中包括中粮集团、百事可乐等世界500强企业7家,截至2011年,新区农产品精深加工及生物制药产业集群实现产值超过500亿元,占全市半壁江山,成为了全国最大的农产品深加工基地。在光电信息及先进制造业方面,新区已拥有以手机为代表的光电信息及先进制造企业190余家,2011年,新区手机(光电信息)及先进制造产业集群实现产值超过300亿元。在文化创意产业,沈阳123创意产业园已全面投入运行,引入艺术创作、工业设计、动漫影视等各类创意机构40余家,成为东北最大的创意产业聚集区。在商贸旅游服务产业,华强方特欢乐世界正式开园营业,成为沈阳市现代体验式旅游的新焦点,紫烟薰衣草庄园、稻田画、怪坡虎园不断吸引沈阳市民,总部基地、联东U谷等多家知名总部经济开发项目进驻新区。

此外,沿河规划的沈北中央商务区和蒲河生态智慧岛等板块欣欣向荣,正呈现出迅猛增长的势头。其中,占地300平方公里的蒲河生态智慧岛的建设格外引人关注。它位于蒲河大道北侧、虎石台大街两侧,规划面积40平方公里,核心区规划面积10平方公里。生态智慧岛瞄准智力密集型产业,着力打造辽宁农业科技园、沈铁城际连接带智能产业聚集区。同时将建设占地面积60公顷的农业研发区、44公顷的软件研发区、37公顷的文化创意区、35公顷的商业中心区、25公顷的运动休闲区和占地面积21公顷的智慧大厦,目标是在"十二五"期间发展成为沈阳经济区的科技创新及应用示范区、高端生态产业的集聚区、生态环保节能的样板区、持续健康生活的推广区。

今天的蒲河两岸已经成为沈北新区资源最为密集、生态最为优越、活力最为旺盛、潜力最为巨大的地区,经济总量占全区的80%以上,重大项目占全区的90%以上。沈北新区真正形成了以蒲河生态廊道为依托的城市发展格局。

蒲河生态廊道的新兴产业化发展现在已全面开花,实现了跨越式发展,这也极大地推动了就业,提高了人民的生活水平,拉动了沈北经济的快速发展,形成了和谐稳定的生活环境,而蒲河沿岸也已成为沈北人安居乐业的黄金走廊。

3. 打造沈抚绿色走廊

沈抚连接带地处沈阳、抚顺交界,总规划面积605.34平方公里,其中,沈阳市335.54平方公里,由棋盘山国际风景旅游开发区203平方公里和东陵区 132.54 平方公里组成;抚顺市 258.8 平方公里,由开发区 118 平方公里和抚顺县、顺城区、望花区等部分区域 140.8 平方公里组成;浑河水域 11 平方公里。

按照辽宁省政府批准的《沈抚连接带总体发展概念规划》要求,沈抚新城正逐步形成"一带三区"空间布局。沿浑河两岸构建滨河生态景观带;核心区占地 10 平方公里,建成实力雄厚的商务中心、金融中心、科技创新和现代物流中心;产业区占地 20 平方公里,建设"抚顺国家先进能源装备高新技术产业化基地",提升重型装备及配件产业、石化电力装备产业、煤矿安全装备产业、汽车零部件产业等的集群竞争力;生态旅游区占地 30 平方公里,依托沈阳棋盘山风景区旅游资源,打造沈抚城际旅游黄金线路。

经过 3～5 年的发展,这里将建成一个地区人口计划达到 70 万人,项目投资累计达到 1 000 亿元,生产总值 350 亿元,工业总产值 1 000 亿元的功能完善,宜居、宜商、宜业的生态新城。

沈抚连接带未来将形成"一核三区、一带两廊、多中心网络"的总体空间格局,其中"一核"即沈抚连接带核心区,也就是"沈抚新城",位于沈抚都市走廊的中心,横跨浑河。在核心区中心位置将建一个大型生态体育公园。"三区"即生态旅游区、生态工业区、生态农业区。"一带"就是混合生态人文景观带,自西向东划分为生态游憩区、文化休闲区、休闲运动区和生态科普区。"两廊"是贯穿连接带南北的两条主要生态廊道,将北部生态区和南部生产区融为一体。"多中心网络"是按照功能明确、等级有序的网络式拓展模式,进行规划布局。突出生态建设和环境保护是有山有水有城区的沈抚新城一个显著特点,浑河景观带、棋盘山地区将构成该地区良好的自然景色,使得这里成为宜居的发展区域。

沈抚新城建设秉承生态城市的构建理念,将围绕核心区分别依托棋盘山风景旅游资源、高新区政策优势、传统农业生态产业,构建生态旅游区、生态工业区与生态农业区。以浑河为主轴打造浑河生态人文景观带。依托地区自然河流水系以及南北向道路打造贯穿连接带区域的两条生态廊道,将北部生态区域和南部产业区融为一个整体,整合交通、生态、产业与城市发展,带动连接带南北纵深区域高效率发展。同时,根据城镇体系发展的要求,在外围地区建立新型的城乡统筹生态发展模式,规划功能明确、等级有序的网络式拓展模式,实现新型的城乡统筹生态发展模式。

浑河作为连接沈阳、抚顺两市的复合功能廊道,是生态文明建设的基础。浑河景观带位于沈抚连接带中心,是未来新城城市结构的生态核心。景观带的规划定位是进一步发掘浑河的生态价值,为沈阳抚顺两市及其周边地区打造完善的生态基础设施,改善生态环境,为该区域提供商务休闲场所,为市民提供休憩空间,提升城市形象,促进当地经济发展。景观带在保证河流行洪功能的前提下,通过提升浑河水体沿线的景观、旅游、教育功能,以"两种基底、四条流线、延续文脉、一串景观盒"的理念将浑河景观带自西向东划分为生态游憩区、文化休闲区、体育运动区与生态科普区四大功能片区,从而将功能与生态有机结合,实现有序与可持续的发展。

(二)鞍山的生态城市建设成果显著

近年来,鞍山市在大力发展经济,加速城市建设的过程中,将城市建设的重点放在改善城市生态环境上,并将此作为提高城市整体竞争力的核心,着力解决城市建设和环境保护中存在的问题,以更快的速度形成可持续发展的生态环境。鞍山是传统的重工业城市,经过几十年的建设,现在面临着巨大的资源压力、生态压力、环境压力,这些都是鞍山在发展中必须要重点解决的难题。为此,鞍山市提出了转变经济增长方式,建设生态城市的战略目标。

1. 大力发展循环经济

按照"减量化、再利用、资源化"原则,根据鞍山这个资源型城市和产业结构的特点,在资源开采、生产消耗、废物产生和消费等环节,逐步建立起资源循环利用体系,以更好地节能降耗。开发、推广资源替代技术和循环利用技术,加快企业的技术改造,建设一批循环经济型企业。积极支持把鞍钢建设成国家级循环经济示范型企业,争取在冶金、建材、纺织等行业建立国家及省级循环经济试点企业。完善再生资源回收利用体系,推进废旧金属的再生利用、废旧家电及其他电子产品的回收利用。加快高炉煤气综合利用、城市污水处理、集中供热等一批项目建设。到2010年,使工业用水重复利用率达到90%以上,工业固体废物综合处置利用率达到90%。

2. 搞好资源的综合开发和节约利用

近些年来,鞍山市在经济发展中,始终坚持着科学规划、合理开采、节约资源、保护环境的原则,以提高资源利用效率,确保资源的合理开发和利用。首先在矿产资源的开发和使用中,严格按照法律法规和规划的规定,执行矿产资源开发的准入条件,对矿产资源的勘查、开发进行统一的规划和管理,同时,在矿山开发和开采的过程中,建立健全矿产资源有偿使用制度和矿山环境恢复补偿机制。到2010年,鞍钢的普通矿产采矿回采率已达到了85%~95%;大型铁矿选矿回收率中,磁选达到了93%,浮选也达到了80%;岫玉和饰面理石矿回采率为90%。其次,在水资源的使用方面,加强对水资源的统一管理,统筹生活、生产、生态用水,加大对公共建筑、生活小区、住宅节水设施及中水回用设施的建设。在土地资源方面,严格土地审批和管理制度,不断优化土地利用结构,促进该地区土地的节约和集约使用。在能源使用上,不断加大节能力度,在能源的节约和高效利用方面加强政策导向,大力开发、推广节能技术,淘汰高耗能的工艺、设备和技术,将节能工作的重点放在重点耗能行业,如钢铁、采掘、电力、化工、建材等,以及年耗能万吨标准煤以上的企业。到 2010 年,鞍钢和地方企业万元产值综合能耗分别下降了 18% 和 27%。

3. 加强环境治理

近些年来,鞍山市不断加大执法力度,提高监管能力,加强控制污染物的排放总量,同时,实施排污许可证、环境影响评价等环境管理制度,以全面改善城乡环境。如,对重点污染企业实行强制清洁生产审核制度,搬迁改造中心城区的污染企业;建设鞍钢蒸汽燃气联合发电机组;不断加大对流经市内的三条河流的治理力度,完善城市污水处理设施;增强对城市烟尘、粉尘和细颗粒物的治理力度。总之,通过实施一系列的治理污染、保护环境和生态治理等项目,鞍山市建设了一批废水、废气零排放示范工程。重点解决了影响经济社会发展,特别是严重危害人民健康的大气污染、固体废弃物和噪声污染等突出问题。

4. 积极推进生态环境的保护和建设

在城市建设过程中,鞍山市形成了自己的城市建设目标——生态园林城市。由此,他们构建了一个"多层次、多功能、立体化、网络式"的生态体系,形成了山水型园林城市的基本构架。其重点是建立"两河一湖"和"一环两纵"的生态走廊,其具体内容为:加快城区北部南沙河和城区南部杨柳河的治理,建成河畔公园和湿地,为"二一九"湖蓄积水源;保护东山风景区的绿色植被,严禁蚕食景区山体;建设环城绿色通道,加大美化千山路和胜利路绿化,建成两条绿色大通道。到 2010 年,鞍山市的生态环境基本上达到省内一流水平,实现了创造优美、和谐、宜人的居住环境的目标。在建设生态城市的过程中,鞍山市也逐渐形成了以保护森林植被为主体的生态安全体系,并且逐步建立起了生态补偿机制。以保障生态系统的安全。按照"谁开发谁保护、谁破坏谁恢复、谁受益谁补偿"的原则,加强治理资源开发中破坏生态环境的行为。如对市区周边及鞍山市所辖的海城市、岫岩县,以矿山生态恢复为重点,通过加大对小采(选)矿的综合整治,推进恢复退役矿山的植被等措施,巩固了矿山生态恢复的治理成果。在城区的东部,随着小流域治理及沙化土地改造工程的实施,东部山区沙化山地和植被质量较差的状况得到了改善。同时对于城市西部由于荒漠化而引发的生态脆弱地区的改造也取得了明显效果。截至 2007 年,鞍山市已经进入国家环保模范城市行列。2010 年,鞍山市在生态恢复面积、城市绿化覆盖率、城市人均公共绿地面积和城市林木总量等方面,均已达到或超过了国家园林城市标准。(参见"鞍山市十二五规划纲要")

经过多年的改造,鞍山的生态环境发生了翻天覆地的变化。矿山变成了公园,清流取代了污水,蓝天也取代了雾霾。一个崭新的鞍山呈现在人们的面前。当然这个过程是艰苦的,鞍山人民为此付出了巨大的努力。

众所周知,鞍山是一个资源型城市,它有着百年矿业开采和钢铁冶炼的历史,矿业在该地区的经济发展中,有着举足轻重的作用。鞍山的矿产资源经过了近百年大规模的开采和高强度的利用,在为社会、为国家创造出巨大财富的同时,也给该地区的生态环境带来了难以想象的破坏。曾经秀美的群山,满目疮痍。采矿带来的矿山粉尘,遮蔽了阳光,也成为了当地环境的主要污染源,同时采矿也使得该地区的水土大量流失。面对着严峻的现实,鞍山市委、市政府提出"既要金山银山,又要绿水青山"口号,并把"保护地质环境、建设绿色生态钢都"做为了政府的工作目标。为此,鞍山市千方百计筹措资金,着手对矿山地质环境进行大规模的治理和修复。随着这项整治工作的推进,矿山逐渐恢复了青山的原貌,城市也逐渐地变成了公园。

在对开采矿山治理修复的过程中,鞍山市严格按照《辽宁省"青山工程"矿山地质环境治理实施方案》的新要求,根据本地区的实际情况,编制了矿山植被恢复治理的专项规划,除要求该地区的矿山企业参与本矿山地质环境恢复治理工作外,还规范了矿山地质环境恢复和治理的重点内容:高速公路和铁路两侧界外,横穿鞍山市的沈大高速公路、铁路,丹海高速公路,以及海岫铁路两侧界外可视范围内的矿山和破损山体。到目前为止,全市共筹措资金 6.3 亿元,其中各级政府投资 3.1 亿元,矿山企业投资 3.2 亿元,已完成投资 5.2 亿元,矿山植被恢复面积已达 28 平方公里,占同期可恢复面积的 86％以上,种植果树和乔、灌木 1 500 多万株。由矿山开采而引发的地质灾害现象基本上得到了遏制,生态环境明显好转。

万水河、运粮河、杨柳河是贯穿鞍山市的 3 条河流。长期以来,在发展经济的过程中,由于工业废水和生活污水的肆意排放,河水已经丧失了原有的水体功能,成为城市的排污口。近 10 年来,在环保、水利、城建、综合执法等多个部门的共同努力下,这三条河的河道环境、沿岸的人居环境得到极大改善。杨柳河、万水河这两条昔日的"红河",已悄然变成了城市的"绿带"。在改善水环境的同时,鞍山市也在大力推进城区水系景观工程和水系公园的工程建设。而且已经取得了阶段性的成果。目前,在万水河大孤山段已建成了一个湿地公园,规划在其下再建激光河公园、万水河公园;规划在万水河七号桥到千山正门之间,修建8个公园;运粮河的上游是著名的二一九公园,其下游的运粮湖正在改造中;杨柳河下游的湿地公园已经启动,上游的凤凰湖中央公园也已在建。

作为一个历史悠久的重工业城市,工业废气的排放也是鞍山曾经面临的一个严峻问题。那时的鞍山蓝天难觅,天空基本上笼罩在雾霾之中,空气质量越来越差。"十二五"之后,鞍山市通过大规模的投入,下大力气进行治理,以期全面解决鞍山市主城区面临的空气污染问题。截至目前,共投资188亿元,启动了313个环保项目。其中的"气化鞍山"工程,即机动车的气化工程,涉及到全部的公共交通,其具体内容是:城区新增和更新的公交车,将全部采用天然气等新能源汽车;新增和更新出租车,也将全部采用双燃料。而现有的具备改气条件的公交车、出租车,年底前将全部完成改造。如果蓝天工程全部实施,将会削减二氧化硫排放量3.86万吨、氮氧化物排放量1.5万吨、工业烟粉尘排放量3.32万吨。鞍山的主要污染大户是鞍钢。为此,鞍钢制订了《鞍钢集团公司蓝天工程实施方案》,计划总投资71亿元,实施68个项目,能够削减二氧化硫排放量2.63万吨、氮氧化物排放量0.58万吨、工业烟粉尘排放量1.6万吨。与此同时,鞍山还积极开展了大气环境综合整治工作,形成了由18个成员单位联合行动、各司其职、分片负责、集中整治的工作机制,狠抓扬尘污染的综合整治。这一方面在很大程度上改善了市区的空气环境质量,另一方面,也使得文明施工、规范作业,逐渐成为了企业的一种自觉行动,其结果是企业抑制各类扬尘源的措施日趋完善。

2009年,鞍山市正式地向国家相关部门提出了要"打造森林城市,建设绿色家园"。之后,鞍山市以"让森林走进城市,让城市拥抱森林"为宗旨,在全市范围内,以点、线、面相结合的形式,开始全面推进城市的绿化工作。他们把提高城市的绿化档次、绿化水平作为工作的重点,先后新建了双潭公园、劳动公园、矿工路公园、营城路公园;改造了孟泰公园、永乐公园、人民公园、湖南公园、二一九公园、烈士山公园、静湖公园等,完成的建设面积达59万平方米之多;大规模进行街旁绿地建设,建成了以道路园林景观为主的街头绿地200余处,绿化面积160万平方米;改造精品小区近190个,面积达42万平方米;逐年更新行道树,完成了园林大道、解放路、千山路等100多条城市主次干道的道路绿化改造任务,并引进栽植了一些观赏性强且档次较高的树种,如灯台树、梓树、黑松、冷杉、云杉、栾树、暴马丁香等。2012年7月,鞍山荣获国家森林城市称号。历经3年多的森林城市创建,鞍山森林覆盖率已达到 46.4%,建成区绿地率达 37.9%,绿化覆盖率 38.5%,人均公园绿地面积 10.4 平方米,水岸绿化率 85%,道路绿化率 87.5%。建设美丽鞍山,保护蓝天碧水,实现经济与环境和谐发展、经济与社会永续发展,打造一个自然和谐的优美环境,已经成为鞍山人的美好追求。(参见徐天宇"鞍山改善城市生态环境建设成效显著"鞍山日报 2013 年 8 月 29 日)

(三)抚顺绿色生态城市建设取得新进展

抚顺市在生态城市建设中,围绕着优化人居环境,建设宜居城市的目标,开拓了一条城市发展的新路子,即将经济发展与生态建设紧密融合,努力把抚顺市建设成自然环境与人工环境相融合、城乡生态环境协调发展、人与自然和谐相处、生态环境优越,并具有山水魅力的宜居、宜商、宜业、宜学、宜游的生态型城市。

1. 创建国家森林城市,构筑城市绿化体系

抚顺市林业资源丰富,森林覆盖率达 66.2%。现有森林面积 1 114 万亩,森林蓄积量达 6 510 万立方米,是辽宁省的林业大市,也是国家现代林业建设示范市。2010 年,抚顺市委、市政府提出创建国家森林城市的设想,为此,计划投入资金 27.5 亿元,其中用于城市绿化的资金为 25.9 亿元,用于农村绿化的资金 1.6 亿元,并先后启动了人民广场、浑河北岸带状公园、浑河南路景观绿化、城市东西出口绿化和秋冬季农村植树造林等工程,在城区栽植大树近 60 万株,农村植树造林 10 万亩,形成了以环城林带为屏障,以道路、河岸绿带网络为支撑,以工业废弃土地和城内园林绿地为依托,以小区庭院绿化为点缀的点、线、面的多层次林木植被体系。实现了"林在城中"、"人在林中"的城市生态环境目标。在城市环境建设中,重点则是美化城市环境,体现城市的休闲特点和功能,为此,重点改造了高尔山公园、儿童公园、新屯公园和劳动公园;改造并建设了市政府广场、体育中心广场等。

现在,抚顺市创建森林城市的各项工程仍在顺利进行之中:已完成了环城林带的一、二、三、四期工程,累计实现了荒山造林 22.9 万亩。2011 年完成了造林绿化 1.4 万亩。全市 625 个行政村的绿化美化全部达标。投资 1亿元,恢复了矿山植被 8 000 亩;截至目前,抚顺市绿化累计投资 5.6 亿元,全市绿化植树 98.5 万株,已超过了年计划 40.71%,超额完成任务。植树成活率达到 98%,新增绿地面积 95 公顷,新建、改造游园绿地 36 处,新增公园绿地面积达 81 公顷。通过培育和发展森林资源,预计到 2015 年,全市森林面积将增加到 1 180 万亩,森林蓄积量增加到 7 500 万立方米,森林覆盖率提高到 70%,林木绿化率提高到 72.8%。

2. 打造生态水系,改善浑河流域生态环境

抚顺市拥有充沛的水力资源,其水资源占全省总量的 1/10,坐落在抚顺的大伙房水库为超过全省一半以上的城市人口提供饮用水,而浑河这条被抚顺人称为"母亲河"的大河穿城而过。但受传统发展观的影响,长期以来的重经济发展轻环境保护的行为,使得抚顺市在环境保护方面发展的速度,远远落后于其经济发展的速度,其结果是贯穿于抚顺的浑河水质每况愈下,水体污染日益严重,浑河的水质仅为国家劣五类标准。为了彻底地改变浑河的污染状况,抚顺市在各个方面加强了对浑河流域内植被、水质和生态的保护,严禁采伐森林,防止对水源涵养地生态环境的破坏。在完成了对浑河的两条支流抚西河和海新河治理的基础上,加快了对浑河城市段支流将军河、古城子河、章党河、东洲河、李石河等的治理。在"十一五"时期,完成了浑河各支流水体达到水功能区划要求,浑河城市段和出市口的水体达到国家四类标准的目标。浑河城市段建设的重点是沿河两岸的绿化和美化,以形成城市绿色景观带。现在,抚顺市又开始在浑河两岸按照"水清、岸绿、景美、通畅"的标准,对浑河进行全方位、高标准的综合整治和景观建设。整治的重点是清理河道,改造堤坝,提高水质,而景观建设则是强调"五点一线",建设从天湖大桥至葛布桥全长 13.8 公里的滨河北岸带状公园,章党大桥至天湖大桥全长 8 公里的浑河两岸滩涂公园,在交通方面,争取打通滨河城市段全线的道路,使得城市居民可以在滨河路的各个角落、一览无余地观赏浑河两岸的风光,实现抚顺人"不出闹市而得山水之怡"的梦想。目前,浑河北岸十里滨水公园、浑河南岸带状公园、东洲河滩公园、城东三期浑河滩地公园等已相继建成。到"十二五"期末,浑河沿岸将被建成为一条集休闲、环境教育、文化展示和容纳城市文化、体育功能为一体的绿色生态廊道。

抚顺市是辽宁省重要的水源地大伙房水库的所在地。为了提高水库的蓄水能力,改善水库的水质,延长水库的使用寿命,改善野生动物栖息地的环境,抚顺市政府于 2010 年 5 月,提出了一个大胆构想:用 8 年的时间,将大伙房水库的集水区和汇水区建为国家湿地公园——大伙房国家湿地公园。该湿地公园位于抚顺市浑河、苏子河河口地区,占地面积约 3 000 公顷。计划通过在大伙房水库库塘湿地大量栽植水生及湿地植物等措施,恢复湿地植被面积 1.2 万亩。如果该湿地公园能够如期建成,将既是抚顺市的第一个湿地保护类型公园,也将会成为辽宁省内重要的水禽栖息地。同年 7 月,辽宁省林业厅组成专家组,对该地区进行了实地勘查。专家们认为建立湿地公园,对保护区域内湿地生态功能的多样性、生态系统的完整性具有重要意义,对保障省内 7 城市饮用水的供给和水质安全也非常必要。到

本项目建设期末,抚顺市湿地保护工作就会进入基本的工程化、有序化和规范化管理发展阶段。

3. 加快矿区生态治理,加强工业污染的防治

严格矿业准入制度,加大对矿山开采的监管力度,防治矿山开采给环境带来新的破坏。根据"一区一坑三场"所在的位置及地质、土壤条件、排弃物风化程度,建设生态防护绿地、生态风景林、绿色农业示范基地、城市森林公园和工业园区。对采煤沉陷区则以生态环境恢复治理、土地整理为主线,将其建成集森林、绿地、湖泊、湿地为一体的生态观光场所。对三个排土场按近期、远期分批规划,进行土地整理,建设生态产业园区和工业园区。抓紧对西露天矿坑的滑坡治理,制订西露天矿停采后的利用和防护方案。全力做好国家地质灾害综合治理试点市的工作,重点实施采沉区搬迁、西露天矿滑移区(北帮)搬迁、环境治理与生态恢复、灾害影响区基础设施恢复等四大治理工程。计划到 2015 年,能够基本解决搬迁安置和补偿问题,完成面积为 53.5 平方公里的环境治理与生态恢复目标,完成城市森林和湿地公园的建设。

遵循"减量化、再利用、资源化"的原则,通过强化环保措施,大力推行清洁生产;对于高消耗、高污染、高耗能的产业和产品,实行严格限制,全面实施节约战略。加强对能源、原材料、水资源等的管理,通过各种措施防治工业生产对水资源和大气的污染,如,通过对工业废水的过滤循环,力争在企业内部实现污水治理及循环利用,以提高企业自身处理污水的能力,最大限度地减少污水排放。优化能源结构,通过为企业集中提供生产所需的热能,迁移高污染企业,减少了城市内的烟尘污染,净化了市区空气。进一步推进居民冬季的集中供热工作,完成对小锅炉改造。通过这些措施,加大了对空气污染源的治理力度,城市环境空气质量达到国家二级标准的天数已超过了 300 天。在污水处理方面,新建了海城污水处理厂,日处理污水 10 万吨;高新区污水处理厂,日处理污水 5 万吨;扩建了三宝屯污水处理厂,日处理污水能力由 25 万吨提高至 40 万吨;改造了海新河污水处理厂,日处理污水 6 万吨。建设了日处理 20 万吨废水的中水回用系统。同时,还建成了城市污水和雨水的分流系统。实现了城市污水的 100% 处理率。对于城市垃圾,也逐步实现了集中化处理,如新建了年处理垃圾 50 万吨的西部垃圾无害化处理工厂,新建了青草沟等 5 座生活垃圾中转站,每座生活垃圾中转站每日可处理生活垃圾 350 吨。这些举措在一定程度上遏制了生态恶化的趋势,使得抚顺地区的可持续发展得以实现。

（四）本溪市倾力打造沈阳经济区的生态园林

本溪与沈阳在经济上有很强的互补性。它不仅毗邻沈阳，拥有着极为便利的交通优势，同时又有着得天独厚的生态资源、旅游资源。改革开放以来，本溪市以创建国家森林城市和环保模范城市为契机，积极推动城市转型和产业升级，大力强化生态城市建设，生态文明建设效果显著。

1. 打造森林城市，重回碧水蓝天

本溪历史上也是我国重要的资源型重工业城市，曾享有"煤铁之城"的美誉。新中国成立以后，本溪先后为国家提供了钢铁、煤炭 3 亿多吨以及其他共 100 多个品种的工业产品，为我们国家的工业化、现代化建设作出了重大贡献。但该城市也因此遭遇了阻碍经济社会发展的严重问题：严重的生态污染，这已经成为制约本溪城市发展的主要瓶颈。最为典型的例子就是，由于过度的资源开发所带来的生态环境的极大破坏，使得本溪成了一个"卫星上看不到的城市"。这种现状，在本溪引起了极大反响，人们开始反思传统的发展模式。从上个世纪 80 年代末开始，本溪市就把建设城市生态环境，作为全市经济社会发展的重中之重，并先后迈出了三大步：

第一步是从 1988 年起，分阶段实施了环城森林公园建设工程，逐步建成了一条宽 10 公里的环城林带，基本上形成了森林环抱城市的格局。该项工程被国家评为第一批全国城市环境综合整治优秀项目。

第二步是从 1998 年起，实施林业强市建设工程。通过持续 10 年的植树造林活动，使得全市的森林覆盖率提高了 4 个百分点，林业经济以每年 30％以上速度增长，同时，林业产业带来的人均收入占全市农民人均收入的 60％。

第三步是自 2006 年以来，实施了创建"国家森林城市"的工程。几年来，该市累计投入资金 20 多亿元，着力完成了 9 项生态工程，如森林城区、生态景区、河岸林带、枫叶景点等，现在这些项目都已成为了本溪的新名片，完美地实现了该市制定的"画境林城、森林本溪"目标。

2010 年 4 月 27 日，本溪市市长王世伟代表全市人民，在武汉由全国政协举办的第七届中国城市森林论坛上，接过了"国家森林城市"的牌匾。这意味着，本溪市经过多年努力，已经用行动探索出了一条重工业城市生态化改造之路，完成了由"煤铁之都"到"森林之城"的华丽转身。

2. 加强生态建设，争创环保模范城

在创建国家森林城市的基础上，本溪市政府及时总结了"创建国家森林

城"的经验,并在"十二五"规划中,进一步提出了加大生态建设力度,用三年时间创建"国家环保模范城"的城市发展目标。为此,2013年以来,本溪市对以下几个方面的工作进行了重点强化:

一是全力实施重点污染源治理工程,扎实推进主要污染物减排达标。认真落实本溪市"十二五"主要污染物总量控制规划,围绕创模和总量减排目标,加快产业结构调整和企业技术改造。其中重点之一是,加大国有控股重点企业的环境治理力度,确保国控重点企业的污染物排放稳定达标。具体项目包括:重点推进本钢烧结机脱硫、本钢发电厂煤改气、本溪水泥厂搬迁改造等一批污染源治理工程;在技术改造方面,坚持工程减排、结构减排和管理减排"三减排"并重,加快淘汰本钢北营厂区落后产能和落后工艺;严格控制污染物的排放增量,有效削减存量,对于企业治污设施的运行要严格监控,并促进其不断地改造升级,由此,进一步削减主要污染物的排放强度,切实降低万元GDP能耗和水耗,确保完成年度主要污染物减排任务。

二是全力实施水污染防治工程,全面提高水环境质量。积极推进本钢污水处理厂扩容改造、本溪污水处理厂扩容升级、溪湖沟综合整治及全市各工业园区污水处理厂建设,加快完成千金沟、福金沟和双泉寺沟污水截污工程;加大流域生态功能恢复力度,严格落实"河长制"和跨界断面水质考核及生态补偿制度,确保水环境功能区稳定达标和水环境绝对安全。

三是全力实施农村环境综合整治工程,促进城乡生态环境协调发展。具体内容包括:继续加大农村环境保护和生态保护力度,加快实施本溪县和桓仁县12个乡镇、70个村的垃圾、污水、水源保护等农村环境连片综合整治工程;继续深入开展省级环境优美乡(镇)村建设工作,今年建设完成1个省级环境优美乡、10个省级环境优美村;继续推进落实"环保攻坚惠民"工程,拓展农村小康环保示范村试点,对确定的试点村进行系统整治,积极争取国家农村环保专项资金支持,全面提高本溪市农村生态环境建设水平;进一步规范地质遗迹保护工作,抓好地质遗迹保护示范工程建设。

四是以环境优化经济发展,推进项目环评规范化管理。坚持"规划先行,环保准入"原则,强化总量限批,从源头控制污染项目,严格禁止高污染、高排放、高耗能项目进入,严防产能落后、"两高一资"项目反弹;严肃查处违法建设项目,重点查办未批先建、违反"三同时"和超标排放等违法项目;集中开展选(洗)矿企业专项整治,加大力度,严格标准,淘汰关停一批不符合环保要求的选(洗)矿企业;全力优化中国药都、钢铁深加工产业园、水洞温泉旅游度假区项目建设服务质量,积极引导发展绿色经济、低碳经济,壮大节能环保产业,鼓励和支持环保产业发展,建设循环经济示范项目。

五是强化环境执法,确保全市环境安全。加强日常环境监管,加大查处和打击力度,认真解决危害群众健康的各类环境违法问题,确保环境安全和社会稳定;加强流域断面监管,确保国控、省控和市控考核断面不出现超标问题;加强环境基础设施监管,确保城市生活污水处理厂运行率、负荷率达到 80% 以上,医疗垃圾无害化处理率达到 100%,城市生活垃圾处理场稳定运行,其他各类设施"三率"均达到 95% 以上;深入开展各类环保专项行动,对污染严重企业落实挂牌督办、限期整改;加强城市环境综合整治,加大固体废物防治、危险化学品管理和机动车尾气污染防治力度,全面推进大气污染防治,建立健全区域大气联防联控新机制。(参见本溪市"十二五"规划纲要)

3. 经营青山绿水,打造沈阳经济区的生态园林

近年来,随着沈阳经济区的迅猛发展,区域内的经济合作和资源共享越来越成为拉动区域经济发展的重要手段。随着沈阳南扩,本溪东扩,沈阳与本溪越来越近。沈本经济带已初具规模。本溪应充分利用自己山清水秀、景点林立的资源优势,高标准开发旅游资源,使之成为沈阳经济区的后花园。

本溪山清水秀,植被茂密,本溪市森林覆盖率达 74.5%。这里有闻名世界的水洞;有在辽宁有重要地位的桓仁湖和观音阁水库;有东北道教发源地九顶铁刹山;有宏伟俏丽、清澈溪流、林木交翠,号称小桂林的关门山;有纵情漂流的河流;有树木葱茏、绿荫覆盖的古森林。高山、丘陵、峡谷密布,除 88 条五公里以上的河流及 80 余处冷泉外,有水山沟近千条,蓄水林、公益林九百余万亩,还有山势峻峭、雄伟俏丽的山沟和风景秀丽、水质优良的温泉。将高山、丘陵、峡谷、水利、旅游资源立体开发出来,既能为沈阳经济区的人们提供一处良好的休闲度假场所,又会及大地推动沈阳经济区的旅游产业的发展。为此,本溪市依托环城森林公园,以及本溪—汤沟、小市—桓龙湖两条公路贯穿的森林公园、自然保护区、世界自然文化遗产及风景名胜区,开展生态旅游建设工程。依托关门山、大地、大冰沟、五女山等森林公园以及本桓公路沿线已成为人们欣赏和研究枫叶文化的基地,开展了生态文化建设工程。这些旅游资源的开发不仅为本溪带来了可观的经济效益,而且也极大地提升了本溪生态绿色之城的美誉度。

(五)阜新打造沈阳经济区的绿色屏障

阜新市地处科尔沁沙地南缘,地理位置特殊,是蒙古高原的沙尘暴进入沈阳经济区的主要途径。过去,与科尔沁沙漠常年为邻的阜新还曾被称为"煤电之城",自然界肆虐的黄沙与人类工业生产排放的污水、黑烟,留下的

是一个灰暗斑驳、亟待疗救的脆弱生态环境。新世纪以来,阜新以国家资源型城市经济转型试点市和循环经济试点市创建为契机,以生态市建设为抓手,致力改善生态环境,建设生态宜居城市,推进产业结构转型,优化工业结构,探索资源型城市开展生态建设的新模式,构建资源节约型和环境友好型社会。从而使阜新市实现由"黑色"向"绿色"华丽转身,打造出"青山绿水、宜居之地"的城市发展品牌。

1. 青山工程锁住滚滚黄沙

阜新市从自身所处的地理位置和生态现状出发,将生态建设的突破口和着眼点放在了青山工程上。指出,这是一项惠民利民的重大生态工程,是遏制森林资源损毁、保护恢复生态环境的战略举措,是一项功在当代利在千秋的历史性工程,对于推动阜新加快经济转型、实现经济社会的可持续发展,加快建设山川秀美的新阜新,具有十分重要的意义。为此,阜新市坚持因地制宜、科学规划,突出重点、先易后难,一点一策等治理方式,逐步探索出了符合阜新特点的青山生态治理模式。

一是针对不同类型的矿山,分别采用覆土植绿、削坡整形、复合治理等植被恢复技术进行治理;小开荒和超坡耕地还林工程则采取乔灌结合、营造经济林等方式,实现把恢复植被与林农增收致富有机结合;公路两侧破坏山体生态治理采用客土栽植技术方式进行治理,在公路沙化地段主要栽种樟子松,使公路两侧形成了一道道亮丽的风景线。

二是按照矿山生态治理与改善人居环境、城镇建设、土地整理、工业园区建设、建立青山保护长效机制五个结合的要求,在重点公路两侧及城区、园区、景区周边,确定了阜新县东梁镇转角庙子河煤矸石排放场、阜新镇巴斯村排灰场、旧庙镇代海华强铁矿排岩场等15处矿山治理精品工程。在东梁镇平顶村,青山工程与土地整理相结合,投资165万元对原矸石堆进行清理,治理面积55亩,春季经平整土地后又进行植树造林。阜新青山工程的实施,使生态效益、经济效益和社会效益尽显。

三是按照"依法治理、严格保护、严厉打击"原则,在实施青山工程过程中,以各县区政府为组织落实青山工程的责任主体,组织编制青山工程规划,划定新设采矿权和其他建设行为的禁止区域与界线;明确本地区矿山及其他工程生态治理、"小开荒"还林、超坡地退耕还林、封山育林的总体计划安排;组织编制年度生态治理计划,将青山工程规划纳入本地区国民经济和社会发展专项规划之中。规范项目审批程序,组织开展专项行动,加大了对非法侵占林地和破坏林地行为的打击力度,限期恢复原状。同时,加强矿产资源整合和规范管理工作,出台资源整合规范管理的政策措施,设立财政专户管理,严格签订承诺书,严格执行保证金缴纳的规定,各级国土资源部门对不缴纳或不足额缴纳保证金、不按方案恢复矿山地质和生态环境,未达到承诺书要求的采矿权不予年检,对环境资源破坏严重的依法吊销采矿许可证,并不再向其发放新的采矿许可证。(参见"辽宁阜新实施'青山工程'建设生态宜居城市"辽宁日报 2012 年 9 月 13 日)

经过几年的努力,在国家、省及相关部门大力支持和帮助下,阜新市环境保护、生态建设取得了显著成绩:三北防护林工程(阜新段)在辽宁、内蒙古边界建起了防风固沙林带,在柳河边建起了护岸林带,遏制住了科尔沁沙地南侵,生态植被逐渐恢复;现在,每年阜新扬沙天气由过去的 40 天减少到 4 天;环境空气质量由 5 年前的三级标准提高到现在的二级标准;大气环境质量优良天数由 2008 年的 331 天提高到现在的 355 天,创历史最高水平。如今,在阜新市大地上,放眼望去是一片片新植的绿色,阜新"青山工程"的实施,筑起了沈阳经济区阻挡风沙南侵的一道坚固屏障。

2. 生态宜居城市建设,打造新阜新

"生态立市"是阜新市在"十二五"期间实施的五大战略之一,"加强生态环境建设,努力打造宜居城市,是阜新"十二五"期间的重要战略目标。为此,阜新市专门编制了《阜新市生态建设与发展规划》,加强生态宜居城市建设的规划和管理。

一是加强污水处理,改善河流水质。阜新市现已建成 5 座城市污水处理厂,分别为清源污水处理厂、开发区污水处理厂、蒙古贞污水处理厂、利源污水处理厂和津源污水处理厂。本月底前它们将全部稳定达标运行,可日处理污水 26.5 万吨,全市日纳管水量为 22.2 万吨,可使城区污水全部得到有效处理。同时,今年该市实施了细河治理二期工程,将城市水系水面拓展 50 万平方米,细河城市中心段将建成 10 公里滨水景观带,进一步提升城市品位,改善人居环境。此外,伊吗图河入河口湿地处理工程主体全面完工;牤牛河堤防工程、细河农村段治理工程全部完工。凌河被称为"辽西母亲河",她在阜新境内有细河、牤牛河等 13 条支流,流域面积达 3 100 多平方公里,占全市面积的 30%。为保证凌河水质,阜新市积极开展域内水污染治理,凌河生态综合治理工程全面开工。建立了由市长任河长、县(区)长任段长的凌河流域污染防治"河段长"负责制,由市、县(区)政府负责加快域内污染治理,确保了断面水质按期达标。

二是加强汽车尾气治理,实施气化工程。为治理汽车尾气污染,阜新市继设立多条"环保绿标路"后,如今又在主城区设立了面积约为 11 平方公里的环保绿色标识示范区;为防止垃圾焚烧引起的二恶英等污染,该市正在筹

建垃圾焚烧发电厂,产生的烟尘将用活性炭吸附,再经脱硫净化等处理,达到国家排放标准;为控制道路卫生清理过程产生的二次扬尘,该市环卫部门开始大面积推行湿式清扫方式。实施"气化阜新"工程,全市 3 444 台出租车中双燃料车已达 3 303 台,彰武县今年新上的 400 台出租车全部是双燃料车。阜新市大力推进蓝天工程,加大环境监管力度,实施区域一体化供热、绿色交通、工业提标淘汰、大气监控等,使阜新市的环境空气质量由 5 年前的三级标准提高到现在的二级标准。

三是加强城区的绿化工作,建设绿色阜新。为打造生态园林城市,阜新市因地制宜,在增绿量、创精品、上档次方面狠下功夫,让一切能绿的地方都绿起来。围绕城市街路绿化提升工程,不断丰富城市绿化色彩和层次效果,重点打造"六横六纵"12 条绿化精品街路。全市共平整场地 54.23 万平方米;栽植树木 426.54 万株,其中,大苗 96.84 万株,小苗 73.89 万株,模纹 189.81 万株、2.95 万平方米,栽植绿篱 66 万株、0.54 万平方米;摆盆花 8.3 万盆,栽花 20.3 万株,一个宜人宜居的生态园林城市正在向我们款款走来。

第二节 从生态城市到生态型政府

加强生态管理是政府的基本职责之一,政府作为区域生态经济政策的制定者和区域环境的监督者,是区域生态经济的管理主体。建设社会主义市场经济,并不是不要政府,而是要求政府宏观调控更有水平,更有成效。区域生态经济建设对政府的宏观调控具有更为迫切和更直接的需要。区域生态经济建设涉及政治、经济、文化、教育、科技等诸多领域,关系到各级政府部门、各类企业、各种事业及区域内各种行为主体的行为,要求政府做好大量的组织协调工作;区域生态经济合作涉及参与者多方面利益关系,涉及多方面的法律关系要求有良好的运行环境,需要政府作为调节者监督其有效运行。因此,充分发挥政府在沈阳经济区生态经济建设中的主导作用,建设生态型政府,是保证沈阳经济区生态经济建设顺利进行的前提条件。

从我国经济发展的历程来看,我国的经济体制经历了完全计划经济、有计划的商品经济以及目前正处于建设过程中的社会主义市场经济 3 个阶段,而且不同经济体制之间的转变均是在较短的时间内进行的,计划经济时期形成的政府干预很难在短时间内完全消除。在这种体制背景下,各种经济主体对政府的依赖性很强。虽然从长期来看,政府要减少对经济活动的干预,但区域经济发展所具有的紧迫性又决定了我们不能完全照搬成熟市场经济国家的模式,而必须通过加强政府干预来加快区域经济建设的进程。

政府是国家利益的代表,与微观经济主体相比,政府具有更宽广的眼界,能从战略高度考虑整个国家和地区的经济发展方向。有些重大的经济决策虽然从整个国家来说具有非常重要的战略意义,但由于眼界或者能力所限,企业和个人可能不会参与。这时候就要发挥政府的力量,通过适当的方式,指明经济发展的方向,以此引导社会资源的配置。

纵观沈阳经济区的发展历程,以政府主导型为特征的自上而下的发展政策一直是塑造这一地区的关键力量。1984年12月辽宁省政府决定成立辽宁中部经济协作区,1994年更名为辽宁中部城市群经济区。2003年辽宁省响应国家"振兴东北等老工业基地的经济发展战略"的举措而提出省级区域性战略构想。2004年,辽宁省委正式提出"推进辽宁中部城市一体化,构建大沈阳经济体"设想。2005年4月7日,抚顺、鞍山、营口、本溪、辽阳、铁岭6市的市长与沈阳市市长正式签署了辽宁中部城市群合作协议。2008年,省委、省政府正式明确提出沈阳经济区一体化发展,实施了以沈阳为核心,以五条城际连接的交通网络为纽带,通过产业优化组合构筑国际化十大产业集群,建设东北亚地区重要的中心城市的总体战略。2008年6月,省委、省政府批准成立了辽宁省沈阳经济区工作领导小组办公室,正式启动沈阳经济区申报全国综合配套改革试验区工作。2008年7月21日辽宁省政府召开了沈阳经济区工作会议,会议明确将辽宁中部城市群更名为沈阳经济区,将阜新市正式纳入沈阳经济区。2009年11月3日,省政府正式向国务院上报《辽宁省人民政府关于将沈阳经济区列为国家新型工业化综合配套改革试验区的请示》。2010年4月6日经国务院同意,国家发改委正式批复沈阳经济区为国家新型工业化综合配套改革试验区,这是到目前为止我国唯一的以新型工业化为改革主题的国家级综合配套改革试验区。

因此,强化政府职能,发挥"第一推动力"作用,对沈阳经济区生态经济建设致关重要。政府职能主要包括经济职能、政治职能和社会职能三个方面,其中政府经济职能是政府最重要的一项基本功能。政府经济职能就是政府对经济干预的作用、功能和手段,是政府对社会经济进行规划、调节、监管、服务的职责和功能。政府实施经济职能的手段是多方面的,主要包括经济调节、直接投资、法律约束、政策扶植、行政干预,但归纳起来,分为两类:微观规制和宏观调控。微观规制是政府从治理市场失灵出发,以法律为依据,以颁布法律、法规、规章、命令及裁决为手段,对微观经济主体(主要是企业)的不完全公正的市场交易行为进行直接的控制和干预。宏观调整是政府在充分发挥市场配置资源基础性作用的同时,运用经济手段、法律手段,辅之以行政手段干预和调节宏观经济的运行。

政府在区域经济发展过程中的作用,一般而言主要包括四个方面:为人们的经济活动提供一个环境保证,如法制环境、安全保障等;提供公共产品,即那些为社会大众所利用的不具有排他性的产品(如城镇道路)或排他性不能为社会所接受的产品(如基础教育);负责处理社会认为是必要的,但由于必要的投资规模原因(如铁路网)或对私人投资者而言缺乏短期获利能力(如环境保护)私人部门不可能介入的领域;解决或避免由私人活动所引起的问题,如失业、资源过度利用与环境污染等。

一、生态型政府是生态城市建设的制度保障

中共十八届三中全会的报告指出"关于建设生态文明,必须建立系统完整的生态文明制度体系,实行最严格的源头保护制度、损害赔偿制度、责任追究制度,完善环境治理和生态修复制度,用制度保护生态环境"。这实际上就是明确指出了通过制度建设,构建生态型政府是建设生态文明的重要途径。生态城市建设呼唤着生态型政府的构建。在日益严重的生态环境问题面前,适应于工业文明的传统政府理念与政府行政管理模式将难以为继,在区域社会发展由经济增长型向生态、经济协调发展型转变的过程中,政府职能的生态化转变是生态城市建设的必要条件和保障。生态城市建设,需要政府从文化、体制、职能、政策等多方面全面实现生态化,构建生态型政府。

"所谓生态型政府,是指致力服务于追求实现人与自然之间的自然性和谐的政府。生态型政府在遵循经济社会发展规律同时必须遵循自然生态规律,积极履行促进自然生态系统平衡的基本职能。同时与之相适应,积极协调地区与地区、政府与政府、政府与非政府组织、国家与国家等之间生态利益与生态利益、生态利益与非生态利益的关系。它既要实现政府对社会公共事务管理的生态化,又要实现政府对内部事务管理的生态化;既要追求政府发展行政的生态化,又要追求政府行政发展的生态化。"(徐汝华"生态型政府的模式选择与推进策略"《武汉学刊》2009 年 4 期)换言之,"生态型政府也可称之为绿色政府或环境友好型政府,是指秉承生态优先的价值理念,遵循生态规律与经济社会发展规律,追求人与自然的和谐相处和可持续发展的目标,从制度、职能、行为等多方面实现生态化治理的政府。生态型政府也可称之为绿色政府或环境友好型政府,是指秉承生态优先的价值理念,遵循生态规律与经济社会发展规律,追求人与自然的和谐相处和可持续发展的目标,从制度、职能、行为等多方面实现生态化治理的政府。"(范俊玉"生态型政府构建的现实依据及其路径"《中州学刊》2012 年 6 期)

生态城市建设是一项系统工程,其建设需要完善的政策体系来保障。

城市生态城市政策体系的设计首先要立足于国情，以政府为主导，充分发挥政府在生态城市建设中的作用。各级政府要完善生态城市建设的领导机制，创新城市规划管理体制，提高政府管理的社会化水平，更好地把握生态城市建设的方向。

纵观国内外生态城市的建设经验，生态城市建设需要政府有效的目标导向和政策的指引，以科学完善的指标体系作为生态政策的目标导向，为政府科学制定政策指引方向。

在中国目前的政府主导型的市场经济体制下，政府作为生态环境干预重要的社会力量。对生态文明建设的发展起着十分重要的作用。它拥有管理社会公共事务的合法的强制力，掌握着自然资源的所有权、经营权与管理权，能有效运用各种治理的工具和手段，在生态城市建设中发挥重要的作用。政府拥有对生态城市建设的决策规划能力，它可以在公共利益的价值导向下，集中知识和智慧，对城市的发展作出科学的决策和规划。这种决策和规划对一个城市的现实发展状况的影响是根本性和全局性的。政府如果把生态城市建设作为可持续发展的战略目标，就能从宏观上而不是在微观上协调好环境和经济的发展，取得良好的生态文明建设效果。政府作为代理人为社会提供公共服务与公共产品，有权力建立强制性制度，进行强制性执法。良好有效的制度设计对生态城市建设具有极其重要的作用。在生态制度的硬性规约下，政府的执法人员可以强制执法，对辖区内的生态环境状况进行监测，并严厉查处环境违法行为和案件。政府还具有对国民经济进行宏观调控与引导的职责，具有整合资源、全面调控的能力。而生态城市建设的"全局性、综合性、历史性、长期性决定了这个问题已经成为城市发展面临的重大的公共问题，必须由政府出面，整合各个方面的资源，设计公共政策，履行公共职能，加强公共管理，才有望得到解决"。政府拥有了生态治理能力，构建生态型城市就有了重要保障。

现代政府作为公共利益的最具权威的代表者，是解决生态环境问题的责无旁贷的最重要的主体。生态型政府就是要求当今政府为了应对日渐严重的生态危机而进行自身改革、创新与发展的新目标、新理念。正是从生态型政府的这种创新与发展的意义上，我们认为，生态环境问题及其解决已经为政治文明的现代发展提供了新的动力、新的源泉，它必然促使政治文明发展步入更高水准、更高层次，生态型政府的不断构建就是标示政治文明发展的境界不断提升。具体表现为：生态型政府应该以一种生态优先观为其根本价值取向。现代政府已逐步从经济生活的直接干预者转化为社会全面发展以及社会与自然和谐的宏观调控者，作为生态环境保护的最主要责任者，当经济发展与自然生态系统完整性和稳定性发生冲突时，其价值取向从根本上能否坚持生态优先是区分生态型政府与非生态型政府的一个基本标志。生态环境效益与人类的代际利益、整体利益、长远利益、持续利益是相契合的,只有不断创造条件,努力坚持这种生态优先价值取向的政府,才是一个真正以人为本的政府,才是一个具有高度人文关怀精神的政府。

二、生态型政府的路径选择与制度创新

生态型政府作为一种新型的政府治理范式应包含以下三层内容:一是在观念层面上,以实现人与自然的和谐发展为目标,提出政府的生态管理责任,通过构建"生态型政府",来拓展服务型政府的内涵;二是在规则层面上,为了实现生态型政府这一价值目标,把政府对于生态的治理及其政府承担的生态责任,纳入到政府制度建设的规制中,从而通过制度与规则来约束政府的行政行为;三是在操作层面上,通过政府的宏观体制与微观机制的建设,来落实观念与规则层面的内容,以把观念与规则层面的内容具体化。在这一意义上,生态型政府的主要任务,就是按照可持续发展的要求,遵循生态规律与经济社会规律,依法行使对生态环境的管理权力,全面确立政府加强生态建设、维持生态平衡、保护生态安全的职能,通过生态文明建设,促进社会和谐发展。从这一目标出发,我们认为,生态型政府建设的基本路径应是:

(一)树立生态执政观

观念是行动的指南,生态型政府的建设,执政理念的创新是关键。所谓"生态执政观:就是要把生态和生态保护问题作为政府的一项重要政治任务,把生态文明建设纳入各级党委、政府及领导干部的政绩考核体系,并不断建立健全监督制约机制。生态型政府是基于生态文明的理性选择,在价值追求上不仅强调经济效益,而且更追求人与自然的和谐共生。它超越了传统行政型政府的政府与公民的传统行政关系,不仅注重社会和谐,而且更关注社会与自然生态环境的和谐。生态执政观强化了两个方面的内容,一是政府对自然的"理性改造"。人类的生存与发展,离不开对自然资源的开发与利用,对自然的改造和利用是人类社会发展的必要手段。生态型政府的任务之一,是要解决人类对自然生态系统的破坏性开发带来的问题,在发展经济的同时,协调好人与自然之间的关系,实现包括人在内的自然生态系统的完整、稳定与健康的发展。二是政府对自然的"德性保持",即人类要尊重自然。人类中心主义总是把人类的利益作为价值原点和道德评价的依据,认为人是凌驾于自然之上的,对自然的过度索取就成为应当的理由。在

这一思想指导下所导致的生态危机已经严重地威胁到人类的生存。因此,转变发展观念,用"生态执政观"取代传统的经济发展观,在人类对自然进行"理性改造"的同时,尊重自然和保护自然,坚持生态优先,矫正人与自然关系,提高政府的可持续发展能力。

(二)创新公共管理职能

生态型政府作为一种新的政府治理模式,既要考虑人类自身的各种需求,又要考虑自然生态系统的各种因素的生态价值,并从根本上协调人与自然之间的关系。因此,这就要求生态型政府必须能够运用各种有效手段对政府管理的全域、全程和全部环节进行"生态化管理"。而传统的行政管理学认为,政府的基本职能包括政治职能、经济职能、文化职能和社会职能,生态保护的职能往往被忽视或弱化。在生态文明建设已经成为当今社会主要的社会建设的背景下,将生态管理提升为政府的基本职能,构建政治、经济、文化职能与生态管理职能并举的新的政府职能体系,应是生态型政府建设中职能创新的必要选择。"生态服务职能包括生态政策制定与执行职能、生态管理与监督职能、生态补偿与资金供给职能、生态文化的宣传与教育职能等方面。将生态服务职能作为政府基本职能之一的认知方式,有助于人们更加深刻地意识到生态保护的重要意义,增强政府的使命感,从而自觉维护生态型政府的形象建设。"(洪富艳.构建生态型政府的理论探讨.长春市委党校学报,2009,(4):62-64.)

(三)强化制度创新,完善生态政策法律体系

要想把政府的生态职能落到实处,完善有效的生态政策法律制度的建设是不可或缺的。科学完善的生态政策和法律制度体系能切实保障生态职能的贯彻实施和生态利益的长远维护。生态型政府的建设离不开生态制度的规约与保障。从制度政治学的角度看,制度为人们的社会行为提供了一个框架和行为规范,制度设计的科学与否,会导致人们产生不同的行为结果。因此,生态型政府的建设不能仅仅停留在观念和理论上,它应该通过设计、创新、完善各种生态制度,变生态执政观为生态执政能力。通过积极履行政府生态责任,明确资源产权关系,建立完善资源环境有偿使用制度;通过建立和规范企业清洁生产标准和循环经济流程,注重可再生资源的开发和利用,推进传统经济向生态型经济的转型。通过建立科学、公正的生态补偿制度和有效的奖惩制度,对于积极实施生态保护和资源节约的企业和个人实施奖励,以保证政府对社会各主体的生态行为能进行有效的激励和规制,提高政府的生态执行能力。

(四)建立包含生态标准的新的政府政绩考核体系

从单纯追求经济增长到倡导经济增长与生态环境协调发展,建构包括生态指标在内的绿色政绩考核体系,是生态型政府建设的必由之路。正如习近平主席在出席印尼巴厘岛亚太经济合作组织第二十一次领导人非正式会议和工商领导人峰会发表重要演讲时,在阐述中国当前的经济政策中指出的那样,"我们不再简单以国内生产总值增长率论英雄,而是强调以提高经济增长质量和效益为立足点。"针对一些地方政府还不惜以浪费资源,破坏环境为代价来发展经济,最终导致"经济发展,环保欠债",地方生态环境急剧恶化的问题。在 6 月召开的全国组织工作会议上,习近平强调,"在选人用人标准上,要改进考核方法手段,既看发展又看基础,既看显绩又看潜绩,把民生改善、社会进步、生态效益等指标和实绩作为重要考核内容,再也不能简单以国内生产总值增长率来论英雄了。"客观上讲,国家发展不是不要 GDP 增长速度,而是要高质量的 GDP。靠"高投入、高排放、高污染"得来的高速增长,其代价将是十分巨大的。据《2009 年中国环境经济核算报告》显示,环境退化成本和生态破坏损失成本合计 13 916.2 亿元,同比增加9.2%,约占当年 GDP 的 3.8%。因此,如果把生态文明建设搞上去了,在治理大气污染、解决雾霾方面做出贡献了,即使 GDP 排位下滑,那也是应当予以肯定的。正是在这一意义上,十八届三中全会在"中共中央关于全面深化改革若干重大问题的决定"中明确指出"完善发展成果考核评价体系,纠正单纯以经济增长速度评定政绩的偏向,加大资源消耗、环境损害、生态效益、产能过剩、科技创新、安全生产、新增债务等指标的权重,更加重视劳动就业、居民收入、社会保障、人民健康状况。"

最近,中共中央组织部在下发的《关于改进地方党政领导班子和领导干部政绩考核工作的通知》中"规定今后对地方党政领导班子和领导干部的各类考核考察,不能仅仅把地区生产总值及增长率作为政绩评价的主要指标,不能搞地区生产总值及增长率排名,中央有关部门不能单纯依此衡量各省(自治区、直辖市)的发展成效,地方各级党委政府不能简单地依此评定下一级领导班子和领导干部的政绩和考核等次,对限制开发区域和生态脆弱的国家扶贫开发工作重点县取消地区生产总值考核。要求完善干部政绩考核评价指标,根据不同地区、不同层级领导班子和领导干部的职责要求,设置各有侧重、各有特色的考核指标,把有质量、有效益、可持续的经济发展和民生改善、社会和谐进步、生态文明建设、党的建设等作为考核评价的重要内容,加大资源消耗、环境保护、消化产能过剩、安全生产等指标的权重,更加重视科技创新、教育文化、劳动就业、居民收入、社会保障、人民健康状况的

考核。"(参见中组部《关于改进地方党政领导班子和领导干部政绩考核工作的通知》)

因此,完善政府政绩考核方法和手段、建立新的政绩评价标准,既是推动政府转型的重要举措,更是关系中国未来社会发展方式的重大现实问题。为了改变传统的 GDP 政绩观,新的政绩评价体系必须把民生改善、社会进步、生态效益等重要的考核内容,从抽象的概念变成一个个具体的可比对的客观标准。只有这种量化的、可执行的评价标准,才能使生态型政府的建设有据可循,才能使生态型政府建设工作落到实处。

从生态型政府建设的角度考虑,新的政府政绩考核体系应融入资源、环境因素,将经济增长与资源节约、环境保护综合考评。应将单位 GDP 的能耗、水耗、电耗、建设用地,以及单位规模工业增加值能耗,工业"三废"排放量占 GDP 比重、环境保护费用占 GDP 比重、工业废水、二氧化硫排放达标率、绿化覆盖率、城市污水处理率、城市空气质量良好天数达标率等纳入政府政绩考核体系,并以此为依据建立官员政绩考评和问责机制。对官员在履行生态责任中的"缺位"、"越位"行为造成生态破坏的要依法追究其政治责任、行政责任、法律责任等。这样才能有效影响各级政府的施政行为,真正改变各级政府的政绩观,实现由传统的 GDP 政府向生态型政府的转变。

三、生态型政府建设的推进策略

(一)树立生态价值观,构建生态行政的文化基础

当前人类社会正在经历着由传统工业社会向后工业社会迈进,由工业文明向生态文明转型的历史进程中,建设生态型政府的实质就是要求我们的政府治理要与时俱进,顺应历史潮流。因此,生态型政府的建设,除了需要制度创新和机构调整之外,构建与生态文明相符合的生态行政文化也是非常重要的。因为,只有行政文化观念与制度创新协调发展,才能切实推动生态型政府建设。所谓"行政文化是指人们关于行政系统的价值观念,以及由此价值观念所影响或决定的行政组织及其成员所普遍具有和遵循的行为模式,其核心是长期积淀在行政人员心理结构当中的态度、行为取向、思维模式和价值观念。"(彭芬兰,邓集文"生态型政府行政文化分析"《行政论坛》2013 年第 2 期)从某种意义上讲,一种与时俱进的政府治理模式能否得到认真、正确的贯彻执行,除了制度设计的科学性之外,行政文化观念的更新也是必要的条件。当行政文化还停留在只追求经济效益,认为资源无价,环保无用,宁肯毒死,也不饿死,认为自然资源可以取之不尽,用之不竭和环境

可以无限容纳污染的旧观念上时,再好的制度设计也不会产生预期的效果。

因此,随着生态文明的深入发展和生态型政府建设进行,构建相应的生态行政文化则是一件十分重要的课题。"生态行政就是政府按照统筹人与自然全面协调可持续发展的要求,遵循生态规律与经济社会规律,依法行使对生态环境的管理权力,全面确立政府加强生态建设维持生态平衡保护生态安全的职能,并实施综合管理的行政行为。"(高小平"落实科学发展观 加强生态行政管理"《中国行政管理》2004年第5期)构建"生态型行政文化不但对行政组织内的成员具有凝聚、教化和塑造的作用,还能够通过培育和加强公民的生态责任意识,促进公共领域的成长和公民社会的建设,使公共组织内的行政人员与组织之外的公民都在生态价值的统摄之下,通过真诚的合作,促成生态治理目标的实现。"(彭芬兰,邓集文"生态型政府行政文化分析"《行政论坛》2013年第2期)

(二)建立与经济社会发展相适应的生态资源管理制度与体制

中共中央十八届三中全会在"关于全面深化改革若干重大问题的决定"中指出:"政府的职责和作用主要是保持宏观经济稳定,加强和优化公共服务,保障公平竞争,加强市场监管,维护市场秩序,推动可持续发展,促进共同富裕,弥补市场失灵。"(中共中央关于全面深化改革若干重大问题的决定)因此,在生态城市建设上,沈阳经济区各级政府应"转变政府职能,按照建设生态型服务政府、责任政府、法治政府和廉洁政府的要求,着力建立与区域生态经济一体化发展相适应的生态政府管理体制和运行机制。这就要求政府在生态管理上将政府工作重点放在创造良好发展环境上,减少对微观经济活动的干预,遵循市场规律,更多地运用经济手段、法律手段调节经济活动,从制度上更好地发挥市场在资源配置中的基础性作用。"(参见"沈阳经济区新型工业化综合配套改革试验总体方案")要注重履行公共服务和社会管理职能,以为社会和公众提供优质生态公共品为主要任务,"加强发展战略、规划、政策、标准等制定和实施,加强市场活动监管,加强各类公共服务提供。"(中共中央关于全面深化改革若干重大问题的决定)

因此,必须理顺和建立与市场经济相符合的政府生态管理制度和机制。具体说来,应从生态管理的特殊性出发,细化和明确政府的生态管理职能。针对生态建设中的宏观政策制定和环境管理与生态资源的利用、保值、增值管理的不同功能,设立不同的管理机制。其中,应把负责生态政策决策的机构与管理生态资源配置的机构区分开来,分别设立相应的管理机构。政府决策部门主要负责对自然生态系统各种因素进行统一综合管理生态,不承担生态资源的利用和增殖职能。生态资源的具体管理和使用应由单立的生态资源管理委员会来负责。由其组织生态资源的综合调查、评估和综合开发利用，并根据国家的经济政策以及地方生态经济资源的稀缺状况，对一些重要的生态经济资源的开发和利用，遵循市场化原则，通过在政府指导和监督下对生态资源开发经营权和使用权的招投标制和交易制，在确保生态环境不受损害和保值、增值的前提下，由经过竞争获得经营权和使用权的企业进行经营。从而建立以市场为基础，政府适当干预的生态资源性产品价格调控机制。建立反映市场供求关系、资源稀缺程度的资源性产品价格形成机制和有利于促进资源节约和环境保护的资源价格体系，推进资源性产品的市场化，提高生态资源的有效利用率，进而达到节约资源，保护环境，实现可持续发展的目的。

据此，生态型政府应从自然生态系统各种要素的整体性出发，整合不同政府部门的管理职能，加强地方政府公共服务、市场监管、社会管理、环境保护等职责，协调生态管理部门与经济社会管理部门的关系，增强政府的生态管理职能。

（三）强化责任意识，完善生态管理的监督机制

生态型政府建设制度是基础，干部是保障，落实是关键。因为，任何一种好的制度，如果不能被管理者贯彻执行，只停留在纸面上，那是起不到任何效果的。

因此，政府作为生态建设的最大责任者，必须强化自身的生态责任，特别是行政领导者的生态责任意识，落实生态保护一票否决制度和一把手负总责制度。

第一，在制定地方经济发展政策时，要有资源、环保、生态部门和其他有关部门共同参与，在确保生态安全的前提下科学地制定地方经济发展总体战略、规划和政策，对没有通过环境影响评价的政策、规划实行一票否决制。

第二，要求各级政府及其所有部门都肩负生态行政管理的重任。在各级政府内部，要建立由主要负责人主持的、各有关部门负责人参加的生态行政管理联席会议制度，交流信息，充分研讨，监督生态管理的各项法律法规政策的执行，促进国民经济各类计划间的配套衔接和可持续性。

第三，建立生态责任追究制度，将政绩考核结果与干部任免奖惩挂钩，形成倒逼机制，强化官员的生态责任。从以往的实践来看，政府特别是政府官员的生态责任淡漠或缺失是造成生态环境问题的重要原因，对于那些坚持"宁肯毒死也不饿死"的官员来说，如果没有刚性的生态问责制度，生态保护只会停留在口头上。因此，我们要从生态问责的对象、主体、内容、程序等方面入手，建立完善的问责制度。对官员在履行生态责任中因"缺位"、"越

位"造成的生态损害要依法追究其政治责任、行政责任、法律责任。要"按照奖优、治庸、罚劣的原则,把生态文明建设考核结果作为干部任免奖惩的重要依据。把生态文明建设任务完成情况与财政转移支付、生态补偿资金安排结合起来,让生态文明建设考核由"软约束"变成"硬杠杆";对不重视生态文明建设、发生重大生态环境破坏事故的,实行严格问责,在评优评先、选拔使用等方面予以一票否决,以激励各级领导干部进行生态文明建设。"(谢海燕"生态文明建设体制机制问题分析及对策建议"国家发改委网站 2012 年 5 月 25 日)

第四,强化社会监督机制,确保权力在阳光下运行。有效的社会监督是推行生态行政的必要条件。因为权力如果不受制约和监督就必然会导致权力的滥用和官员的懈怠,所以我们应通过完善权力的社会监督机制,营造出多主体、全方位监督的体系。"公民和社会团体要充分行使知情权、参与权和监督权,广泛参与政府的生态决策和生态管理活动的全过程,坚决抵制各种危害资源环境的决策和行为,对政府在资源环境管理活动中的腐败行为、地方保护行为、违法违规行为等敢于揭发、检举、投诉和控告。总之,就是要将政府管理资源环境的行为置于'阳光'之下,让其接受舆论媒体、团体组织和社会大众的广泛监督,促使政府真正实现生态行政。政府依法、科学、合理行政有赖于社会监督功用的有效发挥,政府的生态行政离不开社会监督的作用,社会监督是生态行政的有力保障。一方面,作为除了行政、立法、司法三大权力之外的'第四种权力'的舆论媒体,要充分发挥其应有作用,不仅对政府倡导节约资源和保护环境的行政理念进行大力宣传,还要要求政府进行处理"(徐汝华"生态型政府的模式选择与推进策略"《武汉学刊》2009 年第 4 期)

(四)完善决策机制,提高生态决策的科学化水平

决策的正确性与否是生态型政府建设的前提保障。为了改变和防止一把手凭个人好恶和主观臆断拍脑门决策,从而对地方经济环境造成损害的决策弊端,必须完善决策机制,建立科学、民主的决策体制。

首先,必须建立民主决策程序。在制定重大宏观经济政策和环境政策时要启动民主决策程序,通过专家咨询、行政听证、国际比较、向权力机关报告等,广泛听取利益相关者和公众的意见,形成一个多方参与的环境与发展政策制定机制,避免因重大决策失误而造成严重的生态事故,提高决策的科学性。

其次,建立决策反馈机制。充分发挥环境影响评价制度在环境与发展综合决策中的作用,根据生态行政决策后在执行过程中出现的正负效应状

况,及时做出反馈和调整,使各种短期行为和机会主义行为真正受到约束。

再次,建立决策评估机制。对重大建设项目决策的生态效果,明确评价重点,依法进行评估。通过细化规划环评程序和要求,完善分类管理、分级审批、规范环评过程管理,建立以量化考核为基准的综合考核项目,科学考核企业、地区生态环境。建立"生态行政"专家决策参与机制,明确参与生态项目评价专家的准入门槛和责任制度,充分发挥专家咨询系统在现代政府决策体制中的智囊作用,提高生态决策的科学性。

(五)建立生态安全预警机制,完善突发性生态安全应急管理体制

近些年,随着我国经济规模的持续发展,因经济发展模式粗放而引发的生态问题日益突出。特别是由于政府决策失误和企业管理不当所导致的突发生态事故频繁发生,这既给地方经济和人民的生产、生活带来了极大的危害,同时也极大地影响了政府的公信力。因此,政府作为生态文明建设的第一责任人,通过建立政府生态突发公共事件应急处理机制,提高政府应对涉及公共危机的生态突发事件的能力,保障公众生命健康和财产安全,保护生态环境,是建设生态型政府的必然选择。各级政府要按照事权划分财政,建立健全稳定的生态安全投入机制,对生态建设的投入作长期安排。编制生态突发公共事件应急管理预案,建立能够快速反应的应急管理体制和机制,确保生态灾害一旦发生,政府能及时组织力量在第一时间赶赴现场采取果断措施,控制局势,恢复社会秩序。应建立健全生态安全信息系统,建设常态化的生态信息报告制度和透明的信息披露制度,提高信息沟通的可信度和权威性。加强生态安全的法制建设,按照资源保护与生态建设的统一,环境立法与循环经济立法的统一,加快立法和加强执法的统一的原则,整合法制,逐步建设法治型应急管理。

第四章　循环经济:沈阳经济区新型
工业化建设的路径选择

　　"新型工业化",是以追求人和自然高度协调发展为目的,以技术进步、人类生态意识加强为推动力,以人尽其材、物尽其用、地尽其利,生态良性循环、经济稳步增长、社会显著进步为特征的崭新的经济发展模式。生态文明是一个包括经济、社会、文化和环境在内的综合性的概念,它并不排斥经济发展;相反,它是以经济的健康发展为基础的,经济高效发展是生态文明的特征和目标。没有经济的发展,生态文明就丧失了生机和活力,是不可能长久存在的。特别是作为沈阳经济区来说,经济发达即是经济区的一个最基本的特征,也是它的吸引力和辐射力的重要条件。建设沈阳经济区首先要发展经济,使其成为经济实力较强,能带动地区经济发展的核心区域。但是,从新型工业化的要求来看,其所追求的经济发展目标是以资源环境承载力为基础、以尊重自然规律为准则,以可持续发展为目标的资源节约型、环境友好型社会。

　　循环经济是一种新的经济观,是以物质闭环流动为特征的生态经济。与传统的资源—产品—污染排放的线性经济不同,而是运用生态学规律建立以资源—产品—再生资源的反馈式流程,使物质和能源在整个经济活动中得到合理持久应用,有效提高资源的配置效率。发展循环经济是实施可持续发展战略的一个重要实现方式,是进行产业结构调整,解决环境污染,促进区域经济规模化发展的有效途径。作为一种全新的经济发展模式,循环经济已经成为世界各国特别是发达国家重要的经济发展方式。

第一节　发达国家的循环经济发展状况

一、美国循环经济发展概况

美国采取多种措施推动废弃物的回收利用。美国政府相继出台了鼓励对资源进行循环利用的法规和政策，以减少有害废弃物对环境的影响。

（一）通过立法推动资源的回收利用

20 世纪 90 年代，美国环境保护署认定，电池是城市固体废弃物中最大的汞污染源，如果处理不当，将对人体健康和环境造成严重危害。为此，美国制定了相应的法规，对电池生产过程中汞含量加以限制。在立法和公众舆论压力下，电池制造商在家用电池生产过程中尽量减少汞的使用量。目前，美国出售的普通家用电池均可在用完后与其他垃圾一同处理而不会对环境造成破坏。但对充电电池和汽车使用的铅酸电池，美国政府则要求使用者将其送回汽车修理站或指定的电池零售商店。美国国会 1990 年还通过了净化空气法，该法禁止在制冷设备的制造、使用、维修和处理过程中排放含有氟氯化碳的制冷剂，并对氟氯化碳等有害气体进行回收，循环利用。为推动资源的回收利用，美国环境保护署 1988 年宣布用 5 年时间，使城市垃圾回收利用率达到 25％，到 2005 年，这一指标则提高到 35％。据此，各州纷纷通过立法，对本州居民提出了更严格的要求。例如，纽约州和加利福尼亚州提出要使回收利用率达到 50％，新泽西州要达到 60％，而罗德岛州的目标则高达 70％。有些州还制定了对未遵守规定的居民的处罚条令。各州除制定原则性法规外，还列出了详尽的实施细则，以便于居民有章可循。如宾州卫生环保当局规定，装有可回收利用的废弃物的垃圾箱或密封的塑料袋的重量不得超过 75 磅；报纸、硬纸箱、碎木板等零散物品应捆为长不超过 4 英尺、直径不超过 2 英尺的捆；居民必须依照法规，在规定时间内将可回收废弃物放在指定地点。

（二）以行政手段推动再生资源产业的发展

美国各地回收利用废弃物的努力带动了再生资源产业的发展。但因为相关技术的发展和市场的培育需要一个过程，所以美国政府采取了一些调控手段。1993 年克林顿总统签署了行政令，要求再生产品在所有政府机构的办公用纸中应占 20％，1999 年将这一比例提高到 30％。这一命令的实施使再生产品在联邦政府的采购物品中两年内增加了 35％。在政府的带动下，各州和地方政府也相继制定了相关政策。到 20 世纪 90 年代中期，美国的回收利用项目已达 7 500 多个，影响到近 50％的人口。但一些利益集团考虑到自身利益，反对回收利用废弃物品。针对反对者对政府采购中有关再生资源比例规定的批评，环保人士指出，近 20 个州的有关当局和报纸发行业自愿签订了协议，以帮助培育城市废弃物中最大的组成部分——报纸的回收利用市场，而制定强制性规定的只有几个州，况且这些规定也仅限于报纸,并不适用于杂志和其他出版物。

(三)通过对公众的宣传教育,从源头上减少废弃物的产生

除法律经济手段外,美国有关当局还对公众进行大规模的宣传教育,力争在源头上减少废弃物的产生。以美国最大的城市纽约为例,纽约市卫生局官员与其他政府机构、私人团体合作,发起了多项支持回收利用的项目。例如,对居民在装修住房、搬迁等过程中产生的大量建筑垃圾,政府建议居民将可以利用的旧门窗、旧家具与他人交换,或捐献给慈善机构。纽约市卫生局还设立了物品交换电话服务,通过数据库,免费提供 1 万多家机构有关捐献、收购、租赁、修理旧货的录音信息。卫生局还与纽约市文化事务局合作,收集废弃办公设备,无偿提供给非营利文化团体组织;鼓励居民举办物品交流日,并为他们出售、交换、捐献自己不需要的物品提供场地。纽约市民 1/3 的邮件是各种广告、商品目录、购物优惠券等,这些邮件绝大部分被收件者随手扔掉。为此,纽约市有关当局建议消费者可考虑申请一个名为"直接销售协会"的邮件选择服务,以减少邮件垃圾。

二、加拿大循环经济发展概况

(一)发展战略

加拿大已连续多年被联合国评为世界上最适合人类居住的地方之一,其政府、企业和社会都非常重视发展循环经济,加拿大政府的相关政策与做法值得借鉴。由于加拿大有较好的相关产业和科技基础,加政府正在与企业共同建立一种联合机制,进行循环经济科技的发展与进步工作,推动解决本国和世界的环境与资源问题。

加拿大政府以及环保产业正在从管道末端污染的控制技术转向污染预防和更加有效、清洁的生产,同时也朝着如何彻底解决环境污染与适应环境需要的方向努力。

在确定的发展战略中,联邦政府强调加大污染防治工作的力度;公布有毒物质清单;建立全国性的污染防治信息发布机构,并通过它使得工业界和环保产业界在污染防治活动过程中可分享信息和技术;对于防治污染工作有成效的机构予以奖励。在控制有毒物质排放方面,建立更加有效的确认、识别、评估和管理有毒物质的程序;有效清除最危险物质;制定达标时间表;同时,使其他各种有毒物质得到控制。

另外,从燃料、机动车尾气及其他发动机的废气排放出发,制定新的全

国标准；指定执法部门；确定全国燃料指标。

建立全国"安全网络"处理紧急情况。

1994年9月，加拿大联邦政府出台了"加拿大环境工业战略"。战略强调政府和工业、企业之间的合作，强调多个企业和组织间加强联合的必要性，确立加拿大在全球的重要作用。

(二)主要做法

加拿大政府发展循环经济主要着眼于创建一个健康的环境；减少环境灾害的安全体系；建设一个绿色社会。

政府的主要做法包括：第一，确认国家意义上的环境事务(如空气、水的质量、濒危物种等)，确保国家环保政策、标准得到贯彻执行。第二，在发展循环经济中担当重要角色，与工业界及其他伙伴相互理解、支持；与加拿大人民一起促进循环经济的发展。第三，执行联邦既定计划，确保支持国家经济基础设施的完善；以科技为基础，创造良好自然环境，提高人类健康水平；建设、完善全国循环经济预测、警报系统。第四，帮助原驻地居民搞好环境与资源的管理。第五，加强国际间的合作：承担国际责任，促进全球行动。

三、英国循环经济发展概况

英国制定了一系列法律促进经济社会结构循环式发展，主要有《环境保护法》、《废弃物管理法》和《污染预防法》等。《环境保护法》的指导思想是从"末端治理"转变为通过制定标准来避免产生环境污染，据此形成环境影响评价体系、综合污染控制和环境管理标准。《污染预防法》首次采纳了通过适当的产品和工艺设计在源头预防废物的产生，并对已产生的废物进行循环和回收。

为使这些法律得以顺利实施，英国采取了一系列具体措施，其核心是实施废弃物循环综合利用。这些措施包括：

(一)增加对废弃物产生及运输的严格控制，创立新的废弃物管理系统

英国普遍建立了废弃物分类回收设施，对于纸张、酒瓶、铝罐、电池等民用废弃物实行分类堆放、分类运输，返回工厂后进行再利用。英国还制定了包括减少、循环、回收目标在内的废弃物管理国家战略，对国家和各地方的废弃物回收设施和颁发许可证的决策产生了积极的影响。

(二)采取经济手段,鼓励清洁生产,限制排放污染物

经济手段主要是生产者初始责任和增加环境税。生产者初始责任明确了生产者必须要对产品在消费和最终处置过程中承担责任。对于产生大宗废弃物的生产厂家,必须对产品的安全处置负责,在产品设计阶段就要考虑将来的回收和再利用。环境税税种包括:填埋税、燃料税、总污染物税和减少温室气体排放的碳税等。生产者初始责任、填埋税和碳税被认为是减少废物、增加回收利用、节约能源的三个最主要措施。

(三)设立专门执法机构

英国政府在清洁生产和环境保护方面有两个管理部门,贸工部和环境部。贸工部负责企业的清洁生产与技术进步,推广采用新技术、新能源,提高能源和资源利用效率。环境部负责整个国家环境保护的法律、法规、标准和政策的制定,而实施部门由环境保护局来执行,从而实现了立法和执法分立的体制。

建立循环式经济社会发展模式就是要求企业的生产职能向消费和处置领域延伸,将过去外部性的经济方式纳入到企业整个运行体制中,从而在经济发展中解决环境保护的问题。循环式经济社会发展模式是经济社会结构的大循环,即在经济社会的循环结构中,单个企业是循环体的一个部分或者某个环节,它的输入部分来自循环体的上家,而输出部分成为下家的原料。因此整个循环结构的最终排放达到最小化。这种循环结构,可以根据生产的经济规律进行整体设计,建立经济体之间根据经济效益原则的最佳组合关系,克服由于经济外部性带来的额外处置成本,这便是最小排放社区的概念。

英国在最小排放社区建设中,进行了许多有益的探索。例如,英国为了缓解交通能源消耗,提出了城市社区发展的观点。过去,在城市规划中突出了分区或功能的布局,把住宅、购物、工作、娱乐按照城市功能划分成不同的区域,似乎在布局上体现了集中管理的优点。

四、德国循环经济发展概况

德国是世界上公认的发展循环经济起步最早、水平最高的国家之一。德国的循环经济起源于垃圾处理,然后逐渐向生产和消费领域扩展和转变,因此,有人称德国的循环经济为垃圾经济。到目前为止,德国的循环经济发展大致经历了两个阶段:第一阶段,从 1972 年到 1996 年,这是一个从强调

废弃物的末端处理到循环经济模式被正式确认的探索转变过程;第二阶段,从1996年至今,这是循环经济大规模开展并不断完善的过程。

(一)制定和完善循环经济发展法律框架

1996年出台的《循环经济和废弃物管理法》,是德国循环经济法律体系的核心。该法把循环经济定义为物质闭环流动型经济,明确企业生产者和产品交易者担负着维持循环经济发展的最主要责任;该法明确规定了废弃物管理处置的基本原则和做法:首先,是尽量避免和减少废物的产生,其次,是对垃圾进行最大限度的再利用,在确定无法再利用的时候才考虑进行销毁等清除处理,在处理垃圾的过程中,不得威胁到人类健康、动植物、水源、土壤等;该法明确了德国环境政策原则:预防,通过源头防控使废物产生最小化使污染者负担原则,排污者承担避免或消除环境受损的义务和费用官民合作原则,经济界、公民以及社会团体应参与解决环境问题。在这一法律框架下,德国根据各个行业的不同情况,制定促进该行业发展循环经济的法规,比如《饮料包装押金规定》、《废旧汽车处理规定》、《废旧电池处理规定》、《废木料处理办法》等。

德国自颁布《循环经济和废物处置法》以来,家庭废弃物循环利用率1996年约3 535人,到2000年上升至49%。目前废弃物处理已成为德国经济中的一个重要产业,每年的营业额约410亿欧元,创造了20多万个就业机会。

饮料包装再利用:德国从2003年10月开始颁布法律对汽水瓶收取押金。该法规规定,在购买饮料时,每个1.5升容量以下的瓶装或者罐装饮料要收取0.25欧元押金,1.5升以上收取0.5欧元。尽管该法规给消费者和商家都增添了不少麻烦,但最终还是得以顺利实施。

冶金行业资源再利用:冶金生产中会留下大量矿渣。德国的矿渣95%都得到重新利用,大部分被处理成可以替代天然石料的建筑材料,一部分被作为生产水泥的矿渣利用,另一部分甚至被作为化肥使用,70%以上的粉尘和矿泥也被重新利用,其中大部分通过烧结设备处理重新进冶金程序。

废旧钢铁的回收:2002年,德国有2 000万吨废铁在本行业被重新利用。

废旧汽车再利用:废旧汽车的最后一个所有者可以将汽车免费交回到生产厂家或者进口商,生产厂家和进口商有义务收回废旧汽车并支付相应的费用。废旧汽车进行重新利用率到2015年要达到95%。另外,从2003年开始,禁止汽车生产商使用镉、汞、铅等重金属。

废旧电子设备再利用:根据欧盟统一规定,电子产品生产商可以展开生产的前提是必须建立处理和再利用废旧电子产品的设施。从 2005 年开始，消费者可以免费将废旧不用的电子产品交生产厂家处置，从 2006 年开始，电子设备生产也不允许使用某些重金属。

旧电池回收:德国的电池生产商和进口商成立了一个共同的回收处理网络，负责回收境内生产的所有旧电池，并对其进行环保处理或者再利用。

废油再利用:出售机油的公司必须要有能回收废油的装置，否则必须出资委托别的回收公司回收本公司出售的机油，只有对不含有毒物质的机油才可以进行再处理，禁止在废油中混合溶剂或冷却剂等物质。

(二)建立垃圾处理的监督机制

德国建立了专门的监督企业废料回收和执行循环经济发展要求的机构，生产企业必须要向监督机构证明其有足够的能力回收废旧产品才会被允许进行生产和销售活动。根据法规，每年排放 2 000 吨以上具有危害性垃圾的生产企业有义务事先提交垃圾处理方案，以便于卫生监督部门进行监督。企业必须保证在生产过程中最大限度地控制垃圾的产生，必须有措施保证垃圾能得到有效回收利用并对环境不造成危害。某些产品只有在保证其产生的垃圾可以得到符合规定的利用和处理的前提下才可以进行生产和销售。所有的企业必须有分离垃圾的装置，将废纸、玻璃、塑料以及金属等废料分开放置，保证所有的废料能够得到最大程度的再利用。

针对一些需要监督的垃圾处理，垃圾产生者、处理者以及有关监督机构事先会共同制定一个垃圾处理方案。监督机构承认这个处理方案后，会向垃圾产生者和处理者出具一个"垃圾清理执照"，在每次运输处理垃圾时，会有"跟踪单"来记录垃圾流动的过程，以便监督这次垃圾处理是否根据拟定的处理方案进行。德国各地都有为企业提供垃圾再利用服务的公司，向企业提供相关技术咨询和垃圾回收处理等服务。一些国营公司有义务负责区内企业的垃圾回收和再处理。此外，德国的私营垃圾处理公司也发展迅速。

(三)发挥社会中介组织作用，在包装回收系统实施"绿点"计划

在发展循环经济中，非营利性的社会中介组织可以起到政府公共组织和企业营利性组织所没有的作用。德国的包装物双元回收体系(DSD)就是一个发挥了巨大作用的回收中介组织。DSD 是德国专门组织回收处理包装废弃物的非营利社会中介组织，1995 年由 95 家产品生产厂家、包装物生产厂家、商业企业以及垃圾回收部门联合组成，目前有 1.6 万家企业加入DSD 内部实行少数服从多数的表决机制，政府除对它规定回收利用任务指标以及进行法律监控外，其他方面均按市场机制进行 DSD。1998 年的运作

出现赢余,由于它是一个非营利性机构,因此盈利部分于1999年作为返还或减少第二年的收费。DSD的中介性表现在它本身不是垃圾处理企业而是一个组织机构,它将有委托回收包装废弃物意愿的企业组织成为网络,在需要回收的包装物上打上绿点标记,然后由DSD委托回收企业进行处理。"绿点"的标志为一个首尾相连的绿色箭头构成的圆圈,远看形似一个绿点,意为循环利用任何商品的包装,只要印有它,就表明其生产企业参与了"商品包装再循环计划",并为处理自己产品的废弃包装交了费。现在,欧盟有10个国家都在使用这一标志。"绿点"计划的基本原则是:谁生产垃圾谁就要为此付出代价。企业交纳的"绿点"费,由DSD用来收集包装垃圾,然后进行清理、分拣和循环再生利用。

五、日本循环经济发展概况

由于受到自身资源和环境方面的限制,再加上自20世纪60年代的经济高速增长以来,日本经济发展一直沿用大量生产、大量消费、大量废弃的资源浪费型经济模式。其结果是循环利用率提高速率较慢等阻碍经济发展的因素频频出现,促使日本政府开始高度重视资源利用效率的提高,并加快制定循环经济相关政策法规体系的步伐。

(一)日本发展循环经济的法律措施

日本既是循环经济立法最全面的国家,也是国际上较早建立循环经济法律体系的发达国家之一。其所有相关的法律精神,集中体现为"三个要素、一个目标",即资源再利用、旧物品再利用、减少废弃物,最终实现"资源循环型"的社会目标。1991年制定《资源有效利用促进法》,完善了汽车及家电循环利用的判定标准以及事先评估、信息交流等体系。1993年颁布《环境基本法》中增加了生活垃圾分类收集和循环利用等内容,并将此作为国民的义务以法律形式固定下来。1994年政府又根据该基本法制定了《环境基本计划》,决定将建设循环型社会作为环境政策的长期目标之一,并把实现低环境负荷的可持续发展经济社会体系作为目标。2000年被定义为"循环型社会元年",不仅新制定了基于"生产者责任延伸制度"的《促进建立循环社会基本法》、《建筑材料再生利用法》、《食品再生利用法》、《绿色采购法》等,还修订了《再生资源利用促进法》并更名为《资源有效利用促进法》;修订了1970年制定的《废弃物处理法》,加强了控制废物的产生和不正当处理的措施。2002年制定了《汽车循环利用法》,在此基础上,日本政府又于2003年3月制定了建设循环型社会的长期指导方针——《循环型社会形成推进基本计划》,使日本成为世界上循环经济法规体系最完善的国家之一。可以说,现在的日本循环经济法律法规体系是比较健全的,大致可以分成三个层面,基础层面是《促进建立循环社会基本法》;第二层面是《废弃物处理法》和《资源有效利用促进法》两部综合性法律;第三层面是《容器包装再生利用法》、《家用电器再利用法》、《建筑材料再生利用法》、《食品再生利用法》及《绿色采购法》五部专业性法规。在作为基本法的《促进建立循环社会基本法》中明确提出了循环型社会规划是国家一切规划的基础,循环型社会建立的基本原则是发动全社会力量,通过抑制自然资源的消费来减少对环境的影响,明确产生废物企业的生产责任和回收义务,规定了废弃物处理的优先顺序应为"抑制产生—再使用—循环再利用—热回收—安全处置"。

(二)日本发展循环经济的经济措施

1. 技术性措施

循环型社会主要是通过采用高新技术引导各行业推广 3R 技术,清洁生产和废物资源化等来实现。日本东京电力株式会社和财团法人千叶县都市公社联合在千叶县的幕张新都心高新技术开发区投资约 69 亿日元,建成了地表水水源热泵中央空调系统,并于 1990 年 4 月开始投入使用。该技术利用污水处理厂排水水温比较稳定的特点,将污水处理厂排水中蓄积的热能通过蓄热式热泵系统为面积为 49 万平方米的区域提供了一个稳定的空调源。在每年提供 1 290 亿大卡热量、取得显著经济效益的同时,向环境减排了 6 800 吨的二氧化碳,2.9 吨的氮氧化物。作为一种高效节能、符合循环经济,3R 原则能充分利用可再生资源的热泵空调技术在建设日本的循环型社会中发挥了重要作用,为"环境产业化"提供了一种新型绿色高新技术支持。再如,日本北九州市的生态型城市建设所取得的显著效果也是得益于 3R 化新技术的不断发展。短短的二十几年时间,通过高新技术引导产业结构的调整和实施清洁生产运动,在经济活动的源头就注意节约资源和减少污染,从而更有效地实现了经济利润和环境改善的双重目标。企业进行清洁生产四年后不仅减少排放 84％的污染物,同时又取得 2 125 亿日元的经济效益。现在北九州市不仅摘掉了闻名于世的重污染工业区的帽子,而且城市的工业生产总值增长了 6 倍。通过填海造地又建成了举世瞩目的北九州生态工业园,实现了"产业环境化"的目标。

2. 市场和税收措施

日本发展循环经济的市场措施主要是通过健全可循环利用资源的交

换、收集及回收利用市场的培育等来完成的。在日本由社团法人机构的"循环经济研究会",每周定期发表有关循环经济方面的信息,同时各地的有关部门也相继建立起废物交换情报网络系统,几乎日本的各市区村都有专门发行二手货信息的报纸及时向市民发布信息并组织旧货调剂交易,以利于市民进行资源循环再利用。这样的社会中介机构可以使市民、企业、政府形成一体,通过沟通信息、调剂余缺,推动循环经济 3R 运动的发展。日本的《再循环利用设备特别补偿办法》规定:对废纸和废饮料瓶类制品再商品化设备制造业、生态水泥制造设备、废家电再生处理设备除按一般规定给予退税之外,还按商品价格的 25% 进行特别退税。对废塑料制品再商品化设备制造业、建筑废物再生处理装置、废木材破碎及再生处理装置,除按一般规定给予退税之外,还按商品价格的 14% 进行特别退税,通过市场信息和税收减免等措施有效推进了循环经济的发展。

3. 绿色采购措施

日本的《绿色采购法》规定,国家机关必须率先采购环境负荷小的产品。其目的是通过不断扩大对环保产品的需求来提高资源再生产品企业的知名度,以促进企业扩大生产量、降低成本、降低价格,最终形成资源再生产品的良性循环。现在日本各行政机关纷纷制定了绿色采购方针,有 166 种物品被定为政府优先选择购买物品,其中原料为 100% 废纸、白色度不足 70% 的复印纸被定为最优先购买物品。到 2001 年,政府特定购买物品的采购比例已达到了 92.6%;再生复印纸在整个特定购买物品中所占的比例已经由 2000 年的 11.6% 上升到 2001 年的 23.6%。

4. 废旧家电的回收利用措施

废旧家电再利用,是指对超过保质期、款式过时的家用电器,通过法定途径进行有效回收并循环利用的过程。日本通产省于 1998 年公布了《家用电器回收利用法》,规定家用电器制造商和进口商对电冰箱、电视机、洗衣机、空调这四种电器有回收的义务和实施再商品化的义务。并且规定了四种废旧家电的处理费。其中每台电冰箱为 4 600 日元,每台空调器为 3 500 日元,每台洗衣机为 2 400 日元。不仅如此,还规定对资源回收采取奖励制度,以鼓励市民回收有用物质的积极性。例如,日本大阪市对社区、学校等集体回收报纸、硬板纸等行为发奖金等。

5. 宣传教育措施

日本根据循环经济的指导思想确定企业的污染零排放目标,创造可持续利用的生产工艺及其产品,进行生态设计,经试点后逐步推广,以努力做到资源消耗低、污染排放少、产品质量高。积极开展对基础研究人员的培养和教育,积极促成各学术团体和研究型机构业务的开展。最近几年,从科学技术研究基金中拨出专项基金鼓励科研机构进行废物处理及 3R 化应用技术的开发研究。日本政策投资银行、国民生活金融公库等金融机构也针对工业废物处理技术的研制和 3R 化产品的开发项目提供低息或贴息贷款。而且还特别注重公众的参与。1998 年大宫市曾举办过一次由 NGO 组织发起,东京大学小林教授做的市民环境家计簿讲座。提倡市民有计划地购买食品,自备购物袋,利用简易包装,购买简易包装产品,协助地方公共团体和商店、回收团体进行资源性废物的分类回收,争取每人每天从家庭排放的垃圾量比上一年度减少 5%。名古屋市的 NGO 组织发动市民开展义务收集公共垃圾活动,并发放介绍垃圾分类处理知识和再生利用的宣传小册子,鼓励市民积极参与废旧资源回收和垃圾减量工作,极大地促进了名古屋市循环型社会的建设。虽然循环经济的提出是由于受经济高速发展和城市化影响,废物排放量的不断增加而导致垃圾填埋场日趋饱和而不得不采取的措施。但从近十几年的情况来看,日本采用自上而下的办法,即先建立综合性的再生利用法,再在此法指导下建立各具体领域的循环经济法律法规。建立循环型社会是促进日本经济和社会全面发展的符合国情的必然选择。

六、韩国循环经济发展概况

虽然"循环经济"一词在韩国并不常见,但韩国人对资源再利用的意识之强,做法之普遍,却是令人称道的。韩国国土狭小,人口稠密,每年消耗能源折合 1 亿多吨原油。因此,韩国政府十分注重环保和资源的循环利用。

(一)废弃物再利用责任制

早在 1992 年,韩国便开始实施"废弃物预付金制度",即生产单位依据其产品出库数量,按比例向政府预付一定数量的资金,根据其最终废弃资源的情况,再返回部分预付资金。从 2002 年起,韩国为完善这种做法,将"废弃物预付金制度"改为"废弃物再利用责任制",即从限制废弃改为再利用。"废弃物再利用责任制"规定,废旧的家用电器、轮胎、润滑油、日光灯、电池、纸袋、塑料包装材料、金属罐头盒、玻璃瓶等 18 种材料必须由生产单位负责回收和循环利用。如果生产者回收和循环利用的废旧品达不到一定比例,政府将对其课以罚款。罚款必须是相应回收处理费用的1.15倍至1.3倍。例如,空瓶的回收比例必须达到80%以上。"废弃物再利用责任制"对减少废弃物的排放、促进废弃物的循环利用起了积极作用。生产单位在实施"废弃物再利用责任制"时,采取三种形式回收和处理废弃物。第一种形式是生产单位自行回收和处理废弃物,回收处理费用自行负担;第二种形式为"生产者再利用事业共济组合",也就是生产者将废弃物回收处理的责任转移给从事这类活动的合作社,依据废弃物的品种,论重量交纳分担金,例如,合作社回收废报纸后交给造纸厂,造纸厂严格把关后,将现款付给合作社。如果交来的废旧报纸中掺沙或加水增加重量的话,造纸厂有权拒收,并向有关机构告发。作弊者不仅被重罚,严重的则被吊销执照,丢掉饭碗或坐牢;第三种形式是生产单位与废弃物再利用企业签订委托合同,按废弃物的数量交纳委托金,由后者负责废弃物的回收和处理。目前,韩国80%~90%的生产单位采用第二种形式回收和处理废弃物。回收处理废弃物的合作社有11家,遍布全国各地。同时,韩国还成立了一家名为"资源再生公社"的公营企业,专门负责管理和监督"废弃物再利用责任制"的实施。"资源再生公社"依据有关管理章程,通过抽查和现场调查等形式,堵塞废弃物循环使用中的漏洞。如果生产企业违反"废弃物再利用责任制",将被课以最高100万韩元的罚款。自从设立"资源再生公社"并实施管理监督以来,韩国废弃物品循环利用率提高了5%~6%。

(二)垃圾终量制

加强对社会废弃物和垃圾的管理,也是保护环境和实现资源循环利用的重要环节。在首尔市内,每个区政府都分别委托生产卫生塑料袋,并印有本区的标记,通过商店销售给居民家庭。居民使用本区的卫生塑料袋为法定义务,不得违反。同时,卫生塑料袋所装的生活废弃物和垃圾必须分类,否则将退回给丢弃者。销售卫生塑料袋所得资金,便是保护环境和实现资源回收的费用。韩国推行法定卫生塑料袋,实施的是一种叫"垃圾终量制"的措施,即居民要对排出的废弃物和垃圾负社会责任和经济责任,以减少丢弃和实现资源的回收利用。过去,韩国曾实行按户收取定额卫生费的办法,但事实证明效果不好。改为居民购买和使用卫生塑料袋后,如果居民丢弃的垃圾越多,使用卫生塑料袋越多,为此花的钱便越多。2002年,韩国全国生活废弃物和垃圾的排放量比实施这种制度前的1992年减少了40%。居民将废弃物和垃圾分类,也有利于实现资源的回收和重新利用。此外,韩国政府还推出了为优秀环保企业挂牌、减税和提供融资等奖励办法,取得了明显效果。但是,最根本的一条还是依靠全社会和全民的环境保护和资源再利用的意识,循环经济才得到了持续发展。

(三)建立资源节约型环境产业

韩国资源有限,建立资源节约型环境产业为当务之急。韩国每年消耗能源折合 1 亿多吨原油。因此,韩国政府十分注重环保和资源的循环利用。2002 年,韩国用于环境保护的财政支出达到 13 万亿韩元(约合 111 亿美元),占其当年国内生产总值的 2.3%,高于发达国家德国和法国的 1.6%、日本的 1.4% 和英国的 0.7%。与此同时,2001 年,韩国财政经济部、外交通商部、科技部和环境部等 9 个部制定了一份为期 10 年的《环境产业发展战略》。根据这项战略,韩国的环境产业到 2010 年要具有 21 世纪的国际竞争力,符合世贸组织体制下的环境市场开放条件和发达国家的环境标准,成为"环境模范国家"。韩国政府和民间在 2000—2005 年间投资 80 亿韩元,普及太阳能高效造氧技术,以替代化石能源,减少温室效应。垃圾也是再生能源的来源之一。韩国在汉城的金浦首都圈垃圾填埋场建设一座 50 兆瓦的沼气发电厂,其发电量可供 1.5 万户居民家庭使用。在取得建设这座发电厂经验的基础上,各地方政府陆续扩大垃圾填埋场的规模,建设沼气发电厂。

"他山之石可以攻玉",发达国家发展循环经济的经验,为沈阳市发展循环经济,构建"生态宜居之都"提供了有益的借鉴。

第二节 沈阳循环经济体系的建设状况

作为国家老工业基地,如何在传统的工业城市基础上,走出一条科技含量高、经济效益好、资源消耗低、环境污染少、人力资源得到充分发挥的新型发展道路是沈阳市多年来一直探索和不断调整的目标。近年来,国家提出的发展循环经济的战略思想,为沈阳市实现这一目标提供了一条切实可行的道路;辽宁省把沈阳市作为建设循环经济示范城市,又为沈阳市加速实现这一目标提供了难得的契机和强大的动力。"十五"以来,特别是"十一五"期间,沈阳市把发展循环经济作为城市协调发展的基本战略,并力图通过全面建设循环经济示范城市,使城市逐步走上可持续发展的道路,城市的经济社会发展发生了重大变化。在"十二五"规划中沈阳市委、市政府指出:沈阳未来的发展必须"坚持经济效益与社会效益、生态效益相统一。把建设资源节约型、环境友好型社会作为加快转变经济发展方式的重要着力点,加大环境保护力度,大力发展绿色经济和循环经济，降低资源消耗，提高利用效率，减少环境污染，实现低碳发展，建设生态文明"。并把发展绿色经济、循环经济作为未来沈阳经济发展的重要方向，全力打造循环经济体系。

首先，建设一批循环经济型示范企业。在全市工业企业中以节能降耗、降低污染为目标，推行清洁生产，实施节能、节水、减污技术，通过能源、水的梯级利用和废物循环利用，形成生态工业生产链条，建成一批循环经济型示范企业。

其次，建设两大生态示范园区在沈阳最大的工业区——铁西工业区进行生态工业园区试点，实现园区内物流、能流和信息流的合理循环和配置；同时，在沈阳市的西部地区（含于洪区、辽中县、新民市），依据循环经济理念，建设西部生态工业走廊，推进沈阳走新型工业化道路进程。

再次，建设城市资源循环系统。建设污水源热泵供暖系统，将处理后的再生水中低品位、不能直接利用的能量提取出来，为建筑物进行供热，实现废水资源的再利用；建立废物循环交换管理系统实现信息资源交流，编制固体废物交换信息软件，构建合理的"废物—再生原料—产品—用户"的循环利用快捷网络，保证其在企业间、行业间得到合理配置和交换；建设城市垃圾减量处置系统推行垃圾分类收集试点，消除各类垃圾对环境的污染；建设全国性的以多氯联苯为主的危险废物焚烧中心，消除难降解废物的无组织排放；引进先进的医疗垃圾焚烧处理技术，建立完善医疗垃圾处理设施，实现医疗垃圾处理率100%；建立废物回收利用系统，以提高经济效益，降低资源的消耗与浪费为目标，建设餐饮废物生产干粉蛋白饲料示范项目以及工业废物处置回收利用工程。

沈阳市按照突出重点、分步实施、务求实效的原则，全面启动了循环经济示范城市建设工作，至今，沈阳市循环经济示范城市建设工作已经取得了较大的进展。

一、加快循环产业园区建设，积极引导不同产业通过产业链的延伸和耦合，实现资源在不同企业之间和不同产业之间的充分利用

生态工业园区的建设，对沈阳具有现实意义。按照振兴老工业基地目标，沈阳将建设新型工业城市，未来几年，以装备制造业和重化工为主导的产业必将进入飞速发展阶段。预计十二五期间，沈阳市能源消耗将增加50%，工业用水量将增加30%，生活垃圾排放量将增加60%。目前沈阳已经面临着资源难题，水资源极其短缺且浪费严重；一次性能源消耗

比重过大,成本过高。必须转变经济增长方式,减轻资源环境压力,以循环经济的实践,穿越资源"瓶颈"的困惑。为此,依据国家和辽宁省关于循环经济建设的具体要求,在2002年,沈阳市正式制定了《沈阳市建设循环经济示范城市工作实施方案》,提出了以循环经济促进城市经济、环境与资源协调发展,实现城市环境显著改善的总体构想。从这一总体构想出发,沈阳市从2003年起明确提出了紧密结合沈阳实际,以经济结构调整为主线,以提高资源利用率为核心,用5~7年时间,建成一批循环经济型企业、建成一个具有示范效应的生态工业园区,进而建成资源循环型城市的战略构想。

从2003年开始,铁西工业区利用总体搬迁改选的契机,以循环经济和生态工业理论为指导,以装备制造、汽车及动力、食品包装、纺织染整、医药化工五大重点产业为依托,构建工业生态、消费生态、城市基础设施、技术支持、生态保障五大核心系统,形成"低投入、高产出、低污染"的共生产业链。按照规划,生态工业园将利用8年时间建成。截至目前,园区核心产业建设初具规模,循环经济支持系统及配套基础设施逐步完善并投入使用,综合效益初显。

在沈阳铁西生态工业园,化工厂生产烧碱产生的稀硫酸,成为净水剂厂生产硫酸铝的原材料,生产的净水剂产品供给污水处理厂,污水处理厂运行过程中产生的污泥可作为堆肥的原料,这种"食物链"的生成,让循环理想变为现实。

(1)沈阳化工公司内部小循环。企业按照清洁生产的要求,最大限度地削减物质和能源的消耗量,减排有毒物质,达到物质和能量的循环。化工企业能耗高污染重,近年来,沈阳化工公司通过节水技术改选工程,建立闭路循环给水系统,实现各类循环经济和清洁生产方案700多个,减少污染物4.4万多吨,创造经济效益近亿元。

(2)建设铁西生态工业园区,实现中循环。在这一层面的工业生态链中,有生产者、消费者和分解者三类成员。目前已进入工业生态链的企业有47家,将构成9条工业生态产业链,形成5个生态工业循环网络,在全园区主要企业和行业间,构建合理的循环利用网络。

(3)建立生态工业园里的共生体系,支撑生产消费,实现大循环。铁西新区现有企业近3 000家,总资产超过1 000亿元,具备建立生态工业园的优势条件,在装备制造、化工、制药、轻工、环保等产业间都可以形成生态产业链。有些产业间的循环经济,已经发挥了可观的效力,比如东北制药集团、沈阳化工股份有限公司生产过程产生的废盐酸,可用于配套专业电镀厂,作为电镀生产的原材料,为装备制造产业、汽车制造产业生产配套零部件;装备制造产业、汽车制造产业在生产加工过程中产生的废金属,可作为钢铁加工业的原材料,进行回炉冶炼再生,形成新的机械制造业原材料,重新加工零部件及产品,可用的零部件重新组装继续使用。

(4)全面打造生态工业园区和生态工业走廊。以目前在建的沈阳西部工业走廊为试验田,全面打造示范工程,建立生态工业园区。在工业走廊的企业内部,鼓励各个企业开展清洁生产,实施清洁生产审核,推动企业产业升级、提升产品和技术的科技含量,做好小循环……;企业之间,要尽可能使上游企业的产品甚至"废料"成为下游企业的原料和资源,建立生态工业产业链条,完善中循环;各个园区之间,采用合理有效的链接,充分利用各种需求和供给信息,拓展工业走廊内物质的循环,最大限度的实现物质集成,建立生态工业走廊,做好区域大循环。(王冬梅. 循环经济理论与实践. 辽宁大学出版社 2009 年 11 月版第 203～205 页。)

二、鼓励采用先进工艺技术与设备,形成"低消耗、低排放、高效率"的企业循环生产模式

(1)围绕循环经济建设,沈阳市建立了以东北大学国家生态工业重点实验室为依托的循环经济研发与培训基地,研究开发有关循环经济的关键技术,形成了发展循环经济的技术支撑体系。培养和造就一批循环经济技术骨干和专业人才,在水、大气、固体废物、生态保护等方面推出了数十项环保新技术,这不仅有效地防止了对生态环境的破坏和污染,而且对企业提高循环经济效益起到进一步的推动作用。

(2)制定并实施促进循环经济的奖励政策、收费减免政策、税收减免政策、贷款优惠政策等。对采用闭路循环、资源再生以及非物质化生产的企业,在污染排放配额分配、环境税费等方面予以支持。

(3)加大技术体系支撑的开发和标准的制定,组织建立循环经济的绿色技术支撑体系,充分体现市场手段和自愿性原则,鼓励企业采用清洁生产技术、废弃物资源化技术等。加大循环经济科研开发力度,对主要行业工艺技术工业生态系数的研发、生态工业关键连接技术的开发方面、重点物质循环迁移规律等给予重点支持。

在全市工业企业中以节能降耗、降低污染为目标,推行清洁生产,实施节水、节能、减污技术,通过能源、水的梯级利用和废物循环利用,形成生态工业生产链条,建成一批循环经济型示范企业。(资料来源:"沈阳市十二五规划")

三、积极推广余热余压回收、废弃物无害化处理等技术,实现能量的梯级利用和资源的循环利用

(1)利用各种资金渠道,重点抓好电力、钢铁、有色、石化、建材等重点耗能行业的锅炉窑炉改造、电机系统节能、能量系统优化、余热余压利用、节约和替代石油工程,以及节能技术产业化示范工程、节能惠民工程、合同能源管理推广工程和节能能力建设工程。加强对项目的指导与协调,积极落实国家、省项目配套条件跟踪检查项目进展情况。到 2015 年末,重点用能单位的工业锅炉、炉窑平均运行效率比 2010 年提高 5 个和 2 个百分点,电机系统运行效率提高 2 个百分点。"十二五"时期,形成 200 万吨标准煤的节能能力。

(2)建立健全城市生活垃圾分类回收制度,完善分类回收、密闭运输、集中处理体系。鼓励开展垃圾焚烧发电和供热、填埋气体发电和餐厨废弃物的资源化利用。鼓励工业过程协同处理城市生活垃圾和污泥。加快垃圾处理设施建设步伐,积极推进城乡垃圾无害化处理,各地区和有条件的建制镇都要建设垃圾处理设施。初步实现全市城乡垃圾处理设施基本覆盖,垃圾处理率达到 100%。

(3)加快推进"城市矿产"示范基地建设推进再生资源规模化利用。培育一批废旧家电、废旧汽车、电子产品、工程机械、矿山机械、办公用品、塑料、电池、荧光灯等再制造示范企业,完善再制造旧件回收体系,形成分拣、拆解、加工、资源利用和无害化处理的产业链条,推动再制造的规模化、产业化发展。加快建设城市社区和乡村回收站点、分拣中心、集散市场"三位一体"的再生资源回收体系。到 2015 年,主要再生资源回收率达到 75%以上。

四、引导静脉产业发展

(1)以近海经济区建设成为国家环保产业示范基地为先导,充分利用和完善现有废物综合回收利用体系,加快建设现代环保产业园区,近海经济区是由国家环保部确立、全省唯一的循环经济第二批试点园区国家级环保产业示范基地项目,是沈阳创建全国环境建设样板城工作的核心内容,即在沈阳近海经济区建设占地 100 平方公里的环保产业园区,力争用 3 年时间实现静脉产业产出超百亿元的目标。静脉产业是垃圾回收和再资源化利用的产业,又被称为"静脉经济"。沈阳近海经济区作为"环保产业示范基地将主

要发展再生资源利用、造纸等五大产业,并通过提高准入门槛、执行严于国家标准的地方环保标准等方式确保产业与环境的友好"。

近海经济区启动以来,借鉴国内外环保城市的成功经验,大力发展循环经济和生态工业,优化投资环境,创新招商引资方式,重点引进国内外有实力的战略投资者。加快生态建设,加强环保产业专项招商,建设环保产业园区,把废弃物再生利用等产业培育成新的经济增长点。

2010年,进入基地各类废物利用企业达到50家,循环经济链条实现年产值50亿元,使沈阳资源循环利用率、可利用废旧物处理率等循环经济主要指标达到50%以上。

2012年,进入基地各类废物利用企业达到200家,循环经济链条产业形成年产值200亿元,使沈阳资源循环利用率、可利用废旧物处理率等循环经济主要指标达到70%以上。

2015年,进入基地各类废物利用企业将达到300家,实现拆解加工和产品再制造年产值"双五百亿元",使沈阳资源循环利用率、可利用废旧物处理率等循环经济主要指标以及生态环境建设和可持续发展能力等达到国际先进水平。

为此,沈阳近海经济区组建了四大工业组团。

①废旧产品拆解加工业组团。重点发展废旧机电产品拆解加工业、废旧电子信息产品拆解加工业、报废汽车拆解加工业。

②精深加工与再制造产业组团。重点发展废旧有色金属、塑料、橡胶、溶剂、废旧纸再生利用业及再生新型材料产业。

③无害化处理产业组团。重点发展危险和不可利用废物无害化处理产业。

④新能源产业组团。重点发展太阳能光伏、风能等新能源产业。

形成了九大产业园区:

①国内可利用废旧物拆解加工产业园区

②进口可利用废旧物拆解加工产业园区

③再生纸业园区

④化工废料再生产业园区

⑤环保设备制造产业园区

⑥危险固废无害化处置和利用产业园区

⑦新能源产业园区

⑧再生橡胶和塑料产业园区

⑨再生新型材料产业园区

园区内全面实现清洁生产。采用无公害、少污染、低消耗、低排放、易再生回用的绿色铸造材料和铸造工艺;抓好废弃物的无害化、资源化的处理技术,引进新型建筑材料企业,解决废渣、废砂等重复循环再利用的问题;积极应用绿色包装,使得资源消耗和废弃物产生最少,实现包装材料循环利用。

(2)建立废弃物回收流转交换系统,推动全市静脉产业发展。

①建立废物循环交换管理系统,实现信息资源交流,编制固体废物交换信息软件,构建合理的"废物—再生原料—产品—用户"的循环利用快捷网络,保证其在企业间、行业间得到合理配置和交换。

②建立资源利用及废物回收体系。在电石渣、粉煤灰、秸秆等方面首先形成回收利用系统,逐步形成规模化的产业集成,实现废物资源的有效利用。

③搭建资源合理配置信息平台系统,完善各项管理层面,保证资源循环型社会的高度协调统一。以工业、农业、第三产业、社区为主干,形成树状网络系统,并通过个人、企业、行业、区域各个层面,实现国内外、省内外、市内外、城乡间的链接,保证资源的高效利用和合理配置。

五、积极培育绿色消费体系,积极倡导社会循环式消费和资源节约活动,推行政府绿色采购

建立消费拉动、政府采购、政策激励的循环经济发展政策体系。

(1)建立和完善循环经济产品的标示制度,鼓励公众购买循环经济产品。

(2)在政府采购中确定购买循环经济产品的法定比例,推动政府绿色采购。

(3)通过政策调整使循环利用资源和保护环境有利可图,使企业和个人对环境保护的外部效益内部化。

按照"污染者付费、利用者补偿、开发者保护、破坏者恢复"的原则大力推进生态环境的有偿使用制度,扩大绿色消费市场,培育绿色消费新风尚。
(资料来源:"沈阳市十二五规划")

六、建立循环经济支撑体系

(1)推进循环经济发展的法制建设,促进循环经济标准化。

发达国家的实践经验表明,一个良好的法律法规体系的构建,可以引导循环经济及生态工业规范化实施,使循环经济的发展有法可依,有章可循。借鉴国外的经验,通过立法的形式,逐步制定适合我们实际情况的循环经济

法律法规体系,将有助于我们政府、企业和公众了解推行循环经济的重要意义,明确各级政府及有关部门在推行循环经济方面的义务和职责,明确全社会推行循环经济的途径和方向。

①从政府角度,制定相应的法律、法规和相应的规划、政策,对不符合循环经济的行为加以规范和限制;目前,沈阳市已出台了《沈阳市地源热泵系统建设应用管理办法》等一系列规章和管理办法,同时出台了全市水环境保护、大气环境保护、固体废物综合利用和处理处置、生态环境建设、环境管理等方面的环境保护技术政策40项,初步建立了较为完备的法规政策体系。

②从产业角度,把资源循环利用和循环经济法规要求纳入企业的创新、开发和经营战略中,引导有利于循环经济的消费和市场行为。

③从公众角度,树立同环境相协调的价值观和消费观,通过法规约束,使人们自觉地选择有利于环境保护的生活方式和消费方式,推动社会生活向循环经济方向转变。

(2)综合运用财税、投资、信贷、价格等手段,引导企业和居民建立自觉节约资源和保护环境的体制机制。

①借鉴国外成功经验,制定和完善鼓励推进循环经济的经济与技术政策。真正起到循环经济的政策导向作用。

②应加强对循环经济的宣传,提高政府、企业、公众对发展循环经济的认识。各级政府充分发挥媒体的作用,广泛宣传循环经济在"生态宜居之都"建设中的重要意义。特别在企业及相关的政府管理部门要加大培训的力度,结合企业、社会的各种培训进行不同层次的宣传和教育,使循环经济的理念贯穿到经济、生产、生活的各个领域,变成政府、企业、公众的自觉行为,推进循环型社会的进程。

(3)沈阳市从生态宜居城市发展的全局高度,推进循环经济城市建设,资源循环型城市的宏观框架已经初步形成。

①用循环经济理念调整城市布局,一个资源配置更为合理的新型区域布局正在形成。对城市布局重新进行整合、调整,启动了浑南新区开发建设,对铁西新区——张士工业区进行了重新整合,并规划在全市13个区、县(市)建设集约型的工业园区,大大缓解了中心城区总体环境资源的过度消耗和破坏,激活了周边地区的发展,保证了整个城市总体发展的均衡性。

②按照循环经济的原则,调整产业结构,城市结构性污染有所减轻。按照"减量化、无害化、资源化"的原则,沈阳市以取缔冶炼厂为标志,对中心城区"高污染、高能耗、高排放"类型的300多家企业实施了异地搬迁改造和取缔,大大缓解了经济与环境的矛盾,降低了资源的消耗。

③按照资源循环的模式,建立资源交换体系,废物资源化进程有所加快。全市已经建立了固体废物信息交换平台,初步实现了企业、行业、区域间的可利用废物交换与利用。目前,沈阳全市工业固废综合利用率达到了80%,已经有100多家企业的固体废物实现了交换处置。(资料来源:"沈阳市十二五规划")

七、扎实推进污染减排

(1)控制主要污染物排放总量,重点对化学需氧量、二氧化硫、氨氮、氮氧化合物四个指标实施污染减排。推进重点行业结构优化调整,优化发展方式,严格控制增量。提高现有污水处理厂的负荷率和城镇污水管网覆盖率,加快县级和重点建制镇污水处理设施建设。实施重点区域、流域城市污水处理设施提标改造,提升氮、磷去除效果,大力提升城市污水再生水利用能力。加快推广节约型农业技术,推行农村生活污染源排放控制。全面推行电力行业低氮燃烧技术,加快现役机组烟气脱硫设施建设,强化已建脱硫设施的运行管理。加快氮氧化物控制技术的研发和产业化进程,推行低氮燃烧技术以及烟气脱硫示范工程建设。提高新机动车准入门槛,加大在用车淘汰力度,重点地区供应国四油品。

(2)以资源利用为目标,污水源热泵项目已经全面启动。从2006年9月至今,全市已经完成污水源热泵项目11个,供暖面积125万平方米。同时,沈阳国惠再生水源热泵项目和沈阳北部污水厂再生水源热泵项目也已经开工和即将开工建设,这两个项目建成后,可以形成总的供暖能力860万平方米,每年节煤67万吨,减少排放SO_2 5 000吨,烟尘8 800吨,从而为沈阳市环境空气质量的改善作出重要贡献。

(3)以清洁生产为手段,促进循环经济型企业建设。沈阳市的清洁生产应以化工、医药、石化、造纸和食品加工等行业为重点,根据不同类别企业的特点,采取不同方式来推行清洁生产。对已建成的效益欠佳、污染严重的企业,要大力推行清洁生产审计,为这类企业在加强管理、积累资金、提高资源利用率、减少污染物排放等方面的进一步发展奠定基础;对新建、改建、扩建和效益较好的企业,工作重点是大力推行清洁生产技术,结合现行的环境管理制度,鼓励企业开展清洁生产。在具体实践中,从污染物消减的角度来推动企业的产业升级,提升产品的技术含量。(资料来源:"沈阳市十二五规划")

八、推进低碳发展

（1）以鼓励清洁能源利用和低碳化技术改造为重点，促进全市生态环境明显改善，全面提升经济发展质量。

（2）推广清洁能源利用。稳步推进地源热泵、煤层气利用、风力发电等清洁能源，加快推进中石油天然气、大唐阜新煤制天然气入沈管线建设，积极做好天然气的推广利用，不断提高燃气汽车使用规模，优化能源消费结构，有效控制全市煤炭消耗增量，减少有害气体排放，加快推进农村清洁能源利用步伐，积极推广沼气、秸秆综合利用、太阳能等清洁能源，使农村生活用能中清洁能源比例达到 50% 以上，提高能源使用效率。

（3）促进传统化石能源低碳化利用。加大推广应用洁净煤技术，减少原煤直接燃烧，提高煤炭利用效率，应用二氧化碳捕获、利用和封存技术，减少污染和排放，实现煤炭及煤基产品的高效利用和清洁利用，在电力、交通、建筑、冶金、化工、石化等能耗高、污染重的行业先行建立低碳经济试点示范，积极探索传统能源低碳化利用。

（4）推广低碳生产模式。鼓励企业使用新技术、新工艺、新装备、新材料，提高节能减排技术和管理水平，鼓励企业自愿实施清洁生产审核，从而实现节能降耗减污的目的，鼓励民营企业引进国外先进低碳发展技术，逐步提升民营企业技术水平。

（5）倡导低碳化生活方式。加快完善便捷、快速的城市公共交通网络建设，鼓励市民乘坐公共交通工具出行，加强环保监察力度，禁止尾气排放不达标车辆上路行驶，加快城市老旧公交车升级换代，全面使用节能环保公交车辆，鼓励使用小排量汽车，减少燃油汽车尾气排放。

加快循环经济发展是当今工业的发展潮流，是沈阳市走新型工业化道路、加速老工业基地振兴和建设生态宜居之都的必然选择和迫切要求。对沈阳市而言，用循环经济理念建设示范企业、构建生态工业园区，建设资源循环型城市，对于改善城市的环境质量、促进产业结构调整、探索和实践新型管理体制和运行机制等都可以起到积极的示范、带动和辐射作用。沈阳市应该按照整体规划、突出重点、系统整合、分步实施的原则，加速建立循环型社会的框架体系，推进全市社会、经济与环境资源的协调可持续发展。

第三节 沈阳经济区其他各市循环经济发展状况

一、鞍山用循环经济突破经济发展的瓶颈

鞍山以鞍钢而闻名,长期以来,钢铁工业一直是鞍山的支柱产业。鞍山经济能否持续发展,取决于钢铁工业能否摆脱传统发展模式,建设循环经济,走新型工业化道路。钢铁工业是典型的流程制造业,在实施循环经济上有巨大的潜力,是发展循环经济的优先切入点。钢铁工业要保持持续的发展,就必须大力发展循环经济,用循环经济的理念指导钢铁业的发展,走科技含量高、经济效益好、能源消耗低、环境污染少、人力资源优势得到充分发挥的新型工业化道路。根据鞍山钢铁工业目前状况分析,鞍山钢铁工业循环经济发展模式应定位为:以鞍山钢铁集团公司为主体,以生态工业建设为重点,以钢厂功能拓展为切入点,以资源高效配置和产品结构调整为突破口,建设鞍山改造和虚拟混合型钢铁生态工业园。(曹辉,王焱,孙树臣,涂赣峰,彭可武"鞍山钢铁工业循环经济发展模式选择"《冶金能源》2006 年第05 期)因此,自"九五"以来,鞍钢提出走新型工业化道路,按照循环经济理念,建设资源节约型和环境友好型企业。立足自主创新,采用世界先进技术对原有技术装备进行替代和改选,淘汰了落后的生产工艺和技术装备,建成了一批具有国际一流水平的短流程、节能环保型生产线。走出了一条节能降耗、废物利用、自我完善、良性循环的道路,企业发展取得历史性突破。

立足自主创新,采用世界先进技术对原有技术装备进行替代和改造,淘汰了落后的生产工艺和技术装备,建成了一批具有国际一流水平的短流程、节能环保型生产线,带来了企业能耗的大幅降低。但是完成能耗水平降低的第一次跨越后,要真正做到环保、节能、绿色生产,还有待于更高层次节能手段的利用。鞍钢选择了发展循环经济,从选矿到轧钢,鞍钢将循环经济覆盖到了钢铁生产工艺的全过程。

大力建设水循环系统,实现工业废水"零"排放。钢铁行业是水资源消耗大户,随着鞍钢生产规模不断扩大,钢铁产量不断增加,对水资源的需求日益增大。在过去的 10 年中,鞍钢推行使用先进的节水工艺和设备,提高水资源利用率。1999 年,鞍钢建成了日处理能力 22 万吨的工业污水处理厂,日处理量约 19.2 万吨,回用量约 17 万吨,补齐厂内净环水管网。对原来的北大沟污水处理厂进行改选,直接供齐大山选矿厂使用,提高了水循环

率。在厚板厂、线材厂实施轧钢落地水回收工程，实现了"废水"零排放。通过改选完善水的净化和循环系统，"十五"末期，吨钢耗水比1995年下降了15.96吨，水循环利用率由89.97％提高到96.3％，鞍钢新区增加500万吨钢产量，而新水量并没有增加。目前鞍钢吨钢耗水降到6吨以下，已接近世界先进水平。

　　发展循环经济，实现废物资源化。对钢铁行业来说，处理从高炉中排出来的低热值废气一直是个难题，如果任其散到空中，将造成严重大气污染。鞍钢曾经投入了15亿元的巨资，建成了一组30万千瓦的发电机组（CCPP），它是目前世界上功率最大、最先进的燃烧低热值高炉煤气联合循环发电机组，年可发电23亿千瓦时，相当于一个年消耗70万吨标准煤热电厂的发电量，可将鞍钢剩余高炉煤气和焦炉煤气全部回收发电。最终，鞍钢CCPP机组发电13亿多千瓦时；煤气回收总量近12亿立方米，减少二氧化碳排放100余万吨，相当于吃掉了100万辆小汽车一年排放的废气。鞍钢还建成了转炉煤气回收、余热、钢铁渣开发、粉末冶金等综合利用项目，实现了工业"废物"资源化。转炉煤气放散，既浪费了能源，又污染了大气，针对这种情况，鞍钢建成了转炉煤气和高炉煤气回收系统。两套8万立方米转炉煤气柜，回收的转炉煤气用于轧钢工序加热炉，至此，鞍钢结束了煤气放散的历史。据介绍，一套8万立方米转炉煤气回收系统，每年节省相当于4.67万吨标准煤的能源，同时，减少了煤气放散燃烧给大气造成的污染。

　　目前，鞍钢完成了钢铁渣开发利用、OG泥及转炉煤气全回收、余热和水资源回收利用、粉尘冶金、建筑材料等"废水、废气、废渣"综合利用项目40多项，实现工业"三废"彻底资源化，有效地减少了资源消耗和污染物排放。循环经济使鞍钢实现了节能、降耗、减污和增效有机结合，以及经济效益、社会效益、环境效益的和谐统一。（国家发改委网站）

　　针对废弃矿山对环境造成的破坏和污染，鞍钢加大了对矿山废弃的排岩场和尾矿坝进行复垦力度。为了实现对矿山可持续发展，减轻或消除排岩场和尾矿坝对城市环境造成的影响，在开发利用铁矿资源的同时，鞍矿公司坚持经济效益和生态环境保护并重的方针，认真贯彻国家有关保护生态环境的政策要求，投入大量资金用于矿区复垦规划，对矿区复垦工程作了系统规划，制定了2002—2006年五年复垦规划，有计划地对废弃的尾矿库、排岩场等重点部位进行复垦绿化。"十五"以来，已累计投入1.2亿元资金用于矿区复垦绿化，累计完成复垦绿化面积552万平方米，植树760万株。经过几年的不懈努力，昔日红尘漫天的尾矿库和排岩场如今变成了景色怡人的生态旅游观光园。目前，鞍矿公司矿区的绿化覆盖率达到30.8％，一个人与自然和谐统一的绿色生态环保型矿山正呈现在世人面前。

如今,走进鞍钢厂区,浓郁的"绿色"便扑面而来。通过十几年改造升级,技术创新,坚持发展循环经济,鞍钢不仅建成了花园式厂区,而且在节能减排、环境保护上也为国有大中型企业的产业转型树立了良好的榜样。

二、抚顺依托矿区改造,大力发展循环经济

抚顺作为中国传统的煤炭工业基地,进入新世纪以来,随着矿产资源的日趋枯竭和限产保城政策的实施,产业转型已是必然趋势。2005年11月,国务院、国家发改委、国家环保局等六部门下发了《关于组织开展循环经济试点(第一批)工作的通知》。抚顺矿业集团被列为第一批试点单位。抚顺市政府和抚顺矿业集团抓住机遇,及时调整发展思路,提出了以煤炭产业为依托,以节能减排为目标,立足现有资源,加大资源综合利用,大力发展循环经济的转产转型的工作思路。

提出了利用矿山废弃资源,以"一矿四厂一气"转产项目为主线,发展接续产业和替代产业。建设集采煤、炼油、发电、规划生产建材和开发煤层气于一体的生态工业园区。通过生态工业园区建设,逐步形成集延伸与深化资源产业链,开展产业间的相互关联,实施矿山生态恢复等为一体的多元化生态产业模式。

首先,把发展循环经济作为资源枯竭型企业转型规划的中心,使循环经济发展具有战略保证。抚顺煤矿开采具有百年历史。新中国成立以来共生产煤炭5.8亿吨,上缴利率近百亿元,为共和国经济建设和地方的繁荣与发展作出了重大贡献。进入市场经济的新时期后,特别是"保城限采"政策的实施,使抚顺煤炭可采储量锐减,经济总量严重不足,致使企业的生产经营一度遇到了前所未有的困难和挑战,转产转型工作迫在眉睫,为了实现企业的可持续发展,抚顺矿业集团公司一直把产业结构调整、实施战略转型作为头等大事来抓。经过几年的摸索与实践,逐步明确了转型的方向,确定了转型的思路。就是要以现有产业为基础,发挥自身优势,以煤炭为依托,立足现有资源,采用先进技术,整合资源、调整产业结构、提高资源利用效率,开展资源综合利用,进行资源深加工,大力发展循环经济。通过发展循环经济,不断拓宽资源领域,把现有的油母页岩和煤层气等作为资源,改进煤炭企业以煤炭为单一资源的局面,实施以多种资源为依托的转产转型战略。把循环经济列入企业战略转型的长远规划中,作为战略转型的重点和中心工作,持之以恒地坚持和发展循环经济,逐步实现企业战略转型。同时,以战略转型这一关系着企业生存的发展战略作为循环经济的战略保证,也有力地推动了循环经济的发展。

其次,发挥自身优势,大力开展资源综合利用,使循环经济具有了资源保证。抚顺矿业集团现有煤炭、油母页岩和煤层气三大主要资源,同时还有大量的林业、土地等可利用资源。作为抚顺矿业集团公司一大资源的油母页岩就是通过发展循环经济,逐步从废弃物转变为宝贵资源。油母页岩是煤田中与煤伴生、覆盖于煤层之上的低热值矿物质。露天生产中作为剥离物被排弃,每年产生量达数百万吨,不仅占用大量土地,而且严重污染空气和地表水体。抚顺矿区目前有数十亿吨油母页岩和数十亿立方米煤层气的地质储量。煤层气以前也是作为废气被排放到大气中污染了空气。作为一个资源型企业,必须充分发挥和利用好这些煤炭以外的资源,搞好资源综合利用,进行产业结构调整。

再次,重点围绕煤炭、油母页岩和煤层气三大资源,大力开展综合利用,提高利用率,以资源最小化实现效益最大化、排放趋零化。总体的发展循环经济的思路就是:以煤炭产业为主体,以油母页岩综合利用为核心,以先进技术为依托,充分利用现有的煤炭、油母页岩和煤层气三种主要资源;结合公司发展战略,发挥油母页岩综合利用技术优势,深入研究油母页岩开发利用新技术,形成油母页岩的炼油及产品和废弃物深加工、发电、建材生产(水泥、凝石、烧结砖等)、技术输出、设备制造等循环经济发展体系;结合煤矸石、煤层气、机加工、建材五大产业,实现经济与自然和谐发展,最终完成资源枯竭企业的战略转型。

抚矿集团的油母页岩每年产生量达800多万吨,不但占用大量土地,还严重污染空气和地表水体,当地百姓对此意见很大。为充分发挥和利用好这些煤炭以外的资源,抚矿集团进行产业结构调整,围绕油母页岩综合利用,多管齐下,变废为宝,建成页岩瓦斯发电站、页岩烧结砖厂和页岩水泥厂,打造和延伸了油母页岩加工利用的产业链。

①油母页岩炼油。国际上页岩炼油技术只有少数几种,而在中国抚顺矿业集团是最早实施页岩炼油项目的。公司早在1991年就建成投产了页岩炼油厂,并开发了抚顺式干馏技术。鉴于西露天矿每年800万吨的油母页岩排弃量,除供原有页岩炼油厂炼油外,还要舍弃400多万吨,既污染环境又浪费资源的实际状况,从2004年6月开始,抚矿集团在西露天矿南侧新建了年处理油母页岩300万吨,年产页岩油10万吨的坑口页岩炼油厂。目前,抚顺集团已形成了年加工油母页岩800万吨,年产页岩油24万吨的油母页岩主导产业,成为世界最大规模油母页岩炼油企业之一。

②页岩瓦斯发电站。在油母页岩炼油过程中,产生大量的低热值页岩瓦斯,其中一部用于工艺系统本身,协助页岩干馏,还有一部分剩余。为了充分利用这部分瓦斯,建成了装机容量为14 000千瓦的瓦斯发电站,不

仅取得了良好的经济效益,还有效地保护了环境。

过去,抚矿集团页岩炼油厂供热供暖采用的是瓦斯和燃煤锅炉并用的方式,每年所耗煤炭 3 500 吨左右。在剩余瓦斯发电新项目上马运行后,剩余瓦斯发电尾热的出口温度可达 400℃至 500℃,这又是一笔不可多得的资源。2004 年,页岩炼油厂上了以剩余瓦斯发电尾热利用为内容的汽改水工程,完成厂区西部热暖系统改选,取消了页岩炼油厂向西部供热的燃煤锅炉,供热面积由过去依靠燃煤锅炉供热的 2 500 平方米上升到目前的 1.5万平方米,当年仅此就实现节约燃煤 1 000 吨。2005 年全厂以尾热利用为内容的汽改水工程全部完成,全厂的供热供暖由发电尾气的废热来完成。在使厂区生产供热和生活供暖得到更好改善的前提下,全年消耗燃煤 800吨,比原来燃煤消耗下降 78%。

③页岩废渣水泥厂。抚矿集团还以页岩炼油和页岩热电厂的废渣为原料,扩建页岩废渣水泥厂,现在已将原 10 万吨生产能力的水泥厂增加到生产 37 万吨,已正式投产运营。根据国家关于墙体材料革新和利用固体废弃物制砖等产业政策,抚矿页岩烧结砖厂一期工程目前已经正式投产。该项目以西露天矿剥离的绿页岩、煤矸石和页岩炼油厂、页岩热电厂的废渣为原料,年产 6 000 万块烧结砖,年利用废渣 11.2 万吨,真正实现了变废为宝。投入运行后效果良好,市场供不应求。

④煤层气开发利用工程。煤层气开发利用是资源综合利用的重要组成部分,抚顺煤田煤层气资源量为 89 亿立方米,其中含采储量 48 亿立方米。为有效利用煤层气资源,抚矿集团新上了煤层气开发利用工程,采取井下抽放等方式通过管路输送到地面,经加压、存储、混兑后供给用户,作为民用和工业燃料。煤层气开发一期工程已经建成投产,年产煤层气 5 000 万立方米,形成了能力为每年向沈阳市输送 5 000 万立方米煤层气的系统。目前已向沈阳与抚顺市内工业企业送气。二期工程已由东北煤田地质局完成两口试验井的建设,现正在观测中。此举不仅大大减轻了井矿瓦斯对煤矿安全生产的危害,而且解决了城市居民和工业窑炉使用清洁能源的问题,还创造了很好的经济效益。

⑤采煤综合利用工程。抚矿集团西露天矿、老虎台矿结合选煤厂技术改选,投资近 2 000 万元对煤泥进行治理,实现了洗煤废水厂内循环,煤泥在选煤厂内回收。年处理煤泥水 170 万吨,回收煤泥 30 余万吨。

⑥矿区复垦工程。矿区复垦工程是抚矿转型的重要项目之一,抚矿集团不惜财力、物力、人力对西排土场进行了积极的绿化造林和土地复垦治理。目的在于恢复矿区的生态环境,改善本地区大气环境质量,使矿山废弃物资源化,充分利用矿区现在土地资源合理开发第一产业,目前已投资 750

万元,完成了西露天矿西舍场通水、通电、修路、院所修建等工程,植树 8 000 亩 290 万株,种草 15 000 亩,复垦造地 2 000 亩。

抚矿转型后,百年来一直位于"龙头"的煤炭产业将逐渐"退位",预计几年后,抚顺矿业集团的油母页岩综合利用产业创造的销售收入、利润、税金将全面超过煤炭产业,成为矿区的主要经济支柱。"一矿一厂一气"的循环经济模式从某种意义上决定着企业的前途和命运,百年老矿将因此而重现生机。(王冬梅《循环经济理论与实践》辽宁大学出版社 2009 年 11 月版第 199～202 页。)

围绕着矿区转型,抚顺市又利用沈阳经济区城市群建设加速发展的有利时机,通力与沈阳市合作加快沈抚同城化建设,打造南环循环经济产业带作为沈抚新城和石化新城的重要连接带。重点建设塔峪工业产业园区、演武造纸产业园区、胜利开发区页岩油深加工产业园区,已逐步形成装备制造、钢铁、油母页岩深加工、石油化工等产业集抚顺市坚持以循环经济为基础,全力打造"生态型"循环经济产业带,这将成为抚顺市工业经济发展新的增长点。

三、本溪整合三大支柱产业,推动循环经济发展

"十二五"期间,本溪正处在调整经济结构,以缓解资源瓶颈制约经济发展的关键时期,为实现把本溪从"资源枯竭型城市"建设成"钢铁城、森林城、中药城、旅游城"发展目标,本溪市政府提出了加大经济结构调整力度,加快转变经济增长方式步伐,提高资源、能源利用效率,以工业经济循环为主导,以清洁生产为起点,全面推进全社会的循环经济发展,实施振兴老工业基地发展战略,努力构建资源循环型经济发展模式,建设节约型社会,实现经济、环境与社会协调发展的战略目标。

根据国家、省、市国民经济发展规划、产业结构调整指导目录以及重点行业的产业政策,尽快制定符合本溪实际情况的产业发展指导目录及准入标准,加快产业组织结构调整,提高资源消耗大、污染严重产业产品的市场准入门槛,限制和淘汰浪费资源、污染环境的落后工艺、技术、产品和设备。建立起较为完善的发展循环经济运行管理机制、政策法规体系;形成具有循环经济特征的产业体系和消费体系;经济结构趋向合理,经济增长方式得到根本转变;经济运行质量和效益显著提高,力争重点行业和重点企业的资源、能源利用效率有较大幅度提高,废弃物排放量显著削减;形成一批具有较高资源生产率、较低污染排放率的清洁生产企业。

首先,推进原材料节约。加强原材料消耗管理。重点对冶金、建材、机

械、纺织等重点行业的原材料消耗进行深化管理,减少投料,降低工艺过程消耗。大型公共基础设施在满足功能需要、安全可靠的前提下,努力做到简洁实用、减少原材料消耗。严格资源型产业项目的审批、核准制度,节约包装材料。引导生产企业设计时优先考虑简约化、轻质化,压缩实用性材料消耗,以便回收并尽量减少包装物在整个生命周期内的环境影响。鼓励商场、超市、便利店设立包装物回收网点,以各种消费优惠形式鼓励消费者将包装物送至回收网点,并逐步减少塑料包装物的使用。

其次,全面提升资源综合利用水平。合理利用共生、伴生及"三废"资源。引导企业在矿产资源开发中,对共生、伴生资源进行综合开发和合理利用。对企业生产过程中产生的废渣、废水、废气、余压余热等进行回收和合理利用,推动不同行业的企业通过产业链的延伸,实现废弃物的循环利用,充分发挥建材、冶金、电力等行业对废弃物的消化功能,实现废弃物的最大资源化,实现"三废"综合利用产业化。鼓励矿产资源的综合回收利用。矿山企业要在矿产资源等开发中提高回采率水平,降低采矿贫化率,推进尾矿、共伴生矿、废石的综合利用,推进矿产资源深加工。加强工业和建筑业废弃物的综合利用。重点抓好尾矿渣、粉煤灰和煤矸石等大宗固体废弃物的综合利用;推进冶金和化工废渣及有机废水综合利用;加强建筑渣土和建设工程废弃物的管理和综合利用。开展农业废弃物资源化利用,推行农资节约。优化畜禽养殖布局,推广秸秆还田技术,鼓励发展有机肥,推行生物技术开发和应用,推广农膜回收技术。实施生活垃圾分类收集和分类处置。建立回收、交投、分拣和加工利用的废品回收利用网络,推进生活垃圾生物转化、能源转化利用,提升无害化水平。加强可再生能源的回收和再生利用。倡导绿色消费,鼓励节约使用生活用品,少用一次性物品。以废纸、废塑料、废旧轮胎、废旧家电、废电子产品、废金属及包装物为重点,建立和完善再生资源回收、拆解利用以及无害化处理系统,实行废旧物资回收利用工作的统一规划,合理布局,集中管理,通过市场运作方式,建立回收点、分拣站和再生资源深加工为一体的网络体系。

再次,开展清洁生产。①开展持续清洁生产工作。已开展清洁生产企业,要加快清洁生产中高费项目的实施进度,中高费方案实施率达到70%以上。力争培植出20~30个达到国内同类企业先进水平的高标准、规范化的清洁生产企业。②拓展推行清洁生产领域。除继续在工业企业中开展清洁生产审核外,将在农业、建筑、矿产资源勘察开采、餐饮娱乐服务业等领域推行清洁生产。③实施强制清洁生产审核制度。对使用有毒、有害原料进行生产或在生产中排放有毒、有害物质的企业,实施强制清洁生产审核。④提倡使用国际标准。鼓励有条件的企业在自愿的基础上,开展ISO14000

环境管理体系认证,促进企业不断提高清洁生产水平。

最后,加快开发和推广应用循环经济技术。①提高自主创新能力,开发循环经济适用技术。加强政策引导,鼓励企业自主创新,重点开发共、伴生矿产资源和尾矿综合利用技术、能源节约和替代技术、能量梯级利用技术、废物综合利用技术、循环经济发展中延长产业链和相关产业链接技术、"零排放"技术、有毒有害原材料替代技术、可回收利用材料和回收处理技术、绿色再制造技术以及新能源和可再生能源开发利用技术等。②引进高新技术,提升循环经济水平。运用高新技术和先进适用技术改造传统产业,促进产业结构优化升级,提高产业的整体技术装备水平。推广应用先进高效的节约和替代技术、综合利用技术及新能源和可再生能源利用技术。积极采用国家推广的资源节约综合利用技术,努力营造社会发展循环经济的良好氛围。(参见本溪政府网"本溪市发展循环经济的方案通知")

四、阜新市发展循环经济实现经济转型

自 2001 年阜新市被国家列为首批资源枯竭性经济转型试点城市后,2007 年 11 月阜新市又被国家正式确定为循环经济试点城市。这为阜新这座资源枯竭城市的经济转型确定了方向和目标。阜新作为我国重要的资源城市,历史上曾为国家提供了 5 亿多吨原煤和 1 500 亿千瓦小时的电能,随着煤炭资源的日趋枯竭,不仅传统经济发展模式难以为继,而且传统生产方式带来的环境污染问题也日益严重。面对严峻的经济形势和环境难题,阜新市政府按照循环经济所倡导的"减量化、再利用、资源化"原则,把发展循环经济作为建设生态市与构建和谐社会的首要任务来抓,将建设循环型的工业、循环型的农业、循环型的第三产业和循环型的社会确定为阜新未来经济社会发展的方向。

首先,充分利用国家的扶持政策和矿区的资源优势,大力发展非煤经济,积极推进煤矸石发电、煤层气和矿井水开发利用、粉煤灰水泥等一批循环经济项目。阜新现有大小煤矸石山 19 座,累计堆积达 7.8 亿吨。其中可利用的部分有 6 000 多万吨;现有粉煤灰排放场 4 个,累计堆积达 1 600 万吨。既占用大量土地,又造成资源的浪费,特别是直接影响到环境质量。而从循环经济的角度来看,这些都是资源,存在着巨大的潜在的经济价值。阜新现有金山热电和阜矿热电两座煤矸石综合利用发电厂。金山煤矸石热电有限公司装机容量 60 万千瓦,年发电能力 40 亿千瓦时,年利用煤矸石 150 余万吨,节约能源 20 万吨标准煤,基本上解决了清河门矿区排弃煤矸石问题。阜新煤层气资源丰富,储量达到 220 亿立方米,每年抽采量 8 000 万立

方米。近年来,阜新的煤层气资源在煤层气发电和居民用气、工业用气、车辆加气等诸多领域得到广范应用。阜新煤层气发电总装机容量达到2.96万千瓦,年发电量1.76亿度,每年利用3 500万立方米;城市居民用气量3 000万立方米;工业用气125万立方米;利用高浓度煤层气给汽车加气代替石油,年利用量超过1 000万立方米。阜新矿业集团在煤炭生产中,每年矿井水涌出量达3 800万立方米以上。为了充分利用这些宝贵的矿井水资源,近年来大力开展矿井水回收利用。目前已经建成5个矿井水处理厂,新建3个处理厂,每年可处理矿井水3 500万立方米,主要供给发电企业作为发电冷却水,大大地缓解了城市供水紧张的状况。

其次,大力开展粉煤灰综合利用。粉煤灰作为煤电企业的副产品,既占用土地又污染环境,一直是制约矿产资源城市生态发展的难题。近年来,阜新高度重视粉煤灰的综合利用,取得了较大成效,每年粉煤灰利用量达到了200万吨。大力发展粉煤灰水泥产业,全市现有大鹰、永盛等8户利用粉煤灰生产水泥企业。大鹰水泥制造公司现有现代化日产4 000吨新型干法熟料生产线一条,年产优质水泥200万吨。全市水泥年生产能力达到300万吨,年可利用粉煤灰100万吨。大力推广粉煤灰灰渣混凝土砌块产品,全市每年生产灰渣混凝土砌块20万立方米,利用工业废渣和粉煤灰15万吨。培育了国宏、广厦、高新伟厦等规模较大的灰渣砌块生产企业。积极推进粉煤灰商砼产业发展,大力推广建筑现场商砼化,每年商砼生产利用粉煤灰30万吨。

再次,加大政府推进循环经济工作的力度。一是成立市发展循环经济工作领导小组。负责制定发展循环经济的政策法规,指导和协调示范企业、园区和城市的工作,筹建并落实发展循环经济的资金,监督检查项目的实施情况。二是建立发展循环经济的工作部门和分工协作机制。为保证循环经济规划的落实,市政府各个部门都有严格细致的分工,要求各部门各负其责,把发展循环经济列入到阜新国民经济和社会发展的规划当中。三是建立高层次的专家咨询机构。对循环经济的项目计划进行论证、评估,实行科学决策,可以使我们能够避免或者最大限度地减少因政策和技术方面的失误而造成的损失,提高循环经济发展过程中的整体效益。四是健全社会中介组织,建立信息交流平台。积极建立和发展非盈利性的社会中介组织,充分发挥中介机构在发展循环经济中的作用。协助政府开展社会宣传,组织社区群众和志愿者参与垃圾分类、废旧物资回收等社会公益活动。(资料来源:王玉梅"阜新市发展循环经济问题研究"阜新社科联网2011年11月6日)

五、营口大力发展循环经济,创建国家低碳生态城

营口市是沈阳经济区中唯一的港口城市,位于沈阳经济区与辽宁沿海经济带的连接处。优越的地理条件和区位优势使营口市的经济发展处于十分有利的地位。进入新世纪以来,随着生态经济的崛起,营口市政府审时度势提出了"以低碳经济统领未来营口新城区的发展,努力形成低碳节能、生态环保的产业结构和增长方式",打造国家级低碳生态城市的发展战略。在经济高速发展的同时,全力推进低碳经济建设,实施低碳生态产业发展战略,即建设低碳经济、低碳建筑、低碳交通、低碳生活、低碳环境、低碳社会"六位一体"的"低碳生态城市",通过优化经济结构、转变发展方式,推进产业结构向低碳化方向发展。积极发展先进装备制造、新能源、新材料、电子信息产业等低能耗和高技术产业,培育壮大低碳产业集群。在环境保护部、科技部的指导支持下,建立了我国第一个中华环保产业园。

首先,大力倡导低碳节能、节地、节水、节材的城市建设理念。在城市的规划建设中大力推广住建部 2A 级低碳示范建筑,积极引进具有导向性、先进性和示范性的住宅建筑体系和住宅部品体系,扶植和培养一批低碳节能、绿色环保的住宅产业骨干企业,实施"节能减排建筑"示范工程。在住房和城乡建设部指导下,利用清华大学、天津大学及国外先进技术,建设住宅产业示范区,同时积极引进欧洲建筑产业化、日本住宅产业化的新技术新项目,扶植和培育一批低碳节能、绿色环保的住宅产业骨干企业,形成以低碳建筑材料、建筑节能、环保技术为主的建筑产业化、住宅产业化示范基地。为快速推动可再生能源在城市建筑领域应用和推广,营口市政府按照财建【2009】305 号财政部、住房和城乡建设部联合下发《关于印发可再生能源建筑应用城市示范实施方案的通知》精神,编制并实施《可再生能源建筑应用城市示范实施方案》,由低碳生态科技产业园区的高科技企业北京中科华誉能源技术发展有限责任公司和中科华誉新能源热力有限公司提供技术支持,由营口市住房和城乡规划建设委员会组织,在全市大力推广地源热泵和低碳建筑节能技术。大力推广园区内低碳产业企业的产品和技术,如对于园区企业中科华誉(营口)新能源热力有限公司的地源热泵空调系统(基地新建的体育场、网球馆、游泳馆、购物中心等公共建设施大力推广和使用地源热泵技术)、美城(营口)低碳节能建材股份有限公司的 CL 保温同寿命低碳建筑节能墙体,扶持低碳产业快速发展。

其次,强化城市污水的处理和循环利用能力,建设节水型城市。目前,营口现阶段有城市污水处理厂7座,日处理污水能力达43.5万吨,远远超

过实际日用水量。而作为与城市污水治理一期工程(西部污水处理厂)配套的城市西部再生水回用工程,是为了缓解这座城市水资源的严重匮乏,促进城市可持续发展而兴建的,是以西部污水处理厂的二级出水为水源的污水再生利用项目。2009 年 10 月建成投产后,至今已累计向华能营口热电厂提供再生水 1 815 万吨,这些中水经专用管线引至中水深度处理车间,经过曝气生物滤池去除氨氮等工艺后,作为循环冷却水、热网补充水、脱硫用水及除盐系统的补充水。各种生产排水经废水处理系统处理后,回用于煤场喷淋、输煤栈桥冲洗等,实现了"零排放"的目标。并同步实现了等量城市污水的零排放、零污染,实现了污水资源再生利用的环保效益和社会效益。

营口不仅千方百计治理水污染,还下大气力利用中水资源。尤其是对那些来营口投资的大项目,无法解决排污问题的一律亮起"红灯"。至今营口市政府已拒绝了投资总额超过 30 亿元的 10 多个无法解决排污问题的大项目。目前,营口只要有工业污水排放的工厂,都有自己的工业污水处理车间、污水处理设施,排放均达标。2011 年,营口万元 GDP 用水量下降 8％以上,万元工业增加值用水量下降 14％以上。

再次,进一步完善以低碳节能、生态环保为核心的产业发展政策。按照"政府搭台,科技引领,市场运作"的方式,布局低碳生态科技的产业链,到 2013 年末,营口市相关低碳产业的比重由 2010 年的 40％提升到 60％,绿色 GDP 比例占总体规模的 3/4 以上,在东北,力争低碳经济的发展水平排在前五位。加大力度建设国家低碳生态示范城市,在园区的二期建设中全面推行低碳、生态、环保、节能的理念,重点引进环保产业,大力发展治污减排、节能环保、循环经济产业、新材料新能源产业和高端制造产业,使环保产业成为基地产业发展的重要组成部分。将营口建成为国家可再生能源建筑应用城市示范重点城市,进一步推进住宅产业化。城市新的建设规划全面执行低碳建筑,减少城市建筑垃圾排放 35％,节约建材 30％。

第四节　沈阳经济区生态经济产业集群的建设分析

企业作为市场经济的主体,同时也是区域生态经济的建设主体。在市场经济体制下,企业作为区域经济活动的主体,区域发展成功与否在很大程度上取决于当地企业的发展。现代市场经济体制的两个重要特征一个是企业在国民经济体系中的主导地位,另一个是政府对经济运行所实行的宏观政策,而前者是后者产生效果的基础。因此,我们有必要把以上两项经济任务有机结合起来,明确企业在区域经济发展中的作用,以企业的发展,特别是大中型企业的发展来带动区域经济发展和区域产业结构优化和升级。沈阳经济区作为东北老工业基地的核心区域,大中型企业集中,这即为地区经济发展提供了强大的动力,同时也为地区生态环境改善带来了巨大的压力。在新型工业化建设过程中,必须明确生态经济体系建设的行为主体的核心是大中型企业,只有转变这些企业的生产方式,用清洁生产、循环经济生产方式取代传统的粗放式生产方式,形成以大中型企业为核心的生态产业集群,区域生态经济的建设目标才能实现。从近年来沈阳经济区生态经济建设的经验来看,正是由于依托区内大中型企业,推行清洁生产,发展循环经济,建设生态工业园区,才使区内生态经济环境逐渐好转,资源节约型和环境友好型社会建设步伐加快。

沈阳经济区长期以来形成了以制造业为核心,以重化工为依托,以采矿为基础,以加工服务为配套的完备的产业结构,在振兴东北老工业基地、提升产业结构的过程中,如何将以产品流程为主的产业链变为以生态流程为主的产业链,这是改变该地区生态经济环境,实现地区可持续发展,提高地区总体竞争力的必由之路。

一、沈阳经济区产业集群发展状况

随着沈阳经济区一体化程度的不断提高,按照《沈阳经济区新型工业化综合配套改革框架》,依托骨干企业,按照产品流程,沈阳经济区开始构建"沈阳铁西装备制造业集群、沈阳民用航空国家高技术产业集群、沈阳浑南电子信息产业集群、鞍山达道湾钢铁深加工产业集群、抚顺新材料产业集群、本溪生物制药产业集群、营口仙人岛石化产业集群、辽阳芳烃及化纤原料产业集群、铁岭专用车产业集群、阜新彰武林产品加工产业集群"(资料来源:辽宁省沈阳经济区工作领导小组办公室)等十大产业集群,并取得了一定的成绩。2010年伊始,沈阳经济区八市完成固定资产投资130亿元,实现产值457亿元,八市十大产业集群累计入驻企业2 229家。

(一)沈西先进装备制造业产业集群

沈西先进装备制造业产业集群是以沈阳铁西装备制造业聚集区为中心,依据各地自身优势,发展各具特色的装备类产品和配套产品,形成了装备制造业布局优化协调发展的产业格局。目前,沈西装备制造业聚集区已扩展至52平方公里,入区规模以上企业达到670户,完成产值300亿元,同比增长20%,初步建成具有国际竞争力的世界级装备制造业基地。该产业集群涵盖了机床、电气、专用机械、普通机械、通用机械、交通运输六大优势产业。2010 年 5 月 27 日沈阳召开了铁西机床—电气产业集群主题招商推介会,来自国内外 110 多家机床、电气企业的代表就加快推进铁西机床、电气等千亿产业集群建设进行了深入探讨。国内外的企业代表围绕沈阳铁西机床、电气产业发展,提出了许多意见和建议,就关心的问题与省、市领导进行了交流互动。日本精工、德国玛帕公司、澳大利亚斯泰克机械集团、瑞典阿特拉斯等国内外企业与沈阳经济技术开发区签订了 16 个项目,其中机床产业项目 12 个,电气产业项目 4 个,计划总投资 60 亿元。沈西先进装备制造业产业集群以其雄厚的工业基础、浓重的工业文化和较低的商务成本、劳动力成本和丰富的土地资源、专业人才队伍和较强的产业配套能力,使之成为国内外装备制造业企业投资发展的首选之地。

目前,该产业集群形成了以沈阳机床集团为依托,加速整合沈阳市机床产业资源,同时全力引进国内外整机及功能部件机床企业和项目,形成机床产业集群;以德国宝马汽车广汽日野等整车制造企业及华晨 E2 发动机等 150 余家配件生产企业为依托形成汽车整车及零部件产业集群;以现有特变电工沈变、新东北电气、昊诚电气、华创风能、远大等 182 家电气行业企业为依托,形成电气产业集群。2009 年"沈阳铁西装备制造业聚集区产业发展规划"获国家批准,北方重工新基地、沈化集团 50 万吨 CPP 等一批重点项目竣工投产,沈阳装备制造业示范区以新机床集团、新鼓风集团、新沈变集团、新沈高集团、新机车车辆、远大集团、三一重装、北方交通为骨干企业群,以铸锻工业园、机床功能部件工业园、输变电配套工业园、仪器仪表工业园等产业集群为配套体系,展示出强大的发展潜力。(赵莹 产业集群化发展的个案研究——以沈阳经济区为例《经济纵横》2010 年第 7 期)

(二)沈阳航空制造产业集群

近年来,沈阳市坚持把航空产业作为发展战略性新兴产业的重点,以世界 500 强和中央所属大型企业作为主要合作伙伴,全力建设重大项目,使沈阳航空产业呈现出良好的发展态势。沈阳航空制造产业是以沈阳航空经济区为依托,以沈飞黎明 GE 发动机维修等为骨干企业群建立的沈阳民用航空国家高新技术产业基地。2008 年 7 月沈飞与加拿大庞巴迪公司就合作研制生产 C 系列飞机机身项目签订正式合同,这标志着沈阳航空产业发展进入了更深层次。目前,沈阳航空产业已出现快速发展之势,如,冲 8-Q400 飞机大部件转包项目、沈阳黎明公司与美国 GE 航空公司合作生产 CF34-10A 发动机项目、赛斯纳轻型运动飞机项目、C 系列飞机转包项目、南航 A320 系列飞机维修基地项目等五大重点项目先后签约。2008 年 1—9 月份,航空制造业实现工业总产值 96.6 亿元,同比增长 27.4%。(赵国栋 装备制造业仍然大步前行《沈阳日报》2008 年 11 月 13 日)沈阳正在利用自身的装备制造水平和研发生产优势,努力搭建与国际航空产业接轨的平台,民航制造业的发展成为沈阳飞机产业进一步发展的重要基础。2010 年 10 月 28 日,中国航空工业集团公司与沈阳市人民政府签署全面战略合作协议。根据协议,沈阳南部航高区空港新城重点建设飞机及发动机研发、制造、维修、部件转包、培训等为一体的航空产业项目,逐步形成我国北方支线飞机总装基地。而在沈阳北部法库财湖地区,将以 L162 轻型运动飞机项目为牵引,打造中航通用(沈阳)北方基地,建成中航工业在我国北方地区重要的具备通用飞机研发、制造、运营、服务等全产业链功能的中心基地。未来十年,双方将共同打造沈阳航空产业千亿集群,这也预示着未来航空产业将成为沈阳第一产业。(资料来源:沈阳经济区网)

(三)沈阳浑南电子信息产业集群

浑南新区建设启动以来,沈阳市就将电子信息产业作为其主导产业加以大力扶持。在“十二五”发展规划中,浑南新区明确提出将电子信息产业作为主导产业,以此作为推进“两化融合”的突破口,推进产业向高端发展。未来几年,新区要大力推进信息技术在企业管理、产品设计、生产过程控制等各个层面的应用,重点建设软件及外包、机器人及数控系统、数字医疗、视听产品、通信产品、集成电路和生物技术七大产业;2010 年,全区电子信息产业和广泛应用信息技术的装备制造业产值实现 539 亿元,占全区工业总产值的 55％。2012 年初工信部批准沈阳浑南新区电子信息产业集聚区为国家新型工业化产业示范基地,同年,浑南电子商务产业园正式被国家商务部批准成为首批国家电子商务示范基地之一。浑南电子商务产业园总规划占地 4 500 亩,一期占地 2 500 亩。截至目前,总投资额超 100 亿元的一批重大项目相继落户;排在中国前十位的电商企业,已有 6 家落户,电子商务产业园初具规模。预计 2013 年,浑南电子商务产业园将实现年产值超 500 亿元人民币,创造税收 50 亿元人民币,提供周边区域不少于 1 万个就业岗位。该区已初步形成了以电子信息产业为主导的产业发展新格局,建成了软件及系统集成、机器人、数字医疗设备、IC 装备等我国重要的高科技产业化基地,具备了全面推进“两化融合”的坚实基础。到 2015 年,浑南新区不仅要实现电子信息产业集群的发展壮大,而且要进一步提高企业信息化的应用水平,其中推广应用集成化管理信息系统要达 100 家,推广应用生产过程中信息化管理系统要达 200 家,企业全部成品中电子信息化程度明显提高的要达 300 家。新区电子信息产业将实现产值 1 000 亿元,占全区规模以上工业总产值的比重将超 60％。新区电子信息产业将实现产值 1 000 亿元,占全区规模以上工业总产值的比重将超 60%。目前,浑南电子信息产业区以高新技术动漫现代通讯三大产业基地为依托,以东软集团的数字医疗设备新松机器人、中科仪沈阳芯源的 IC 装备以及德信科技新邮通讯、晨讯科技的现代通讯为骨干,沈阳电子信息产业呈现出稳健发展之势。(资料来源:沈阳经济区网)

(四)鞍山达道湾钢铁深加工产业集群

鞍山市达道湾经济技术开发区是沈阳经济区沈辽鞍营连接带上钢铁深加工产业集聚区。该产业集群以鞍钢钢铁资源为依托,实现钢铁产业的纵深化发展,建设了世界级钢铁产业及钢铁产品精深加工产业基地。目前,已有中钢集团 16 万吨针状焦系列产品、春雨集团紧固件产业园等 17 个销售收入超百亿元工业项目和中国东北钢铁大市场等 3 个百亿元商业项目落户达道湾。作为沈辽鞍营产业带的组成部分,鞍山达道湾新城钢铁深加工产业集群项目已于 2010 年 3 月 25 日全面开工建设,项目全部建成后不仅可容纳近百户钢铁深加工企业入驻,而且可带动相关投资近百亿元,还可为做强做大钢铁深加工集群提供产品配套创新平台孵化基地等全方位服务,从而将达道湾钢铁深加工产业打造成为沈阳经济区的钢铁旗舰。随着项目的进展,目前已经入区的精特钢及深加工企业达到 145 户,实施项目 163 个,总投资 430 亿元,进驻的钢铁深加工企业近 700 户,总投资 900 亿元。项目全部建成后可形成钢铁深加工能力 800 万吨,重点项目有:鞍钢 30 万吨取向硅钢、中船重工 200 万吨船板加工配送中心、鞍钢 70 万吨精品线材等。(资料来源:沈阳经济区网)

(五)抚顺新材料产业集群

抚顺市依据自身工业产业集群的区位优势和资源优势,制定了《抚顺市"十二五"工业产业集群发展规划》,全力推进产业集群发展。重点推进以抚顺石化新城为基地的新材料产业集群的建设发展。抚顺作为一个有 80 多年石化工业发展历史的老工业基地,石化工业实力雄厚。抚顺石化公司是集油化纤塑洗蜡为一体的大型石油化工联合企业。抚矿集团油页岩技术国际领先。抚顺利用现有的石化产业资源,逐步建立 6 个全国最大的生产基地,即 40 万吨液化气制烯烃产业基地、合成橡胶产业基地、碳纤维新材料产业基地、精细化工产业基地、石蜡深加工产业基地、合成树脂深加工产业基地。目前,汉圣化工、青岛伊科思碳五、山东齐隆碳九、河北颐通增强螺旋波纹管、辽宁同益石化等 50 余个项目落户石化新材料和高性能纤维产业基地,总投资额达 200 亿元以上。依托抚矿集团的页岩油化工厂、石化北天远大公司、凯迈化工、帝旺达塑胶、顺联管业、顺达保温等龙头企业及产品，围绕页岩油产品深加工，重点发展高性能石油树脂、合成塑料、橡胶、纤维、石油化工及精细化工等产业，抚顺将成为世界级炼化生产基地和具有世界级规模的石蜡合成洗涤剂原料及合成树脂等产业特色鲜明的产品基地，为抚顺新材料产业基地建设奠定了坚实基础。

（六）本溪生物制药产业集群

本溪拥有 37 家制药企业和 369 个药品品种批准文号，其中包括 44 个独家生产品种。本溪市充分利用其在医药产业方面的天然优势和雄厚的产业基础，充分利用沈阳经济区提升为国家新型工业化综合配套改革示范区的有利时机，大力发展中医药产业，努力打造"中国药都"。2010 年 5 月本溪生物医药科技产业基地累计入驻企业已达到 150 个，项目总投资 200 亿元，实现产值 8.5 亿元，同比增长 60.06%。到 2010 年底中国药都已初具规模，集聚生产和科研类项目 165 个，总投资 320 亿元，积蓄产能 980 多亿元。进入 2011 年，本溪"中国药都"发展驶入快车道，5 月投资 30 亿元的台湾生技产业园落户中国药都。目前，一个具有一流的科技研发能力，重磅的医药品种，以及能够为产业发展提供科技支撑的产学研配套机制和具有完善舒适的发展环境的新的生物医药产业集群正在崛起，并将成为本溪市和沈阳经济区新的经济增长极。

（七）营口仙人岛石化产业集群

处于沈阳经济区"一核五带十群"规划中重要一群的营口仙人岛石化产业集群积极推进石化产业项目建设。营口充分利用其港口优势，大手笔打造石化产业黄金海岸。仙人岛能源化工园区是营口市与中海油集团公司共同开发建设的大型临港石化工业园区，规划面积 103 平方公里，是以建设大型炼化一体化项目为核心的石化产业基地，作为仙人岛能源化工区引进的第一个炼化项目——中海油 50 万吨重交沥青项目于 2009 年 8 月 25 日开工建设，总投资约 9 亿元。以这些大项目为支撑，营口还将重点放在了锆钛系列产业、化工助剂和医药产业上，创新培育和发展"炭黑——橡胶——汽车配件产业链"、"煤焦油——煤化工产业链"、"钛白粉——油漆、涂料、日化用品产业链"和"氯碱——氯——衍生物的盐化工产业链"，对石化产品进行延伸加工和精深加工，从而实现石化产品的多元化和资源的充分利用，到 2010 年，营口石化工业总产值将达到 330 亿元，销售收入可达到 360 亿元。"十二五"期间仙人岛能源化工区还将建设炼化一体化项目。随着有牵动性的大项目相继开工投产，将有大批相关中下游企业跟进仙人岛，从而壮大石化产业集群,使之成为营口经济发展的强劲增长点。

(八)辽阳芳烃及化纤原料产业集群

辽阳市的化纤工业是国家重点基地之一。辽阳芳烃基地是沈阳经济区十大产业集群之一,规划占地面积 18 平方公里,按产业侧重划分为石油化工和精细化工区。辽阳芳烃及化纤原料产业园开发了以炼油乙烯和芳烃为代表的石油化工、精细化工和化工新材料三大产品链园区,按产业划分为石油化工区、精细化工区和新材料化工区三个园区,依托辽化公司,以芳烃为特色、以加工辽化原料为主攻方向的 1 000 亿元产值芳烃产业基地。目前已委托北京石油和化工规划院编制了基地《总体发展规划》和《产业发展规划》。基础设施建设已投入资金 2 亿元,完成了 8 条道路、上下水管线敷设、1.8 公里工业管廊、日处理能力 3 万吨污水处理厂及 66 千伏变电所等建设内容。1 000 万吨大炼油项目通过专家评估,140 万吨重整、5 万吨环氧乙烷扩能改造等 14 个项目开工建设,总投资 47 亿元,目前已完成投资 6 亿元。今年精细化工区将再开发 1 平方公里,完成 10 个项目入驻和实现 20 亿元招商引资。"其中,石油化工区以辽阳石化公司的项目为主,重点建设炼油芳烃乙烯聚酯等项目,为下游产业提供重要的原材料资源;精细化工区利用环氧乙烷乙二醇已二酸,向下游进行精深加工,生产表面活性剂化纤油剂等高技术含量和高附加值产品;化工新材料区依托基地的原料优势发展市场需求量大发展前景好附加价值高的 PBT 树脂、PTT 树脂、尼龙 66 工程塑料等产品,建设全国重要芳烃及化纤原料基地。"(赵莹 产业集群化发展的个案研究——以沈阳经济区为例《经济纵横》2010 年第 7 期)

(九)铁岭专用车产业集群

铁岭市以专用车、换热设备两个省级新型工业化产业示范基地为龙头,不断优化园区环境、加大招商引资力度,并把目光瞄准了世界 500 强、国内 500 强以及众多有专利技术、有定价权的高科技型企业。目前,铁岭市已经形成了包括起重机械、汽车零部件、矿山机械、环保设备、橡塑制品、精密铸造、阀门、有色金属在内的十大产业集群。其中,发展势头强劲的开原起重机械产业集群已经聚集了 118 家企业,95 家实现投产达效,2009 年实现产值 160 亿元。铁岭县的有色金属产业集群、汽车零部件产业集群目前也都达到百亿产值的发展水平,而且发展潜力看好。这些集群无一不准确地指向了我国在"十二五"期间要大力发展的战略新兴产业。(资料来源:沈阳经济区网)其中,辽宁专用车生产基地位于长春沈阳东北汽车工业带的黄金分割点,具有得天独厚的区位优势。基地总规划面积为 38.33 平方公里,设计有生产加工、研发、物流配套、公共服务及生活配套、零部件配套、职业教育培训基地六大功能区。2008年,铁岭市投资24亿元用于专用车基地的基础设施建设,引来世界500强——中航工业集团及全国500强——河北庞大集团、华晨金杯集团等行业龙头企业,迅速形成了产业特点鲜明的专用车产业集群。2011年,专用车基地有30个项目建成投产,实现销售收入258亿元。专用车产业集群正向着全省唯一、中国最大、世界知名的目标迈进。"目前,已有101个项目正式签约,69个项目落地,总投资130亿元基地借助沈阳、长春汽车产业优势,积极推动汽车生产企业兼并重组,预计到2013年,辽宁专用车生产基地将打造成省内唯一全国最大、世界知名的专用车生产基地,专用车生产量达到全国专用车总产量的1/4,专用车产值达到全国专用车总产值的1/4,实现入驻企业100家以上,工业总产值1 000亿元。"(赵莹 产业集群化发展的个案研究——以沈阳经济区为例《经济纵横》2010年第7期)

(十)阜新彰武林产品加工产业集群

自辽宁省做出把阜新彰武打造为全国规模最大、水平最高的板材家具加工制造基地的战略部署后,身处沈阳经济区内的阜新彰武就成为该经济区"五带"之一沈阜产业带上的重要节点,阜新彰武林产品加工产业集群也成为该经济区重点发展的十大产业集群之一。阜新森林资源丰富,是中国杨树的主产区,木材蓄积量375万立方米,年可采伐量20万立方米;其周边木材蓄积丰富,150公里范围内年均可采伐木材量达180万立方米,充足原料来源为当地发展林产品加工业打下了良好的基础。作为资源型城市转型的试点,阜新依托区域林业资源优势,培育林产品深加工产业链,高起点规划阜新彰武林木家具深加工园区。阜新彰武林产品加工基地自2008年6月启动以来,已累计完成基础设施建设投资8亿元人民币,有126家企业与基地签订正式投资合同,协议投资额达68.63亿元,有71家板材、家具、木门等配套企业开工建设。随着该园区的基础设施日趋完善,规模不断扩大,在行业内的知名度和影响力也日益提升。"十二五"期间,阜新彰武林产品加工基地将把环境友好、资源节约放在发展战略突出位置,继续加大投资力度,完善基础设施和配套服务平台,着力引进一批品牌效应高、带动能力强的项目,全力打造年销售收入超百亿元的产业集群。

二、沈阳经济区产业集群发展中存在的问题

沈阳经济区十大产业集群的建设和发展对于形成地区产业优势,从而进一步提升区域的核心竞争力,无疑是具有重要的战略意义的。但是从这

些产业集群形成的过程来看,其计划经济的色彩和行政命令的特征还是比较明显的。

(1)以行政命令的方式,把相同产业企业比较集中的区域整合提升形成产业集群,以"堆"代"群",产业链缺乏整体设计。地方政府对许多企业"行政捏合",半强制性地外部"植入",不发挥市场机制作用,产业集群"集"而不"群",企业仅仅是空间的集聚,而缺乏关联、配套与协同效应。常常只是把同类企业吸引到一起就完事大吉,对它们之间的竞争与合作不做更细的考虑。

(2)产业集群结构趋同,缺乏合理分工。沈阳与周边城市在比较优势基础上的分工合作没有形成,产业重复,如机械、化工、建材、冶金、信息产业等行业,各市都有,彼此又不配套,资源配置的效率较低。一些跨行政区域的企业依旧受到诸如行政收费等方面的制约,位于区域交界地区的水、电、路等基础设施仍处在互相分割的状态。另外,各地在制订经济发展规划时缺少协调,竞争大于合作。这种趋同的行业结构在以行政地域统计 GDP 的指挥棒下,必然导致彼此竞争,企业间的关联与协作难以开展,区域整体优势无法形成。

(3)协调成本较大。原有的企业聚集群落,目前仍然主要是国有独资企业或国有资本绝对控股企业。在石化、钢铁、铁路运输设备制造、航空设备制造等领域,境内企业分别是中直、省属企业。中央所属企业集团在辽宁的企业发展规划与辽宁区域经济发展规划之间不完全统一,协调的成本比较大,特别是时间成本、运作成本比较大,往往容易错过最佳时机。这些企业的改革往往地方政府不能做主,原来形成的企业集群中许多企业是吃基本建设饭的,基本建设高潮时,日子好过,反之则陷入开工不足甚至亏损境地。这些企业集群多数形成于计划经济时期,不仅体制性矛盾、机制性矛盾和结构性矛盾突出,而且存在比较严重的用企业内部分工代替社会分工的倾向。(阎质杰 沈阳经济区产业集群研究《科技和产业》2006 年第 9 期)

(4)市场化程度低。沈阳经济区是进入计划经济最早、退出最晚、执行计划经济体制最彻底的地区,市场化程度远远落后于东南沿海发达地区。从要素市场看,尽管沈阳市的要素市场相对比较发达,但其他城市的要素市场发育严重滞后,而且沈阳市的要素市场集聚作用明显大于对外辐射作用,从整个经济区看,各地的要素市场无法满足产业发展的需求。例如,金融市场发育程度很低,企业的资金来源仍主要依靠银行,利用资本市场为企业融资仍存在很大难度,大多数企业都面对资金短缺的问题。从技术市场来看,沈阳市的科研能力较强而其他城市较弱,但科研机构大专院校的科研成果市场率较低,研究成果没有很好地进入生产领域进而形成产业转化;同时企业的自主研发水平仍然不高，一些国家重点企业的研发能力较强，能够形成企业的核心技术，但大多数企业的自主研发水平较弱，难以形成企业的核心技术，仍处于组装生产的层次上。总之，由于市场体系发展程度低，已对产业集群的产业升级和产业结构调整形成了制约作用。（赵莹 产业集群化发展的个案研究——以沈阳经济区为例《经济纵横》2010 年第 7 期）

（5）这些产业集群多是按照传统产业链的模式建构起来的。其特点是"资源—产品—废弃物"的单向物资流动，从自然生态系统中提取物资与能量，还给自然生态系统污染和废物，通过把资源持续不断地变成垃圾来实现经济的数量型增长。这种以产业链为基础的产业集群模式是不可持续的发展模式，因此，在未来沈阳经济区新型工业化建设过程中，必须把这种以传统产业链为主的产业集群进一步发展成以生态链为主的生态经济或循环经济发展模式。使不同企业之间形成共享资源和互换副产品的产业共生组合，使上游生产过程中产生的废物成为下游生产的原料，达到相互间资源的最优化配置。

三、强化功能、合理分工，打造生态产业集群

产业集群作为区域经济发展的重要载体，既是提高区域经济竞争力的有效途径，也是增强区域经济竞争力的必然要求，更是工业化发展到一定阶段的必然趋势。许多国家和地区都把发展产业集群作为促进经济发展的一种重要政策手段。但随着资源和环境要素约束的增强，发达国家已经开始将生态化原则纳入到产业集群的发展规范之中，积极推动传统产业集群向生态型产业集群的转型和发展。因为在"工业生产系统中实际上存在着类似于自然生态系统食物链的工艺关系，它们之间是相互依存相互制约的，这就是'工业生态产业链'"（王虹，张巍，朱远程资源约束条件下构建工业园区生态产业链的分析．科学管理研究，2006，1：29～32）。"它既是一条能量转换链，也是一条物质传递链，这样，形成的能量流和物质流沿着'工业生态产业链'逐渐逐层次流动，并在其中获得最大限度利用，实现废弃物再生增值，由于人类生产生活活动使得资源日渐紧张，环境不堪重负，有效缓解这一现状重点应从'减量'上考虑，包括减少资源消耗量和向环境中废弃物的排放量"。（王崇梅，毛荐其工业园区产业链生态化研究．德州学院学报，2007，4：96～99）所谓"生态产业集群是依据循环经济理论和工业生态学原理设计而成的一种新型产业组织形态，它是生态经济的重要实践形式，同时也是产业集群发展的高级形态。生态产业集群建设应遵从循环经济的减量化、再使用、再循环的 3R 原则，通过实施清洁生产和集群内部成员的副产品与废

物交换、能量和废水的梯级利用、基础设施的共享，来实现产业集群的经济效益、社会效益和环境的协调发展（于现荣生态工业园区理论与实践浙江大学硕士学位论文，2005）。沈阳经济区要想完成新型工业化建设的历史使命，也必须通过对正在建设中的产业集群的升级改造，实现跨越式发展。

(一)生态型产业集群产生与发展的市场机制

促进产业集群发展的一个基础条件是促进市场体系的建立。产业集群的形成和发展主要是市场力量作用的结果而不是政府指令的结果。不仅是产业集群，沈阳经济区的建设也要以市场化为基础，只有真正建立市场机制，实现劳动、资本、土地、人才等各种生产要素的自由流动，实现经济区内各种产品的自由交换，实现人才、交通、物流、金融、服务、医疗、教育等一体化，才能为新型工业化改革实践奠定基础，才能为产业集群的建立和增强创造制度环境和市场环境。（赵莹 产业集群化发展的个案研究——以沈阳经济区为例《经济纵横》2010 年第 7 期）随着沈阳经济区社会经济的发展、市场化程度的提高和非公有制经济的迅速壮大，资本特别是社会（民间）资本跨区域流动的需求已经越来越强烈。通过建立健全产权交易市场，推动各城市企业之间并购重组的产权交易和技术产权交易，促进资产的整合、技术的扩散和产业的合理分工，解决由产业趋同化所带来的恶性竞争。利用市场机制的力量，通过经济规则的逐步趋同，推动产业集群的良性发展。（阎质杰 沈阳经济区产业集群研究《科技和产业》2006 年第 9 期）

(二)发挥政府的引导作用，促进传统产业集群向生态产业集群的发展

在生态型产业集群的建设和发展过程中，政府部门虽然不是治理活动的直接参与者，但在政策及市场引导、积极营造发展的外部环境、促进生态网络的形成、有效规范地方市场行为方面发挥着不可替代的作用。沈阳经济区产业集群发展在积极发挥市场主导作用的同时，政府的积极引导作用也是必不可少的。一是引进具有环保要求的市场主体。严格考察入驻核心企业及其关联性企业的经济收益，并在开展企业或项目环境影响评价的基础上，评估这些企业的污染排放水平和配套设施建设情况。对于高污染排放和高能源消耗的企业，实施限制性入驻机制或要求其建设配套的减污降耗设施和工程。二是实施具有环境偏好的市场监管。在对产业集群生态化的监管过程中，要突破传统意义上的注册、资质以及财税方面的检查，不仅要关注企业的环保标准，还要有效降低集群内企业开展资源交换和废物流集中的交易成本。三是培育区域主体间的信任机制。在产业集群内建立一

种以工具性和契约性相互支撑的信任制度，通过建立稳定而明晰的产权制度，促进具有开放竞争属性的交易技术和交易设施建设。

(三)建立区域合作机制,促进产业集群的发展

沈阳经济区各城市要综合考虑整个经济区支柱产业和主导产业的发展，形成合理分工、合作竞争的发展格局，坚决杜绝产业同构化现象，避免重复建设和资源浪费。应打破行政区划，建立区域合作功能性机构，如设立区域合作委员会和装备制造业专业委员会。鼓励城市间建立各种密切的合作关系，包括跨区域企业协会、行业协会、商会等民间区域协调组织，这样通过上下两种途径来促进区域合作的发展。各城市要综合考虑整个经济区支柱产业和主导产业的发展，形成合理分工、合作竞争的发展格局，坚决杜绝产业同构化现象，避免重复建设和资源浪费。沈阳市应主要突出发展装备制造、汽车制造、电子信息三大优势产业，突出沈阳市中心城市的服务功能，发挥沈阳市东北中心城市的区位优势和交通优势，建设现代物流中心、信息中心、金融中心和科技创新中心等，带动和服务沈阳经济区的发展。鞍山市主要是做强冶金工业，以专用板材为主，将机械和配送产业向沈阳市转移，形成优势互补、综合配套的发展体系。抚顺市主要按照石油化工—精细化工—精深化工一体化的方向，发展乙烯等中间产品，推进产业链的延伸；同时，以钢、铝为核心，使产业链与鞍钢市、本钢市、营口市、辽阳市衔接，发展铝镁合金产业。本溪市主要以发展制药和钢铁产业；辽阳市重点发展化工、化纤、塑料行业；铁岭市主要发展煤炭化工产业和现代农业，将其建设成为沈阳经济区的能源供应基地和商品粮供应基地。营口市应大力发展营口港，将其作为沈阳经济区的海上门户，加大经济区的开放程度，减少物流成本。(王瑜,关伟,刘勇凤 基于SSM的沈阳经济区产业结构分析《资源开发与市场》2011年第8期)通过整合区域内资源，明确各城市和地区的经济定位和产业定位，在分工协作中形成合理产业布局，在区域内形成错位竞争、差异发展的格局，建设各具特色的先进制造技术和相关高技术产业园区，促进先进制造技术的产业集聚，占领未来竞争的制高点。

(四)依托核心企业构建集群生态产业链

一般来说，产业集群的形成和发展都是以地方骨干或核心为中心来形成产业集聚，进而形成产业集群的。沈阳经济区正在建设中的十大产业集群的一个重要特征就是：都是以各地方的国有大中型企业为依托来构建产业集群的，这些企业如何发展决定着这些产业集群的发展方向。因此，打造区域产业集群竞争优势，必须注意发挥这些大中型骨干企业的独特作用。

因为，这些骨干企业会影响整个上下游产业链很多的企业，有极强的辐射作用，围绕骨干企业打造集群产业链是产业集群建设的核心问题。从产业集群生态化角度看，产业集群生态化作为一个系统工程，即要求微观层面的清洁生产，使资源在企业内部实现循环利用，提高资源利用率；又要求在中观层次上建立生态工业园区，使资源在产业系统内达到循环利用，尽可能减少废物对环境的排放；同时在宏观层次上形成循环经济，使物质的生产和消费在全社会范围内形成大循环，实现真正意义上的物质减量化。而这些任务的完成都需要集群中的骨干企业发挥其影响力，都要围绕骨干核心企业进行设计。围绕核心企业派生出一系列以物质、能量等交换为纽带的企业，这些企业利用核心企业或者上一级企业产生的副产品、废弃物（包括水、气、固废、废热能等）作为生产原料组织生产，由此这些企业逐级递演产生出来，彼此之间形成一种协作补充关系而非竞争对立关系，构成企业共生体（祝光耀 小城镇环境规划编制技术指南 中国环境科学出版社，2007：33～44）。其中的核心企业使用和传输的物质最多、能量流动的规模最为庞大，带动和牵制着其他企业、行业的发展，居于中心地位，起到一种控制和导向作用，也是生态产业链的链核，对构筑企业共生体的稳定起着重要作用。因此，激发企业的生态职能，增强企业的生态认识，是促进产业集群向生态产业集群转化的重要环节。以往企业内外对环境问题的关注均集中在生产过程，一般都采用末端技术手段来治理污染，大多数企业关注环境最初只是为了满足环保法规的要求。很少认识到企业活动的环境影响与地方和全球的自然、技术和经济系统之间存在着内在联系。从产业生态学出发，必须认识到这种联系并且鼓励在企业的层面上将这些因素综合起来，要求企业从单纯的遵守环保法规转向面向环境的设计。重视增加并研制、开发生态技术、生态工艺和生态管理，致力于集群内部、外部物质与能源循环途径的技术和措施研究，积极选择"适宜"技术，发展生态产业，调整和完善集群生态结构，走清洁生产、绿色消费之路。应通过政策鼓励、引导与奖惩、监督相结合的方式有效推动企业自身的生态化发展，包括了生产商、供应商以及相关配套企业的生态原料、生态设计、生态技术、生态工艺、废物资源化处理等。围绕骨干企业，重点区域来推进基于循环经济的产业生态化发展进程。建设具有产业集群生态化性质的生态园区、废物处理区、节能示范区和废水回收区，打造区域产业集群竞争优势。

第五章 都市农业:沈阳经济区生态建设一体化的新趋势

沈阳经济区在"十二五"规划中提出,加快推进农业产业化,坚持市场导向,按照高产、优质、高效、生态、安全的要求,切实转变发展方式,深入推进农业结构战略性调整。优化种植结构,大力发展工厂化、精品农业,促进产业转型升级。拓展农业功能,发展集观光、休闲、旅游、生态于一体的都市农业,形成具有沈阳特色的现代农业框架的发展目标。这一发展目标是沈阳经济区推进新型工业化建设的具体体现。因为,建设新型工业化建设必然要求农业产业化的转型,发展生态农业必将促进新型工业化建设的发展。而都市农业是追求"高效、低耗、持续"的农业发展模式,是生态农业的高级形态。都市农业是城市经济发展达到一定水平时,随着农村与城市差距的进一步缩小、农业与工业和服务业的进一步融合,为适应城乡一体化建设需要,在城市区域范内形成的具有紧密依托并服务于城市的、生产力水平较高的现代农业生产体系。

都市农业以发展生态农业,提高城市生态环境,发展休闲观光旅游,发展农业生态文化等为追求目标。它是指在城市空间地域范围内,含功能辐射区域具有一定生态空间格局,以可持续发展为核心,体现城乡融合,服务于城市功能的,具有多功能、高科技、高度产业化、市场化的生态农业系统。它是工业化、城市化发展的必然结果。都市农业既能为社会提供生产、生活物质,又能有效协调城市与自然,都市人与自然之间的关系。使人们既能享受都市生活的各种便利,又能享受到回归自然的乐趣。同传统农业相比,都市农业地域范围更广,功能更丰富,都市型农业最核心的是把生产、生活、生态一体化,一二三产业复合在一起。它是城市化水平较高地区农业发展的主要趋势。

第一节　都市农业的功能与形态

　　都市农业是与城市的经济、社会和文化发展紧密联系的产业形态。它是城市化进程、科学技术进步、经济的发展达到一定阶段的产物。国外的都市农业研究始于 20 世纪上半叶,率先出现于欧美、日等发达国家,随着这些国家社会经济的不断发展。高度城市化的弊端开始日益显现,人们开始重新审视农业的多功能价值。同时随着人们收入的增加,人们拥有更多的闲暇时间和有更多的休闲需求,对城市环境提出文化、教育、生态休闲等多方面的要求。在这种状况下,都市农业作为能够满足人们多功能需求的新兴业态应运而生,它作为都市可持续发展的不可或缺的组成部分,构成了调节人与自然的平衡,改善居住环境和休闲环境,缓解城市病的重要手段。经过多年的发展,其都市农业体系已基本健全,并且取得了明显的成效,积累了相当多的经验。而我国"都市农业"的提出与实践始于 20 世纪 90 年代初,上海市在 20 世纪 90 年代率先提出发展都市农业,随后北京、深圳、广州等地也开展了都市农业的实践与探索,并在设施农业,观光农业,庄园农业等方面取得了显著效果,对生态城市的建设起到了积极作用。沈阳经济区作为东北最大的城市群,要想实现新型工业化的战略目标,仅仅注重工业企业的转型和升级是远远不够的,它必须在工业转型和升级的过程中同时实现农业产业的转型、升级和农业现代化。而都市农业所内涵的独有功能和独特形态,使其成为沈阳经济区新型农业产业建设中必然的选择模式。

一、都市农业的功能

　　都市农业是一个与传统农业有着本质差异的,与传统农业的单一性功能相比,都市农业是集生产功能、生态功能、生活功能、社会文化功能、产业示范功能等多种功能于一身的具有复合性功能的新型农业生产体系,其主要表现在:

(一)生产、经济功能

　　这是都市农业与传统农业作为一种产业所具有的共同的基本功能。但与传统农业相比,都市农业不仅为人们提供初级农副产品,而且充分利用现代科学技术,在大幅度提高农产品产量的同时,针对城市市民的多样性需求,提供各种特色的名特优、鲜、活、嫩的农副商品,以满足不同层次的物质消费需要。在这一意义上,都市农业不止满足于初级农产品的生产上,而是通过农业产业化的发展,建立农副产品的生产、深度加工和市场销售的生产经营体系,以满足在城市化发展进程中因生活方式改变而形成的人们多方面、多样性的需求。与传统农业封闭循环的生产方式相反,都市农业是开放循环的现代农业产业模式。它是以市场需求为导向的,"需求—生产—销售"一体化的开放的循环体系,从满足人们多样性需求出发,都市农业在产业发展上特别注重个性化生产、特色化定制,注重对农产品进行精深加工,促进高附加值商品生产的发展,从而不断提高农业生产效益。同时都市农业依靠大都市良好的集聚和辐射条件,积极打破地域界限,构建与国际市场相接轨的大流通、大贸易经济格局,加快农副产品在国内、国际间的流转,发展创汇农业,提高农业产品的附加值。

(二)生态功能

都市农业与传统农业的重要差别之一就是生态功能。都市农业不仅能为人们提供基本生活必需品,而且还能为人们营造优美宜人的生态景观,改善自然环境,维护生态平衡,提高生活环境质量,充当都市的绿化隔离带,防治城市环境污染,以保持清新宁静的生活环境。为城市增色添绿、美化环境、保持水土、减缓热岛效应、调节小气候、提供新鲜空气,改善生态环境,提高生活质量。沈阳经济区城市群面临的一个直接问题就是在资源有限的情况下,如何实现可持续发展。都市农业的生态功能可为其提供一条科学有效的路径。都市农业作为可持续发展的产业,它既有生态修复的功能,又为资源循环利用提供了可能。随着新技术在都市农业发展中的应用,昔日的生活废水及垃圾可用作灌溉和肥料,都市农业自身所具有的"洁、净、美、绿"的特色,能减轻城市工业"三废"污染的危害,降低城市噪音,维持城市生态平衡,建立人与自然、都市与农业和谐的生态环境,为市民提供幽静、清新的宜居环境,使农业真正起到"城市之肺"的作用。

(三)生活功能

都市农业的生活功能具体表现在都市农业通过开辟景观绿地、市民公园、花卉公园、农业教育园地等,为市民提供休闲观光娱乐园地,让市民体验农业生产,让青少年接触农业文化,获取一些农业知识。提高市民的生活水平和生活质量是城市经济可持续发展和社会全面进步的基本目标。现代都市,特别是像沈阳经济区这样的大都市群,人口密度高,交通拥挤,生态环境日趋恶化,随着城市的发展而形成的"城市病"日益增多,都市农业不仅能为人们提供鲜美的农副产品,而且还能为人们带来新鲜空气、洁净水质和优美的自然风光,在经济高度发达的今天,到农村旅游观光、休闲度假,了解农业知识,重新体验农耕文化,这已经不是一种时尚,而是普通城市居民的生活需要。都市农业不仅是一种产业行为,而且已经成为市民生活不可或缺的一部分了。

(四)社会文化功能

人类文明的母体是农业文明,农业文明中所体现出的天人合一,人与自然和谐相处的生态理念是人类可持续发展不可或缺的文化传统。而随着工业化、城市化的高度发展,如今生活在都市中的人们,面对着高楼大厦,汽车电脑以及工业文明所带来的急功近利的生活方式,农业文明中的尊重自然、贴近自然、维护生态平衡的文明理念,已经离我们渐行渐远。因此,通过发展都市农业,唤醒城市人心中沉睡已久的生态良知,对于推动都市经济的可持续发展,构建以生态文明为基础的和谐社会,无疑具有十分重要的意义。在高科技迅猛发展的今天,通过发展都市农业,让城市人,特别是孩子们了解农作物的生长过程,让他们懂得理解和尊重生命,热爱大自然,呼唤人性的回归,形成人与自然和谐相处的生态文明理念,是都市农业的重要功能。

(五)示范辐射功能

都市农业是农业新技术引进、试验和示范的前沿性农业,对一般农业的发展具有样板、示范功能。都市农业能够依托大城市科技、信息、经济和社会力量的辐射,成为现代高效农业的示范基地和展示窗口,进而带动持续高效农业乃至农业现代化的发展,对我国广大农村地区的土地高效利用起到示范作用。都市农业必须围绕新品种、新技术和新装备的应用、推广和普及,最大程度地节约资源,提供满足市场需求的高品质农产品。要大力发展创意型农业,要搞好农产品的文化注入,面对不同的消费群体,加强农产品的工艺化设计,提高农产品的观赏性和附加值。要发展体现先进技术与经营理念的农业科技园,在生产高品质农产品的同时,使都市农业成为现代农业的示范窗口。

二、都市农业的形态

都市农业不仅在功能上与传统农业有所不同,而且在产业形态上也比传统农业更丰富多彩。一般来说都市农业的形态表现为:

(一)设施农业

由于都市区内土地资源紧缺,为了提高土地资源的利用率,满足居民的多方面需求,在都市农业发展过程中,大多采用现代农业工程和生物、机械技术,通过仿造自然环境,为动植物生产提供相对可控制甚至最适宜的温度、湿度、光照、水和肥等环境条件,这种在一定程度上可摆脱对自然环境的依赖而进行有效生产的农业生产方式,具有高投入、高技术含量、高品质、高产量和高效益等特点,是最有活力的农业新产业。设施农业是涵盖建筑、材料、机械、自动控制、品种、栽培技术和管理等学科的系统工程,其发达程度是现代农业水平的重要标志之一。

(二)观光农业

观光休闲农业或休闲农业,是适应我国经济社会的进步,人们闲暇时间的增多和城里人为缓解城市病,寻求回归自然的需求而形成的一种新型农业生产经营方式。它以农业和农村为载体,以田园景观和自然资源为依托,利用农村设施与空间,结合农林渔牧生产、农业经营活动、农村文化及农家生活,经过规划设计与建设,使其成为一个具有农业经营特色的经济区域。随着城市的快速发展,城市生态环境恶化加剧。城市人回归自然的生理、心理需求加剧,市民绿色休闲旅游等需求不断增长。对于城市发展来说,都市农业既要能提供鲜美的农产品,又要有能创造赏心悦目的田园风光,既能走马观花,又可身体力行,亲身体验,寓健身于农作之中,益宁静于休闲之间。

在目前休闲旅游成为社会消费热点的情况下,在都市近郊发展观光休闲农业的市场潜力巨大。游客可就近观光、了解乡村生活,享受田园情趣,一些劳作过程旅游者可以亲自参与、体验。农村丰富的乡土文物、民俗传统等多种文化资源,为人们提供了返璞归真,亲近自然的契机。通过发展观光农业,可以让长期远离乡土的城市人,不仅能够获得身心的修正,而且能使其更加珍惜农村的自然文化资源。当前观光农业大都是高科技农艺与田园风光的完美结合,人们不仅可以在观赏、采摘、品尝过程中获得心理上的放松,而且还可以从中体会到"农趣乡情",获得到愉悦的享受,是"都市农业"发展的一种重要形式。

(三)生态农业

生态农业是都市农业的主要形式。因为都市农业就是生态农业,是生态农业发展的高级形态。都市农业的兴起就是因为它不仅为人们提供了鲜活安全、绿色的农副产品,而且还在于其改善了人们的生态环境,给人们带来了新鲜空气、洁净水质和优美的自然风光,提高了城乡居民生活水平和生活质量。所谓生态农业,就是遵从生态和经济规律,将先进的农业科技成果和现代管理手段与传统农业的有效经验有机地结合起来,通过人工设计生态工程,协调发展与环境之间、资源利用与环境保护之间的矛盾,形成生态上与经济上两个良性循环,实现经济效益、生态效益和社会效益的有机统一。生态农业是可持续发展的基础产业,它既有生态修复的作用,又为资源循环利用提供了可能。

(四)园区农业

园区农业是以现代科技为依托,集科研开发、科技示范区和科技辐射三种功能为一体,从事现代农业生产经营的新型农业生产体系。园区农业的功能不同于工业园区,它除了保证投资主体的经济效益之外,还具有技术创新、体制创新、产业示范和推广、服务三农等多种社会功能。因此,园区农业是集社会公益性、企业盈利性和生态环保性功能为一体的现代农业生产模式。

它以调整农业生产结构、促进农业产业升级为主要目标,依托农业科研、教育或技术推广单位,以农业科技成果的有效转化为核心,充分发挥农业区域优势和自然社会资源优势,以市场为导向,通过企业化的运作方式,按照现代农业产业化生产和经营体系配置要素和科学管理,在特定地域范围内建立起的科技先导型现代农业示范基地。园区农业是加快我国农业现代化的一个重要途径,已经成为各地农业现代化特别是都市农业发展中越来越普遍采用的发展模式。

第二节　国内外都市农业的发展状况

都市农业作为城市化发展的产物,它是城市经济发展到一定水平时,随着城乡一体化建设的发展,在整个城区范围内形成的依托于城市、服务于城市,具有较高生产力水平的农业生产和经营体系。都市农业最早发端于欧、美、日等西方发达国家和地区。目前,已是世界上众多国家大中城市农业生产的主要生产方式。都市农业与传统农业的区别在于它的区位特征和功能的多样性,作为资源集约型和劳动资本双密集型的产业,都市农业具有为城市发展提供安全食品、就业机会、生态环保、休闲娱乐、文化教育和科技示范等多重功能,是城市居民走近自然、重拾传统的一种重要途径。自20世纪90年代以来,都市农业已成为世界上众多国家大中城市农业生产的主要生产方式。并已经成为各国城市提升本地区农业竞争力的重要方式。

一、国外都市农业发展状况

(一)日本的都市农业

日本都市农业模式属于综合功能的都市农业,是多功能现代化的都市农业。日本是一个土地资源十分有限的岛国,经过 20 世纪 60—70 年代经济的高速增长之后,城市扩张迅猛,城市周边地区的地价不断上涨。由于土地属私有制,为保留土地以达到增值的目的,一些农户不愿过早出卖自己所拥有的土地,于是将继续耕种的土地在高楼大厦林立的城市内保留了下来。以后人们发现,在城市星星点点的耕地上生产的嫩绿的蔬菜、鲜艳的花卉,不仅为城市增添了绿色,增加了观赏的景点,而且改善了城市的生态环境,有不可忽视的存在价值。为此,日本都市农业发展的重点是设施农业、加工农业、观光休闲农业、多样化农业,都市农业主要集中在三大都市圈内,即东京圈、大阪圈和中京圈,到目前为止,日本已发展出 3 种主要的都市农业模式:一是观光型农业,即设立菜、稻、果树等田园,吸引游人参观体验,其实质是农业与旅游业的结合;如日本大阪府的都市农业有 70 多个观光农园,其中柑桔类 10 个、葡萄类 17 个、垂钓类 17 个和草莓类 6 个。二是设施型农业,即在一定范围内运用现代科技与先进的农艺技术,建立现代化的农业设施,一年四季生产无公害农副产品。日本的园艺设施基本上实现了小型化、集约化和现代化,蔬菜从播种到成品包装基本上实现了机械化操作,其蔬菜与花卉生产的 80％实现了现代化园艺栽培,商品率在 90％以上。三是特色型农业,即通过组建实力雄厚的农业集团,建设一批具有特色的农副产品生产基地,同时依托先进的农业技术进行产品的深层次开发,形成在国际市场上具有竞争力的特色农业产业。高新技术产业和镶嵌式多功能的"绿岛农业"构成了日本都市农业的基本特征。从日本都市农业的发展趋势来看,一是其生产逐渐规模化、集约化,以提高都市农业产品的国际竞争力。二是其农业结构调整力度加大。那些效益低、成本高的农产品逐渐被淘汰,加大了具有绿色、保健功能的农产品的生产力度和产量。三是生产技术向生产设施的小型化、全自动化、智能化发展,尤其是蔬菜栽培和水果采摘方面特别发达。四是农产品批发市场逐步完善,形成了专业化和综合性相互配套的各类农产品批发市场体系。五是生产经营管理的网络化。随着信息技术的发展,网络的普及。日本的农产品网上交易平台建设发展迅速。从日本都市农业发展的经验来看,各级政府给予的保护政策,对都市农业发展至关重要。日本政府则采取了一系列激励和保护都市农业的措施,对初次从事都市农业的人们提供无息贷款、资助学习相关农业技术和经营方法等。

(二)德国都市农业

德国工业发达、科技先进、农业现代化程度高,农产品供应充足、价格低廉。其都市农业的发展不是为了解决食物短缺或城市贫困等生存危机,而是因为城市政府和居民对农业土地所具有的生态价值及自然美感的重视,及对回归自然、亲近自然的农业生活方式的需要和珍惜,因此,德国都市农业的主要形式是市民农园或后院农园。德国都市农业以市民公园为代表。市民公园起源于中世纪德国的 KlienGorden。那时德国人多在自家的庭院里划出一小部分作为园艺用地,享受亲手栽培作物的乐趣。而德国都市农业的真正发端一般认为始于 19 世纪。19 世纪德国政府为每户市民提供一小块荒丘,市民用作自家的"小菜园",实现生产自给自足。19 世纪后半叶,德国正式建立了"市民农园"体制,其主旨是从建立健康的理念出发,让住在狭窄公寓里的都市居民能够得到充足的营养。近年来建立市民公园的主旨已发生很大变化,转向为市民体验农家生活的机会,使久居都市的市民享受田园之乐。市民公园的土地来源于两大部分:一部分是镇县政府提供的公有土地。每一市民农园的规模约有 2 公顷。大约 50 户市民组成一个集团,共同承租市民农园。租赁者要与政府签订 25～30 年的使用合同,自行决定如何经营,种花、植草、种菜或栽树、养花等,政府都不加干涉,但其产品却不能出售。如果承租人不想继续经营,可以中途退出或转让,市民农园选出的管委会选出新的承租人继续租赁,新承租人要承担原承租人合理的已投入的费用。目前德国市民农园呈兴旺之势,其产品总产值占到全国农业总产值的三分之一。

(三)新加坡都市农业

新加坡是一个城市经济国家,面积只有 556 平方公里。自然资源贫乏,农产品不能自给,甚至连沙石、水、食品都需要进口,本地只生产少量蔬菜、花卉、鸡蛋,水产品和乳制品等,加上城市化发展后耕地不断减少,其农业是典型的都市农业。由于土地资源稀缺,新加坡非常注重运用高科技生产高产值的农产品,大力发展高科技、高产值的农业产业。其发展的形式主要有国家投资的农业科技园、农业生物科技园和海水养殖场等。具体的都市农业发展模式有:(1)现代化集约的农业科技园(Agrotechnology Parks),这是新加坡重点的都市农业模式。新加坡都市农业的发展以追求高科技和高产值为目标,以建设现代化的农业科技园为载体,最大限度地提高农业生产力。农业科技园的基本建设由国家投资,然后通过招标方式租给商人或公司经营,租期为 10 年。其中有一个用气耕法(即在有空调设施的温室内种植植物,根部暴露在空气中,每隔 5 分钟喷洒含营养物质和肥料的制成雾水的冷水,不喷农药)种植蔬菜的农场,它是世界上第一个在热带国家以气耕法来种植蔬菜、生产富有营养而安全的新鲜蔬菜。蔬菜的生长期由土耕法需要 60 天缩短到 30 天,只是此种方式成本较高,当然如果生产高档蔬菜则优于进口;(2)农业生物科技园。在现代化集约的农业科技园的基础上,新加坡大力兴建科学技术公园。在园区内陆续建立起食品技术中心、技术示范中心、分子生物细胞研究所等一大批从事基础科学研究和高新技术开发的专业研发机构,利用科学技术公园的研究成果,大力发展高科技农业。

(四)荷兰都市农业

荷兰是一个欧洲小国,其面积约为河南省的四分之一。荷兰自己没有都市农业的说法,但荷兰人口密度大,农业紧靠大中城市,特别是其园艺业和奶牛业,位于大中城市的"都市圈内"。荷兰是农业高度发达的国家,其发展目标不再是追求产量,而十分强调农业与环境、自然的协调发展,重视农业的社会责任,这为荷兰形成"绿色生产力"打下一个很好的基础。在荷兰都市农业中,花卉业和奶牛业是特别重要的产业。荷兰以"欧洲花园"和"花卉王国"而驰名于世。荷兰花卉业有悠久的历史和文化渊源,且土壤和气候条件比较适宜。加之荷兰工商业发达,城市繁荣,人口密度大,园艺业产品从农村(相当于郊区)到城市不但距离短,而且不愁销路。这为荷兰的花卉园艺业的发展打下了坚实基础。在经济利用土地问题上,以花卉为代表的园艺业要优于一般的大田种植业,而温室园艺业又优于露地园艺业,且农场的规模也在不断扩大。荷兰温室产业具有高度工业化的特征。由于摆脱了土地的约束和天气的影响,温室园艺产品可以实现按工业方式进行生产和管理,其种植过程不仅可以安排特定的生产环节和生产周期,在产后的包装、销售方面,也同工业生产如出一辙,真正成了"工厂化农业"。荷兰园艺业和奶牛业的发展又带动了农村合作社和加工业的发展。在"单干"的情况下,每个奶农必须自己把挤出来的奶运送到城市去卖,费时费力,因此奶农特别需要合作销售。花卉业也是一样,需要把大量的鲜切花以最快的速度运送到城市消费者手里,没有合作社也是难以办到的。

二、国内都市农业发展状况

(一)北京的都市农业发展计划

近年来,北京市以科技为支撑,大力发展都市型现代农业,不仅明确了都市型现代农业的指导思想、发展目标和重点,而且制定了一系列建设都市型现代农业的政策和措施,都市型农业发展已初具规模,获得了显著的社会、经济与环境效益。北京市政府认为,发展都市型现代农业,是首都经济可持续发展的必然要求,是首都城乡和谐的必然条件,是服务首都、富裕农民的必然选择。为此,北京市政府制定了《北京都市型现代农业基础建设及综合开发规划》(2009—2012年)提出了通过现代农业基础建设及综合开发,全力打造优势产业田、优良生态田、优美景观田,提升农业综合生产能力、生态服务能力和景观服务能力,开发农田生态、经济、景观价值,努力实现项目区低产田变中产田、中产田变高产田、高产田变稳产田,中产田和高产田亩产分别达到800公斤和1 000公斤的粮食生产能力,基本实现安全无公害产品生产标准;同时,将农田作为首都"山水林田路村城"大环境的重要组成部分,努力提升农田景观,打造田成方、林成网、渠相通、路相连、人与自然和谐的田园风光,使基本农田成为首都优良的生产性绿色空间的总体目标。为了完成上述任务,北京制定了《北京"十二五"都市型现代农业服务体系建设总体规划》明确了到"十二五"末期,主要实现以下目标:

(1)构建与都市型现代农业结构相适应、功能相匹配的覆盖全程、综合配套、便捷高效的农业服务体系,使农业技术推广、动植物疫病防控、农产品质量安全、农资、农机、农业用水、信息、金融、农产品流通等九大服务形成纵向到底、横向到边的运行、支撑与保障系统。

(2)切实强化基层公共服务体系,健全或完善乡镇综合服务机构,赋予农业技术推广、疫病防控、农产品质量安全"三位一体"的综合服务职能,达到"五有"标准,即:有完善的管理体制、有规范的运行机制、有精干的人员队伍、有稳定的经费保障、有必要的工作条件。建立健全长期可持续运行的村级综合服务站点,每个站点选聘1名全科农技员开展全科医生式服务,农民均等化服务需求普遍得到满足。

(3)搭建和完善集生产、科技、供求、消费、市场一体化的"221"信息化综合服务平台,打造全程化、全覆盖、时效性强的"12316"农业服务热线,实现农业产前、产中、产后和市、区县、乡镇、村四级信息服务全覆盖。

(4)基本形成以满足服务对象需求为出发点、以检验服务对象对服务满意度为首要标准的配套服务机制,形成都市型现代农业服务主体多元化、服务内容高端化、服务方式多样化、服务需求个性化、服务手段信息化、服务格局一体化的"六化"标准,综合服务效能达到国内领先水平。

(5)基本形成主体健全、功能完善、服务优质、运行高效、竞争适度、风险可控的城乡一体化金融服务体系,全面提升农村地区金融服务效率和质量,以都市型现代农业金融服务创新为重点,吸引创业投资、股权投资、社会资本投资,推进都市型现代农业快速发展。

(二)上海的都市农业发展状况

上海围绕都市现代农业发展"十二五"规划,提出要以率先基本实现农业现代化为目标,深入贯彻落实科学发展观,坚持"创新驱动、转型发展",加快转变农业发展方式,着力推进都市现代农业发展。并做出如下安排:

(1)确保农产品均衡有效供给。继续实行主要农产品最低保有量制度强化"菜篮子"区县长负责制稳定粮食和蔬菜、生猪等"菜篮子"产品的生产能力增加市场适销对路的优质农产品供应量确保粮食年生产能力 20 亿斤、绿叶菜自给率保持 90% 以上、生猪年出栏 260 万头以上。

(2)积极发展生态循环农业。加强农村污水治理合理使用化肥农药有效改善农业灌溉水水质。大力推进秸秆和畜禽粪便综合利用,"十二五"期末农业废弃物综合利用率 90%。完善农产品质量安全追溯体系、农产品质量安全体系,建立农产品质量安全风险预警和评估机制,提高农产品质量风险和市场风险预警能力。"十二五"期末农产品质量安全追溯体系覆盖率达 90%。

(3)全面提升农业组织化程度。培育一批经营规模大、服务能力强、产品质量优、民主管理好、社员得实惠的农民专业合作社以及起点高、规模大、带动能力强的农业龙头企业,积极推进家庭农场、集体农场等新型农业组织的发展。"十二五"期末年销售额千万元以上的农民专业合作社达到 200 家,市级以上农业龙头企业达到 100 家。

(4)切实加强农业设施装备建设。加强农田水利建设继续推进高水平设施粮田、设施菜田和区域特色农产品生产基地建设,以及用标准化畜牧养殖场、标准化水产养殖场改造推进主要农作物生产全程机械化,加快蔬菜生产机械、加工物流冷链等设备的引进研发以及畜禽、水产适用机械的选型配置。"十二五"期末设施农业覆盖率达到 80%,农业综合机械化水平达 85%。

(5)不断提升农业科技水平。建立农业科技创新技术服务平台,在生物技术、农业生态和农业信息等领域,突破一批具有前瞻性、引导性的农业科技关键技术,进一步强化基层农业公共服务体系、农村信息基础设施建设,推进物联网技术在农业生产、经营、管理和服务中的应用。"十二五"期末农业科技进步贡献率达 70%,乡镇农业公共服务体系健全率达 100%。大力发展现代种业产业构建以市场为导向、企业为主体、产学研结合、育繁推一体的现代种业体系,"十二五"期末打造 2~3 个育繁推一体化的现代种业集团。

(6)确保实现农民持续增收。围绕农村居民可支配收入实际增幅不低于本市生产总值增速的目标,确保农民持续增收。加强新型农民培养挖掘农业内部增收潜力加大"就业援助"政策力度,积极促进非农就业全面实施"新农保",进一步提高"新农保"待遇水平,推进农村集体经济组织产权制度改革,增加农民财产性收入,促进农村经济发展和农民持续增收。

(三)广州的都市农业发展战略

广州市政府认为,广州市的都市农业发展应该充分吸收各国、各地的经验,适应知识经济时代的要求,走出具有南国特色的都市农业发展道路。要把都市农业的发展,作为广州市城市整体功能的一部分。在发展战略上,要把握以下几点:

(1)科技化。农业高新技术要成为广州都市农业发展的强大推动力。广州都市农业的发展将主要依赖以下技术在农业中的广泛应用,一是农业生态环境保护及城市公益林为重点的生态农业技术。二是以基因工程为核心的现代生物技术。三是以温室工厂化种养为基础的设施农业技术。四是农产品深加工工艺及食品安全技术。五是以因特网为代表的计算机网络和以全球卫星定位系统为代表的精确农业技术。

(2)农民职业化。传统上农户是从户籍定义的,随着经济的发展和城市化的加速,户籍意义上的农民将逐渐向居民转变。在都市农业发展的过程中,从事农业的农民成为了"农业从业者",良好的受教育程度和系统的职业培训是从事农业的必备条件,农民已成为职业意义上的农民。农业从业者可能生活居住在城市,城市居民也可以居住在郊区,农业成为城乡居民都可从事的职业。

(3)农业工厂化。随着各种高新技术在生产上的应用,广州都市农业的生产经营越来越易于处在可控的状态,实现工厂化的生产。同时,都市农业的管理中也引入工厂化管理,使都市农业的经营对市场的适应能力大为增强,企业化管理有助于形成合理的利益机制,提高效率。

(4)产业结构不断优化。在广州农业生产结构的演变与发展中,花卉、蔬菜、水果所占比重逐年增加,观光农业、生态农业、设施农业日益发达,农产品加工与产后流通、农产品市场体系日趋完善,农业信息将在都市农业中发挥越来越重要的作用。

(5)经营行为由自发转向自觉化。目前,广州都市农业的发展在较大程度上还是处于自发状态,随着都市农业本身的发展和政府对都市农业的规划与引导,广州都市农业将逐步转为自觉发展,按照都市农业的功能要求,合理地进行生产经营,都市农业的发展与城市的发展融为一体。

(四)西安的都市农业发展规划

按照西安市政府"十二五"规划的总体设想,今后西安市现代都市农业的发展将围绕建设生态、和谐、绿色、宜居城市,打造绿色食品名城。依托中心城市的资金、科技、信息和市场优势,积极探索以城市生态保护、市民观光休闲为特色,以农业高科技武装的园艺化、设施化、标准化、工厂化生产为主要手段,集生产、服务、观赏、消费为一体的经济和生态等多功能并存,可持续发展相结合的现代农业模式。

坚持规划引领,做好现代都市农业发展与城市规划的衔接,与城市建设和发展相匹配,坚持质量效益并重,注重发挥都市农业在改善生态环境、增添城市景观、促进劳动就业、传承农业文化等方面的作用,坚持政策引导,运用更加灵活的支持政策,增强社会投资的吸引力和现代都市农业的发展活力。

坚持创新发展,根据地域特点,规划发展具有北方特色的,特别是适合我市现代都市农业的发展模式。

坚持市场运作,以市场需求为导向,培育发展新型农业市场主体,吸引资金、人才、技术等各种要素向现代都市农业聚集。

到 2015 年,城区全部退出粮食种植和传统畜牧生产,特色、精品、高效农业快速发展,产业结构优化升级迈出实质性步伐。城区农业实现由单一的生产功能向生产、生活和生态多维功能转变,初步形成以特色农业、设施农业、休闲农业、会展农业为主体,集安全优质农产品生产、科技示范、休闲观光、生态保育等功能于一体,具有北方特色的现代都市农业体系。城区农业增加值大幅增长,力争达到 25 亿元,农民人均收入达到 1.4 万元以上。

(五)济南的都市农业发展计划

济南都市农业发展总的指导思想是,以"三个代表"重要思想为指导,依托中心城市的辐射带动,围绕需求,立足实际,点面结合,突出特色,以农业资源开发利用保护为基础,以产业结构调整为主线,以提高农业的集约化、设施化、企业化水平为主要手段,以建设观光农业园、现代农业示范园和生态农业示范园为主要标志,以增强农业的生产性、生活性、生态性功能为基本目标,以提高农民生活质量、缩小城乡差别为根本出发点和落脚点,着力提高农业和农村经济的整体素质和效益,保持农业增效、农民增收、农村稳定,为全市经济增长和社会全面进步作出新贡献。

根据上述指导思想,济南市发展都市农业的任务目标是,到"十二五"末期,基本建成融生产性、生活性、生态性于一体的功能多元化农业经营体系,基本建成城乡经济互相渗透、一二三产业相互融合的复合型经济体系,基本建成一批具有都市农业特征的观光农业园、现代农业示范园和生态农业示范园项目,建设一批较高标准的农产品出口示范区和设施农业片,农业现代化水平明显提高。

(六)长春的都市农业发展设想

长春是吉林省省会,国家重要的商品粮基地,地处东北平原腹地,农业在全市经济中举足轻重。从 2008 年开始,长春市委、市政府把发展现代都市农业作为建设现代农业,加快发展方式转变的战略重点,明确了"以服务城市、改善生态、增加农民收入为宗旨,围绕农业生产、生活和生态功能,拓展农业发展空间,调整优化城区农业产业布局,推进产业结构升级,依托城市的资金、科技、人才、信息和市场优势,通过城乡互动、优势互补、产业互融,构建功能多样、业态丰富的现代都市农业综合体系,提升农业现代化水平和综合生产能力"的发展思路。不断加大举措,有力地推进现代都市农业的快速发展。

(七)沈阳的都市农业发展规划

沈阳市委、市政府从建设"生态宜居之都"的总体目标出发,借鉴了国内外都市农业建设的成功经验,结合沈阳市的实际情况,提出了建设沈阳都市农业的总体思路和具体措施。

1. 沈阳市都市农业发展思路

第一,加强城乡统筹规划。沈阳市都市农业经营规模小、分散和不连片的状况,主要是由于在城乡统筹规划的过程中没能充分考虑到农业用地与工业发展、城市发展等的协调,直接导致城市建设用地占用农用地、农业发展与工业发展相互干扰。因此,必须加强城乡统筹规划,把都市农业发展规划纳入到工业发展和城市发展的框架中来,从整体上考虑沈阳市农业的发展。

第二,发展立体农业。充分发挥沈阳市社会经济基础和农业设施条件好、农业功能多元化、3个产业融合发展、劳动生产率和生产水平高等优势,努力缓解人多地少与农业生态环境脆弱等问题,借鉴国外农业发展先进经验,通过农业科技创新和技术推广,不断提高农业科技含量和劳动者素质,发展立体农业[5]。沈阳市发展立体农业符合沈阳市农业和农民的情况,前景十分可观。这也是有效节省空间资源的方法,可以产生很高的产量和效益,为沈阳市带来更多的经济利润。

第三,优化产业结构。沈阳市农业应综合吸收发达国家大城市地区的多种农业模式的经验,走出具有沈阳市特点的农业发展道路,成为与城市现代化水平相适应的比较富强、文明、洁净和优美的都市型产业。沈阳市农业产业结构调整是农业功能、市场、产业、产品与技术等多层面的调整,具体思路如下:

一是农业的产业结构应根据市场需求合理调整种养比例和产业层次。同时,加快蔬菜、花卉和水果等优势产业发展,发展草食、舍饲家畜和名特优水产养殖,花大力气发展农产品加工业,提高农产品附加值。

二是农业的功能结构应实现从生产功能向经济、社会与生态等多种功能延伸。在发挥农业正常生产功能的前提下,把农业科研和生产活动、旅游观光、文化教育与生态保护等有机结合起来,按照"统一规划、规范经营、有序发展"的原则,积极引导休闲观光和体验教育型农业发展。

三是农业的市场结构应瞄准无害化鲜活农产品的国际消费市场、国内高档消费市场和高技术含量产品的国内生产消费市场,加强农产品和农业生产资料市场建设,创新市场营销方式,促进农产品流通现代化。

四是农业的产品结构应形成无害化、外向型和高效益农产品占显著地位的格局。高标准地做好农产品标准化示范区建设,继续实施无公害食品行动计划,加快推进无公害、绿色与有机农产品产地认证和产品认证;加强农产品质量安全监测体系建设,尽快建立完善各级农产品批发市场和龙头企业产品质量自检体系;推进农产品生产管理档案登记注册制度,完善产地环境、农资市场、农产品质量执法监督和信息档案管理,从而确保农产品质量安全。

五是农业的布局结构应因地制宜、加快改变农业布局分散的局面。根据都市型现代农业特点,围绕服务生态沈阳建设、服务大都市生态文明发展的战略目标,调整优化农业区域布局,构建以河流和山峦为纽带的,与都市、村镇、工业区布局相衔接的,"组团式网络化多板块"的都市型农业空间架构。

2. 沈阳都市农业建设的具体措施

"十二五"期间沈阳市将实施农业产业化"六大工程"：

一是农民增收统领工程。以农民增收统领农业农村工作，建立"市抓规划目标、县抓推动落实、乡抓产业发展、村抓致富项目"的工作责任体系和考核、奖惩机制。坚持调结构、抓输出、强素质、宽增收渠道，千方百计深度挖掘增收空间，在稳步增加家庭经营收入的基础上，大幅度提高工资性收入比重，确保全市农民人均纯收入年均增长13％以上，力争5年翻一番，到2015年达到2万元。

二是粮食高产创建工程。夯实农业基础，提高粮食单产水平。加强产学研结合、育繁推销一体化农业体系建设，高标准规划建设沈北新区国家级农业基地。健全基层农业推广机构运行机制，引导多元化服务组织发展，开展农民科技培训，普及应用测土配方施肥等先进实用技术。提升以农机为重点的整体装备水平，全面实施保护性耕作技术示范，重点推进主要粮食作物生产全程机械化。强化农田水利基础设施建设，实施浑蒲、浑沙等大中型灌区续建配套和节水改造，不断改善农村小微型水利设施条件，完善农业防灾减灾体系。结合国家新增千亿斤粮食工程和省农科院共建项目，开展关键性技术攻关，创建水稻、玉米万亩方吨粮田，推进高产高效粮食生产示范区建设。到2015年，全市粮食平均单产水平达到550公斤/亩，比2010年提高28％。

三是农业结构优化工程。深入推进农业结构战略性调整。优化种植结构，大力发展工厂化、精品农业，结合中低产田改造，继续发展设施和高效特色农业，加快发展经济林和林下经济。优化养殖结构，建设一批优质畜禽水产生产基地，推进标准化规模饲养、清洁化健康养殖，促进产业转型升级。拓展农业功能，发展集观光、休闲、旅游、生态于一体的都市农业，推进九龙河现代农业示范区、沈阳光辉现代农业示范区建设，打造以蒲河生态廊道为重点的沈阳北部现代农业观光休闲示范带。到2015年，设施、高效特色农业面积占总耕地面积比重达50％以上，畜牧业产值占农业总产值比重达60％以上，切实转变发展方式，形成具有沈阳特色的现代农业框架。

四是农产品质量提升工程。强化生产者质量意识、经营者自律意识、管理者责任意识。推进农业标准化生产，建立农产品产地环境、质量安全状况例行监测和公告制度，推进万亩以上果蔬出口基地标准化示范区建设。加强流通检测和市场监管，全面加强蔬菜、水果、畜产品、水产品市场准入、准出制度。加强优质农产品品牌建设，鼓励企业开展标准体系认证，支持名特优产品商标注册，继续搭建农博会等营销平台，提高品牌知名度和影响力。

到 2015 年,形成一批知名农产品品牌和高标准生产基地,农产品标准化生产面积达 80%,流通环节实现 100% 检测。

五是农业产业化升级工程。坚持"外引内育"方式,扶持龙头企业发展壮大,引导规模化、集团化发展。重点引进对本地农产品有牵动力的国家级产业化龙头企业。鼓励农产品加工企业建设生产基地,推广"龙头农户"的经营模式,密产业链条。大力发展专业合作社,培育专业大户、种养销带头人,提高组织化程度。到 2015 年,农产品综合加工率达到 60%,农业产业化经营覆盖面达 70% 以上。

六是一乡一业、一县一业推进工程。按照乡镇为主、错位发展的要求,培育壮大主导产业,切实推进 70 个专业乡镇一乡一业建设。创新管理体制和运行机制,加快农业经济区建设步伐,发展多乡一业,进而形成一县一业发展新格局。到 2015 年,建成全国知名的新民果蔬产业大县、辽中蔬果花卉出口大县、法库"牛县"、康平花生产业大县,4 个郊区建成特色产业与都市农业、旅游观光及休闲度假农业相结合的现代农业示范区。

通过上述工程的实施,进一步促进农村和城市、农业与非农的融合,推动都市城乡一体化建设,形成具有紧密依托城市经济和社会发展并服务于都市居民的现代农业生产体系。

第三节　沈阳经济区都市农业建设的对策分析

随着东北老工业基地的振兴,以沈阳为中心的包括周边鞍山、辽阳、抚顺、本溪、铁岭、营口等七城市在内的沈阳经济区也迅速崛起。该经济区以城市密集著称,不但工业基础雄厚,以"东方鲁尔"著称于世,同时土地肥沃,农业发达,是辽宁省最大的商品粮生产基地。因此,该地区农业的可持续发展,不仅是对于沈阳经济区本身的发展,而且对于辽宁省乃至东北地区经济的发展都有非常重要的意义。

一、沈阳经济区农业发展的现状

沈阳经济区具有良好的发展农业生产的自然条件。第一产业的产值占该地区国内生产总值的 9% 左右,从事农业(农林牧渔)的人口约占该地区总人口的 13%。在农业总产值中,种植业约占 42%;牧业占 33%;渔业占 10%;其他农业和林业约占 15%。改革开放后,该地区农业生产在经历了"短缺型""自给型"后,正在向"现代型农业"发展,农业多元化综合发展特征已呈现出来,农业产业结构趋于合理,农民的生活水平有所提高。但是农业发展中存在的问题也日益突出,这些问题如不能很好地解决,势必会影响到该地区农业的可持续发展及整个地区经济持续、稳定、协调的发展。

(一)农业资源日益匮乏,污染严重,生态环境日趋恶化

由于沈阳经济区是工业集聚区,人口密度大,随着城市和工业的发展,大量的农用土地被占用,人地矛盾日益尖锐;为了增加耕地,人们不得不毁林开荒,这又破坏了森林、植被,带来新的水土流失,十分脆弱的生态环境更加恶化;工业污染,民用增加、农用浪费,使得水资源日益紧张,成为全国水资源十分匮乏的地区之一;农业生产中,农用地膜的"白色污染",过度和不合理使用无机化肥、农药导致的土壤板结和农药残毒遗留等问题,使得生态环境进一步恶化,不仅谈不上农业的可持续发展,就是人们的生存环境也日益恶化。农业的可持续发展受到了极大挑战。

(二)农业生产品种单一,抗风险能力差

沈阳经济区的主要农作物为玉米和水稻。其播种面积和产量分别为该地区总播种面积和粮食产量的 74%、90%。而经济作物种植的比例太低,只占总播种面积和主要农产品产量的 5.7% 和 3.2%。近几年随着玉米、水稻等大宗农产品出现阶段性和结构性的供过于求,产品积压滞销,价格持续走低,农民增产不增收,导致农民的农业生产积极性下降。另外由于品种单一,农业生产抵御市场风险和自然灾害的能力不高,在某种程度上,农民不得不靠天吃饭,农业可持续发展问题尚未得到根本解决。

(三)农业生产专业化、产业化程度较低

虽然,上世纪 90 年代以后,在解决粮食和主要副食品自给的过程中,沈阳经济区各市已呈现出按专业化、产业化组织农业和农村经济的雏形,但尚未形成完备的产业链条和强大的产业优势;也没有完全改变生产加工和销售相互分割的局面,整体优势没有形成;同时,一些农产品加工企业的技术、设备落后,科技含量低,缺乏市场竞争力;市场体系不健全,仍然存在产销脱节,甚至故意骗农、害农的现象。由于农业生产的专业化和产业化程度不高,限制了农业的规模经济和规模效益,使得农业可持续发展遇到障碍。

(四)经济区内各市郊区农业仍停留在城郊型农业生产阶段

这决定了城郊型农业除了在市场和产品方面与城市有一定的融合外,在其他方面与城市融合的程度较低,对国际、国内市场的开放度也较低,因

此,也就决定了其对外部资金、技术、人才等的吸引非常有限,农业集约化程度不高,使得这一地区的农业在总体上处于自我发展能力不强的弱质产业的地位,影响了农业的可持续发展。

二、沈阳经济区都市农业发展的对策建议

依据国内外都市农业的发展经验,针对沈阳经济区的实际情况,要发展都市农业必须做到:

(一)持续推动城市现代化,以城市现代化促进都市农业发展

城市现代化是都市农业发展水平不断提高的前提。都市农业在生产组织和技术创新方面都有赖于现代化大都市提供的便捷服务和科技成果及先进设施;在市场培育方面,更需要依托大都市的辐射力量来实现对跨区域市场和国际市场的占有。从都市农业的发展趋势来看,充分利用大城市、尤其是国际化大都市所具有的发达的市场网络、信息网络和交通网络,构建现代化的都市农业流通体系,已成为推动都市农业持续发展的重要条件。从国内外都市农业发展的情况来看,都市农业都是在城市经济快速发展和城市化水平较高的地区率先发展起来的。城市的现代化、规模化和生态化,是发展都市农业的基本前提和首要条件。

都市型农业发生成长于现代大都市及其城市化地区,是一种以满足城市建设和人民现代生活多种需求为主要目标,将城市经济、文化、生态紧密结合、融为一体的具有示范、辐射和带动等多元化功能的农业形态。它完全符合农业可持续发展的要求。都市型农业是高度集约化农业。由于它依托大都市,因此不仅可以将各种高新技术直接运用到农业中,实现农业生产自动化、电气化、控制化;而且还可以借鉴到城市中先进的生产经营方式上,使农业生产逐步走向企业化、规模化和市场化,将分散的、粗放型的传统农业改造为资本、科技、设施高度密集的现代产业。沈阳经济区是我国城市化程度比较高的地区之一,半径150公里的范围内,七座城市连成一片,具有得天独厚的发展都市型农业的条件。

(二)强化科技创新,用科技进步促进都市农业的发展

发展都市农业,科技是关键。纵观发达国家都市农业的发展经验,重视引入高新技术,提高农业的科技含量,是推动都市农业发展,提高都市农业整体绩效的重要手段。因此,沈阳经济区的都市农业的发展,必须充分利用本地区大中院校集中,科研院所众多,科技实力雄厚的有利条件,积极推动

产学研协作,大力加强农业科技创新。首先,强化基础性、前沿性农业科学研究。重点支持生物技术、良种培育、名优特产品研发等领域科技创新,深入挖掘本地区丰富独特的科技资源。按照市场运作模式,支持和鼓励农业科研院所、高等院校和科技企业积极开展农业科技社会化服务,充分发挥他们在农业技术创新中的积极作用,争取在关键领域和核心技术上实现重大突破。其次,构建农业技术推广网络,加大农业科技成果的推广力度。在对现有的农业科技推广网络完善、规范的基础上,科学界定其机构职能,理顺管理体制,强化公益性农业科技推广机构管理机构的建设,通过乡间学校、技术入户、远程农业课堂等多种渠道,大力培训新型农民,解决农业技术推广的"最后一公里"问题。最后,努力培育高素质的农业科技人才队伍。要以农业科研基地和重大农业科研项目为依托,制定激励政策,积极吸引国内外农业科技人才参与沈阳经济区的都市农业建设,对那些掌握先进科研成果、愿意到农业一线从事科研工作的科技人员,应积极支持和奖励,充分调动他们的积极性和创造性,努力打造一支业务精湛、结构合理、爱岗敬业的农业科技创新队伍。

(三)加快农业产业化步伐,大力推动集约化经营

农业产业化是转变我国传统农业增长方式的新形式。沈阳经济区要实现农业产业化,一是要实现区内农业的适度规模经营和专业化生产。区内各市应根据本地区的资源优势和市场需求,确定相应的主导产品和产业,并据此形成龙头企业,发展和建设农产品生产基地,最终实现高产、高效、优质的专业化生产和适度的经营规模,提高农民收入,优化农业生产力布局。二是要建立和完善农业社会化服务体系。从根本上打破传统农业生产的封闭性、孤立性,形成一种新型的社会化农业。应从农业生产前向和后向联系入手,在农业机械化、优良品种、农用生产资料及农产品的加工、储运、销售等诸方面为农业生产提供坚实的后勤保障。三是不断完善农业生产体系,加强集约化经营。一方面借助发达的设施农业,对花卉、蔬菜及水果等实行集约化经营;另一方面,还通过专业化分区来推动集约化经营。如沈阳的一县一业一市场的农业发展模式,不但提高了生产的集约化水平,而且还增强了各专业分区的农产品的市场竞争能力。

(四)经济社会功能兼顾,多元化良性发展

纵观在发达国家的都市农业发展现状,多功能、多元化发展正成为其发展趋势。如日本主张发展都市农业应实现四个目标:一是建设有"农"的城市,借助都市农业构建城市的"后花园";二是提升都市环境质量,建设生态

型城市；三是增加农民收入并提高其社会地位；四是加强农村建设，振兴农村。强调兼顾经济功能和社会功能两个目标。

从国内来看，各地发展都市农业，都十分重视经济功能和社会效益的兼顾，在把保证农民增收和企业获得合理利润作为发展都市农业的基本目标的同时，北京、上海等一些大城市正越来越多地把社会效益和生态效益列入都市农业的目标体系。沈阳经济区也应依据自己的自然状况、工农业发展的实际情况及科学技术水平，加快转变农业发展转变，大力发展资源节约型、环境友好型农业，在保护资源环境、提高资源利用效率中实现农业的优质高效发展。把城市建设、生态建设和新农村建设紧密结合起来，积极开发即能使农民增产增收，又能改善城市环境、提高城市生活质量等经济、生态功能兼顾的都市农业，建设一批颇具规模、各具特色的农业生态园区和生态休闲旅游景区，不仅能为市民提供优质鲜活农产品，而且能为城市提供绿色环境和优美的风光。

（五） 加强制度建设，完善政策支撑体系

都市农业是一项涉及领域宽、牵扯部门多的系统工程，制度建设是其顺利发展的保障。首先是法律制度要健全。德国有"市民农园法"，法国有"家庭农园法"，日本有"生产绿地法"，这些法律成为各国保障都市农业实现健康有序发展的重要制度基础。其次是要健全政策支持体系，营造良好发展环境。如日本把都市农业列入城市规划，使其作为城市的"公共财产"来加以保护。就国内来说，一是创新农业用地政策，只要设施面积不超出一定比例，且用于自身生产经营，就允许在符合规划的都市农业项目区内建设非出售性质的配套服务设施。二是完善财政扶持机制。要发挥政府资金投入的导向作用，市财政应设立都市农业发展专项资金，并与财政收入的增长同步增长，重点扶持农业科研、基础设施、农技人员和农民培训、生态环境建设等方面的发展。三是创新农村投融资体制建设。针对农民专业合作社、经营大户贷款难的问题，建议借鉴外地经验，尽快建立区域农业融资平台，并利用这一平台，加强与国家开发银行、农业发展银行等政策银行联动，争取更多的政策性金融资金进入地区农业领域。应尽快出台相关政策，鼓励工商资本、社会资本和外资参与都市农业建设，形成多元化、多渠道的投融资体制。四是要重视组织协调机制建设。各地在都市农业发展的过程中，应注意利用联席会议制度等机制建设，推动各级各部门的协调与通力合作，从统筹城乡发展的角度进行系统安排和部署，以加快都市农业的发展进程。

(六)创新农业经营体制,提高农民组织化程度

都市农业是产业化、集约化程度较高的现代农业,它要求有组织化程度较高的农业组织与之相配套,就目前沈阳经济区的都市农业发展状况看,农业组织化程度还不高,农业经营仍然是以一家一户分散经营为主,农民专业合作组织发育不充分,农户与农业龙头企业之间的利益联结不够紧密。是制约本地区都市农业发展的重要因素,因此,要加快发展都市农业,一是加快培育和发展农民专业合作组织,在优势特色产业集中的地方,尽快组建以产业为联结的农民专业合作社,推动优势产业朝规模化、品牌化方向发展,提高市场竞争力。根据地区农业的特点和都市农业发展的趋势,开列重点扶持的合作社名单,在及时其发展经验的同时,努力帮助解决各种政策性、体制性问题。二是创新农业组织运行机制。根据都市农业发展的需要,依托优势产业和优势产品,打破行政区划限制,组建跨县、市的协会和合作社,发挥其营销、信息、技术服务等功能,实现农户与市场的有机衔接。三是加快发展农业服务业。培育粮食、农机、农资配送服务等生产性服务组织,提供全面、持续的专业化服务,积极发展统一耕作、统防统治、农资供应、市场营销等农业经营服务组织,建立起产前、产中、产后全程服务的现代农业服务体系。

第四节 发展都市农业,建设生态城市

一、都市农业与生态城市建设的关系

现代城市的功能定位和都市经济的快速发展,决定着都市区域范围的农业的基本任务和发展方向,农业发展更依赖于城市的支撑,特别是都市农业的开发更离不开城市在科技、信息、人才上的优势。可见,生态城市与都市农业的关系,既有生态城市对都市农业的依赖性,又有都市农业对城市的依存性,即生态城市与都市农业之间存在着特有的相互依赖和相互促进的关系。在目前城市绿地面积发展受限、经济效益低下、功能有限的情况下,城市的生态环境问题仅靠城市本身是无法解决的,必须依靠城市外围大片绿地所发挥的生态功能才能使城市环境得到较好的改善,而地处城市郊区的都市农业正是外围绿地中的主要构成部分。

都市农业和生态城市,都包含着追求"持续发展"的核心思想。"生态"

是两者的交叉点。发展生态城市离不开生态农业的发展，而都市农业则完全包含了生态农业的内涵。发展都市农业必将促进生态城市的建设，而生态城市的建设也离不开都市农业的发展。可以说两者是相互促进、相互依存的。

（一）都市农业形成农业景观，是塑造生态城市特色和形象的重要手段

都市农业不但为城市提供美化绿化用的花卉苗种，观赏性的奇蔬异果，同时它的生产基地也成了市民的观光休闲地和绿色屏障。都市农业具有很高的科技含量，强烈的表现了城市的现代气息，它可以提升城市的品位和塑造城市的特色。例如日本在 20 世纪 60 年代末，伴随着经济发展和城市化迅速推进，农业用土地大量被占用，农业劳动力大量外流。为了阻止农业滑坡，在都市圈中保住这一基础产业，于是提出了建设多功能都市型农业的构想。经过 20 多年的努力，建成了具有镶嵌模式的"绿色农业"，成为东京都一道亮丽的景观。新加坡自 20 世纪 60 年代中期建国以后，政府在城市化和经济发展过程中，大力倡导花园城市运动，有计划地推进城乡绿化和特色园林建设，并资助创建具有观光旅游特色的都市型农业体系，一举成为享誉世界的"花园城市"。此外，都市农业的存在，可以使城市的"热岛效应"变成"绿岛效应"。

（二）促进传统型农业经济向生态型农业经济转型是生态城市建设的重要目标

生态城市的建设是一项巨大的系统工程，涉及城市建设的方方面面。如工业、能源、交通、建筑、绿化、通讯、文教、环保、医疗、宣传等。因此，促进传统农业经济向资源型、知识型和网络型高效持续的都市农业型的生态经济的转型，以生态产业为龙头带动区域经济的腾飞，促进城市及整个区域生态环境向绿化、净化、美化、活化的可持续的生态系统演变，为社会经济发展建造良好的生态基础，是生态城市建设的重要目标。

（三）发展都市农业能有效防止城市"摊大饼"式地向外扩展，促进城市健康有序的发展，保障了整个区域和城市内部的生态空间

通过在城市边缘、中心区以及控制区建成一些现代化的都市农业园区，完成绿化隔离带的建设，使之成为城市的绿色屏障，同时也成为市民休闲的重要场所，在空间上保障了城市的生态化建设。

从另外一个角度来看这也可以看成是都市农业为城市发展提供了绿色

生态缓冲带。建设生态城市,就是要对自然由无序蔓延变为合理分布。建立经济、社会、资源、环境同步协调的资源配置机制和合理布局。

(四)发展都市农业可以促进实现城乡环境一体化

通过河流、农田林网等城市与周围的农业自然景观连为一体,实现城市和乡村互相融合。发展都市农业,也可以避免在城市中建设大型开放绿地需要占用额外的土地,将城市建设成为高效紧凑的可持续生态城市形态。

二、都市农业在生态经济区建设中的作用

生态经济区建设的关键在于城市地域空间的优化,城市开放空间系统的优化又是城市地域空间优化所要解决的最为关键的问题,这也就决定了生态城市建设不可能仅仅局限在建成区内部,建成区外围的都市农业是建设生态城市必不可少的生态依托。

(一)都市农业有利于城市环境的改善,提升城市景观,塑造"田园城市"

都市农业不仅要为都市居民提供鲜美的农副产品,而且还要为人们带来新鲜空气、洁净水质和优美的自然风光,成为都市的一块绿洲和"绿肺",变城市的"热岛效应"为"绿岛效应"。都市农业通过发展生态农业,创立市民农园、农业主题公园及开设各类农业观光景点,不仅塑造了现代生态城市的田园景观,而且为市民提供观光、旅游、休闲、健身、体验的好去处,提高了市民的生活质量。在中心城市和卫星城之间、卫星城相互之间,建立生态功能保护带,保留和发展都市农业,引导城市与农田、绿地、水系的融合形成一个完整的城乡生态系统网络,发展田园中的城市,城市中的田园。

(二)都市农业为城市蔓延设立了屏障,保障了整个区域和城市内外部的开敞空间

优化城市内外部的开敞空间是建设生态城市的最重要的途径,通过在城市边缘、中心区以及控制区建成一些现代化的都市农业科技园区,完成绿化隔离带的建设,使之成为城市的绿色屏障,同时也成为市民休闲的重要场所,在空间上保障了城市的生态化建设。结合汉长安城等大遗址保护区,在遗址区发展都市农业,不仅有利于遗址保护区的可持续发展,而且优化了城市内部的开敞空间。从另外一个角度来看,这也可以看成是都市农业为城市发展提供了绿色生态缓冲带。建设生态城市就要对自然由无序蔓延变为合理分

布,建立经济、社会、资源、环境同步协调的资源配置机制和合理布局。

(三)都市农业有利于缩小城乡差距,实现城乡一体化,共建和谐社会

生态城市的建设是一项巨大的复合工程,除了最基本的城市生态系统建设之外,还强调高效、城乡和谐的可持续发展理念。因此,促进传统农业经济向资源型、知识型和网络型高效持续的都市农业型的生态经济的转型,以生态产业为龙头带动区域经济的腾飞;促进城市及整个区域生态环境向绿化、净化、美化、活化的可持续的生态系统演变,为社会经济发展建造良好的生态基础,是生态城市建设的重要组成部分。都市农业相比传统的农业最大优势在于经济效益的提高,提高了农业的"附加值",增加了农民的收入,缩小了城乡差距;以工业化带动农业现代化,可为城市化加快生态环境建设,实现城乡景观融合;都市农业对久居大都市居民的科普教育和促使农民提高素质、加强市场化经营理念的作用,促进了城乡文化的交流;可见都市农业有利于实现城乡经济、景观、文化的融合,加快城乡一体化进程。同时都市农业能拓宽城市的就业途径,促进城市社会稳定,共建和谐社会。

三、发展都市农业,促进生态经济区建设

回顾改革开放以来沈阳经济区都市农业的发展历程,三十年来我们实现了三个跨越:首先,在都市农业发展初期,提出走出农业抓农业,运用工业的思维、商业的理念、改革的手段推进农业的现代化的建设,着力提高农业的生产、加工、销售水平,深入挖掘农业内部的增长潜力,实现了由单纯的种养殖业向生产、加工、销售一体化的跨越。二是由农业的经济功能向农业多功能的跨越。其次,在都市农业成长阶段,注重开发农业的原料供给、农民的就业增收、农村的生态保护、农业的观光休闲、文化传承等多种功能,通过延伸农业发展功能来增加农民的收入,实现了由农业的单一经济功能向农业多功能的跨越。第三,是在都市农业建设的提高阶段,努力探索转变农业发展方式,大力发展资源节约、环境友好型农业,积极应用高新技术,保护生态资源、提高生态资源利用效率,努力推进都市农业的优质高效发展,促进城市的生态文明。实现了由农业资源的综合开发向资源节约环境友好的跨越。在都市农业的建设中,沈阳经济区各级政府都充分认识到,发展现代化都市型农业是一个城市的科学和理性的选择。历史的经验和社会的发展使人们再次认识到,城市的可持续发展有赖于城市与

农村的共同繁荣和协调发展,城市经济与农村经济的有机融合,是未来区域经济发展的必然选择,都市农业为城乡一体化发展提供了最有效的途径。促进各个地区城市化的发展、扩大区域间交流与合作、实现农业的可持续发展、实现农业的增收是我们的共同愿望。为此,要求我们在未来的生态城市建设中必须做到:

(一)将都市农业纳入城市规划的法定体系中去

将都市农业纳入到未来的城市总体规划中,如同其他建设要素一样,使其具有法律权威性。都市农业作为城市经济的重要组成部分,在一些城市尚未纳入到城市总体发展规划当中,这大大限制了其在城市地区中的重要作用和城乡一体化的发展。应当在深入研究都市农业对城市经济、社会、环境和教育等方面综合影响的基础上,根据城市的发展定位、性质和功能,明确各城市发展都市农业的总体思路和发展目标,制定相应的专门规划和政策措施,将都市农业规划与城市发展规划有效地衔接起来,将都市农业的发展规划纳入城市建设和发展的整体规划之中。应特别关注都市农业对城市经济和生态环境影响的研究。

(二)科学规划,合理布局

目前,大多数学者认为,城市的总体形态应由圈层式的扩张变成"以中心城市为核心,分散组团式"的城市发展格局。这一发展趋势非常适宜都市农业的建构和发展,可以大大提高城市的绿地率,使城市生态环境得到根本改善和提高。都市农业的布局模式可以采取圈层式予以发展:一为核心区,二是拓展开发区,三为外围区。

1. 核心区

主要指都市的核心地区,大致是 20 世纪末以前的城市建成区,即处于交通发达、建筑密度和居民密度都较高的主城区。此区的都市农业位于交通走廊、城市建筑之间呈锲式分布,其功能应以社会文化、生态功能为主。还包括按照多功能公园的营建思路,把农业生产场所、农产品消费场所、游客休闲旅游场所和青少年教育基地有机结合在一起,形成综合农业空间的主题公园。该区都市农业的表现形式为道路走廊绿化、公共空间小品,屋顶、庭院、阳台绿地、院区及各类园区。我国城市核心地区建筑物密集,绿地比例一般过小,所以要想尽办法增加绿地。绿地建设要体现绿色艺术及丰富人情气息、视觉价值高的各类园品作为重点予以发展。对于农业公园中的设施除了观光旅游、休闲度假和娱乐餐饮之外,其栽培的各种植物、饲养的动物、景物的设置要有丰富的教育内涵。

2. 拓展开发区

指近年来虽经开发但建筑物之间仍保留较大空间的区域以及近郊区域。该区从功能上而言,应以经济效益为主,重点发展高科技园区。实施品种工程、生物工程、温室工程、绿色工程等高科技的项目。以为市民提高优质农副产品和优美的绿色生态环境为主要任务。是市场经济发达、科技含量高,多层次、多功能、全方位开发的一种可持续发展的区域性现代农业园区。其内部都市农业以工厂化模式为主体,实现生产—加工一条龙服务的作业方式,并积极发展种子、种苗产业,温室产业、园艺业、畜牧业、农业生物技术产业等高新技术。使都市农业成为资本、知识高度密集并在生产经营方式上高度企业化、规模化、市场化、高附加值的现代化设施农业,最大限度地提高农业生产力。这方面要汲取日本、新加坡的经验,就算以后城市进一步拓展了,这些都市农业园区也必须要保留下来。

3. 外围区

是相对稳定的耕作区,也是都市农业生产集中地区。从功能而言,主要是生态、生产功能。该区在发展规模型农业的同时,因地制宜发展优质谷、蔬菜业、林果业、畜牧业、水产业和种子种苗业,并有重点的实行种养加多种经营,使农业逐渐向集约化、设施化、精深化方向发展。为使外围区农业与城市联系更加紧密,应从提高交通运输效率和利用自然条件入手,优先深度开发交通沿线的农业。森林公园是都市区的"绿色之肺",占地面积广大,能够同时服务于多座城市。其林区基本保持自然风光,边缘地区可适当建设一些供游人居住、娱乐的场所。在森林公园内可开展多项活动,如种植纪念树、认养动物、野外生存"冒险"等众多内容。

(三)加强政府对都市农业的支持力度

都市农业在我国属新生事物,它的发展离不开政府的倡导和支持。如日本各级政府对都市农业给予保护政策,政府对从事都市农业的市民不仅给予补贴,还在资金、技术上给予支持。在我国都市农业的核心区,其功能主要是生态功能,所以都市农业主要由政府投资予以发展。而在拓展开发区和外围区的都市农业发展时,政府要在各项政策上予以优惠,在人力、技术上大力扶持,并协调优化各部门在支持都市农业方面的举措,以形成合力,有效促进都市农业的发展。

(四)拓宽投资、融资渠道

在政府加大投资的同时,必须强调各方面对都市农业的投入。发展都市农业仅靠政府投资是远远不够的,应以政府投资为龙头,带动社会资金、信贷资金、外资、农民自有资金投入都市农业,鼓励企业家到拓展开发区开发都市农业,其中最重要的要使农民成为投资主体,这方面德国、日本的都市农业已为我们提供了经验。

(五)提高科技含量,扩大都市农业园区的规模

都市农业要走科技致富之路,就必须提高农民的知识水平,提高农业领域的科技含量。为此,应培训各类农业技术人才,鼓励高校、科研机构等与农村合作,共同开发都市农业资源。德国、日本、新加坡、荷兰等都是积极采取先进技术以降低生产成本的。国际上不少国家都市农业园区的规模有不断扩大之势,以增加规模效应,打造有国际竞争力的农业科技园,增加产品竞争力。我国都市农业发展的花卉、蔬菜、畜牧等产业也要注意走联合之路,形式上要结合我国国情不断有所创新。这方面荷兰、新加坡为我们提供了经验。

(六)高度重视观光休闲农业的建设和发展

观光休闲农业是都市农业的重要组成部分,近年来发展迅速。农业旅游观光项目是集田园风光与高科技农艺为一体,人们可以体验"乡情农趣",在观赏、采摘、品尝过程中感受农家生活。吃农家饭、住农家屋、干农家活、享农家乐已渐成时尚,甚至都市人连春节也要到农家去感受传统的年味和气氛。因此要注意在拓展开发区利用其靠近核心区的地理优势,建立一些观光农园、休闲农场、休闲农庄等来满足市民的需要,实现农业与旅游业的结合,实现第一产业和第三产业效益的叠加。这方面德国、日本、中国台湾等给我们提供了经验。

(七)加强宣传,转变观念要做好示范宣传和普及引导

使城市的各级领导和城市居民能形成共识,建立起"都市型农业"的理念。要把"都市型农业"作为建设现代化城市的重要组成部分,成为改善城市生态环境,提高城市生活的重要举措,成为建设园林生态城市,实现城市可持续发展的有效途径。

参考文献

[1]中国共产党第十六次全国代表大会报告

[2]俞可平.科学发展观与生态文明.马克思主义与现实,2005(4)

[3]刘思华.建设生态文明,发展绿色经济,构建和谐社会.生态文明与区域发展总序.北京:中国财政经济出版社,2011

[4]孙学光.探索生态文明的新型工业化道路.中国国情国力,2008(10)

[5]国务院关于加强法治政府建设的意见,2010.10.10

[6]辜胜阻等.转变经济发展方式的新方向与新动力.经济纵横,2013(2)

[7]段小莉.从生态经济效益看我国的新型工业化道路.科技信息(学术研究),2007(21)

[8]盛正国.发展绿色产业是实现新型工业化的必由之路.企业经济,2008(1)

[9]里夫金·杰里米.第三次工业革命.北京:中信出版社,2012

[10]技部网站.欧盟议会认为低碳经济代表着第三次工业革命.2011年8月29日

[11]中国社会科学院工业经济研究所课题组"第三次工业革命与中国制造业的应对战略"

[12]中共中央十八届三中全会公告

[13]李兆前等.循环经济理论与实践综述.数量经济技术经济研究,2004(9)

[14]郑古蕊,梁启东.沈阳经济区环境保护与环境合作初探.环境保护与循环经济,2011(12)

[15]王昆.试论沈阳经济区进行生态化建设的战略意义和途径.商场现代化.2007年1月(下旬刊)

[16]步雪琳.用绿色GDP支撑科学发展.中国环境报,2006年9月8日

[17]汪孝宗.失衡的GDP.中国经济周刊,2011年3月1日

[18]孙勇.评论:肯尼迪批判"GDP崇拜症".证券时报,2011年11月19日

[19]林木西.辽宁中部城市群(沈阳经济区)资源利用、环境整治与制度创新.沈阳经济区网,2007年10月29日

[20]司凯.基于低碳经济的我国机械制造业发展战略研究.国土与自然资源研究,2012(2)

[21]李宁宁.中国绿色经济的制度困境与制度创新.现代经济探讨,2012年3月12日

[22]李毅中.加快产业结构调整,促进工业转型升级.求是,2010(3)

[23]张英杰.沈阳经济区的形成、演变及发展策略探讨.经济论坛,2011(3)

[24]李佳.沈阳经济区建设取得重要进展.辽宁法治研究,2009(1)

[25]徐强,陈凡.论沈阳经济区创新体系的构建.辽宁师范大学学报(社会科学版),2006(7)

[26]侯爱敏,袁中尽.国外生态城市建设的成功经验.城市发展研究,2006(3):1～5

[27]蔡守秋,蔡文灿.循环经济立法研究——模式选择与范围限制.中国人口、资源与环境,2004(6):38～42

[28]刘助仁.国外的环保税收政策.现代城市研究,2001(5):41～43

[29]徐云.循环经济——国际趋势与中国实践.北京:人民出版社,2005

[30]杨荣金,舒俭民.生态城市建设与规划.北京:经济出版社,2007

[31]马交国,杨永春.国外生态城市建设经验及其对中国的启示.世界地理研究,2005(2)

[32]王爱兰.生态城市建设模式的国际比较与借鉴.城市问题.2008(6)

[33]沈阳市"十二五"规划纲要

[34]鞍山市"十二五"规划纲要

[35]徐天宇.鞍山改善城市生态环境建设成效显著.鞍山日报,2013年8月29日

[36]本溪市"十二五"规划纲要

[37]徐汝华.生态型政府的模式选择与推进策略.武汉学刊,2009(4)

[38]洪富艳.构建生态型政府的理论探讨.长春市委党校学报,2009(4)

[39]彭芬兰,邓集文.生态型政府行政文化分析.行政论坛,2013(2)

[40]高小平.落实科学发展观加强生态行政管理.中国行政管理,2004(5)

[41]中共中央关于全面深化改革若干重大问题的决定

[42]谢海燕.生态文明建设体制机制问题分析及对策建议.国家发改委网站,2012年5月25日

[43]王冬梅.循环经济理论与实践.沈阳:辽宁大学出版社,2009

[44]曹辉,王焱,孙树臣,涂赣峰,彭可武.鞍山钢铁工业循环经济发展

模式选择.冶金能源,2006(5)

　　[45]王玉梅.阜新市发展循环经济问题研究.阜新社科联网,2011年11月6日

　　[46]赵莹.产业集群化发展的个案研究——以沈阳经济区为例.经济纵横.2010(7)

　　[47]赵国栋.装备制造业仍然大步前行.沈阳日报,2008年11月13日

　　[48]阎质杰.沈阳经济区产业集群研究.科技和产业,2006(9)

　　[49]王虹,张巍,朱远程.资源约束条件下构建工业园区生态产业链的分析.科学管理研究,2006(1)

　　[50]王崇梅,毛荐其.工业园区产业链生态化研究.德州学院学报,2007(4)

　　[51]于现荣.生态工业园区理论与实践.浙江大学硕士学位论文,2005

　　[52]王瑜,关伟,刘勇凤.基于 SSM 的沈阳经济区产业结构分析.资源开发与市场,2011(8)

　　[53]祝光耀.小城镇环境规划编制技术指南.北京:中国环境科学出版社,2007

后　记

　　本书是沈阳市科技局支助的科技项目"辽宁中部城市群（沈阳经济区）生态经济指标体系与管理模式建构研究"（项目号：沈科（2010）F10-193-5-43）的研究成果。自 1997 年承担原国家计委地区司的"辽宁中部城市群经济区区域经济发展的对策研究"课题后，我们一直在跟踪沈阳经济区的区域经济发展进程，期间发表了一系列相关论文，这本书稿就是这一系列研究成果的集成。本课题虽然已经基本完成，但由于我们能力有限，许多问题尚有待继续深入研究。本书的写作和出版得到了方方面面的鼓励、支持和帮助。在此，衷心感谢沈阳市科技局的大力资助，衷心感谢参与这一课题研究的同事们和朋友们，是你们的信任和帮助，才使我们取得了这一研究成果，并使之顺利付梓。